Zeigt, was ihr könnt!

Begabungsförderung

Individuelle Förderung und Inklusive Bildung

herausgegeben von
Christian Fischer

Band 5

Anne Vohrmann

Zeigt, was ihr könnt!

Wirkung eines Motivations- und Selbststeuerungstrainings
für besonders begabte Underachiever (MoSt) in Form eines
Kleingruppentrainings im schulischen Kontext

Waxmann 2018
Münster • New York

Bibliografische Informationen der Deutschen Nationalbibliothek
Die Deutsche Nationalbibliothek verzeichnet diese Publikation in
der Deutschen Nationalbibliografie; detaillierte bibliografische
Daten sind im Internet über http://dnb.dnb.de abrufbar.

Begabungsförderung: Individuelle Förderung und Inklusive Bildung, Band 5

D6

ISSN 2363-5746
Print-ISBN 978-3-8309-3736-4
E-Book-ISBN 978-3-8309-8736-9

© Waxmann Verlag GmbH, Münster 2018
Steinfurter Straße 555, 48159 Münster

www.waxmann.com
info@waxmann.com

Umschlaggestaltung: Inna Ponomareva, Düsseldorf
Umschlagabbildung: © Frank Pingel

Gedruckt auf alterungsbeständigem Papier,
säurefrei gemäß ISO 9706

Meinen Großeltern, die alle
an dieser Arbeit sehr viel Anteil genommen hätten.
Insbesondere aber meiner Oma Ulla.

Inhalt

Christian Fischer

Vorwort

Die Thematik der individuellen Förderung leistungsstarker und potenziell besonders leistungsfähiger Schülerinnen und Schüler gewinnt in Deutschland zunehmend an Bedeutung (KMK, 2016). Hintergrund sind die Befunde der internationalen Schulvergleichsstudien, wobei positive Veränderungen vor allem in leistungsschwächeren Gruppen sichtbar werden (Reiss et al., 2016). Die Anteile der leistungsstärkeren Schülerinnen und Schüler stagnieren jedoch weitestgehend (Klieme et al., 2010), vor allem weil diese Kinder nicht ihren Fähigkeiten entsprechend gefördert werden und ihre Potenziale nicht optimal entfalten können. Neben der gezielten Unterstützung von Schülerinnen und Schülern auf den unteren Kompetenzstufen bedarf es daher auch der gezielten Förderung von talentierten Kindern auf den oberen Kompetenzstufen (Wendt et al., 2013). Um die Anteile von leistungsstarken Schülerinnen und Schülern auf den oberen Kompetenzstufen zu erhöhen, gilt es vor allem auch potenziell besonders leistungsfähige Kinder in den Blick zu nehmen.

Zu dieser Zielgruppe gehören besonders begabte Underachiever, d.h. Personen, die über ein hohes Fähigkeitspotenzial verfügen, deren Schulleistungen aber aktuell beeinträchtigt sind. Für die Erreichbarkeit von Leistungsexzellenz sind bei diesen talentierten Schülerinnen und Schülern gezielte Interventionen erforderlich, die sich als wirksam und nachhaltig erweisen. In diesem Kontext belegen Studien, dass neben Begabungsfaktoren (Intelligenz) auch Persönlichkeitsmerkmale (integrierte Leistungsmotivation) deutlichen Einfluss auf die Schulleistungen (Notendurchschnitt) zeigen (Kuhl, Baumann & Kazén, 2007). Nicht zuletzt vor diesem Hintergrund hat Fischer-Ontrup (2011) auf der Basis der PSI-Theorie von Kuhl (2001) das Motivations- und Selbststeuerungstraining (MoSt) für besonders begabte Underachiever entwickelt und zunächst als außerschulische Einzelförderung erprobt sowie im Kontext von Fallstudien im Rahmen ihrer Dissertation systematisch evaluiert.

Der vorliegende Band widmet sich nun der Wirkung des Motivations- und Selbststeuerungstrainings für besonders begabte Underachiever in Form eines Kleingruppentrainings im schulischen Kontext. Dazu adaptierte und evaluierte Frau Vohrmann das Trainingskonzept (MoSt) im Hinblick auf ein schulisches Gruppendesign mit Experimental- und Wartegruppe. Damit wird ein wichtiges Forschungsdesiderat im Hinblick auf die zentrale Bedeutung der schulischen Förderung potenziell besonders leistungsfähiger Schülerinnen und Schüler aufgegriffen. Die von Frau Vohrmann erstellte Schrift leistet einen hervorragenden Beitrag zur individuellen Förderung von Begabungen und Selbstkompetenzen im schulischen

Kontext. Die besondere Leistung dieser Dissertation besteht darin, dass die Verfasserin ein Gruppentraining mit über 80 Schülerinnen und Schülern im schulischen Kontext auf ihre Wirksamkeit überprüft und evaluiert. Besonders hervorzuheben ist auch die leserfreundliche Struktur der gesamten Arbeit mit visuellen Hilfsmitteln und dem Verzicht auf Redundanzen. Dies zeigt sich auch in der überzeugenden Begründung von Frau Vohrmann zur fokussierten Darstellung des theoretischen Hintergrundes sowie den differenzierten Literaturkenntnissen im Hinblick auf die inhaltlichen als auch methodischen Aspekte ihrer Dissertation. Vor dem Hintergrund der eingesetzten Instrumente resultiert daraus ein für ein Einzelprojekt sehr beachtlicher Datensatz, der von der Autorin in engagierter und differenzierter Form systematisch zusammengetragen, quantitativ sowie qualitativ ausgewertet und auch wohltuend kritisch diskutiert wird. Die vorliegende Arbeit entspricht mit ihrer sehr konsequenten Ausrichtung auf die Themenstellung sowie auf die leitende Forschungsfrage bezogen auf die Durchführung der Untersuchung sowie die Auswertung und Interpretation der Ergebnisse zweifellos allen geltenden wissenschaftlichen Qualitätsstandards.

Literatur

Fischer-Ontrup, C. (2011). *Underachievement oder: Schlaue Köpfe mit schlechten Noten. Lern- und Leistungsschwierigkeiten bei besonders begabten Kindern: Entwicklung und Evaluation von Interventionsmaßnahmen zur Verbesserung der Handlungskompetenz – Eine empirische Analyse auf der Basis von Einzelfallstudien* (Dissertation). Münster.

Klieme, E., Jude, N., Baumert, J. & Prenzel, M. (2010). PISA 2000-2009: Bilanz der Veränderungen im Schulsystem. In E. Klieme, C. Artelt, J. Hartig, N. Jude, O. Köller, M. Prenzel, W. Schneider & P. Stanat (Hrsg.), *PISA 2009. Bilanz nach einem Jahrzehnt* (S. 277–300). Münster: Waxmann.

KMK (2016). *Gemeinsame Initiative von Bund und Ländern zur Förderung leistungsstarker und potenziell besonders leistungsfähiger Schülerinnen und Schüler.* Berlin [u.a.].

Kuhl, J. (2001). *Motivation und Persönlichkeit. Interaktionen psychischer Systeme.* Göttingen: Hogrefe Verlag.

Kuhl, J., Baumann, N. & Kazén, M. (2007). Which goals make good grades – and why? Motivation, intelligence, and teachers' assessment of giftedness. *Academic Ex-Change Quarterly,* 11 (4), 192–196.

Reiss, K., Sälzer, Ch., Schiepe-Tiska, A., Klieme, E. & Köller, O. (Hrsg.) (2016). *PISA 2015 Eine Studie zwischen Kontinuität und Innovation.* Münster: Waxmann.

Wendt, H., Willems, A.S., Tarelli, I., Euen, B. & Bos, W. (2013). Ausreichend geförderte Talente? – Zu den deutschen Ergebnissen von leistungsstarken Viertklässlerinnen und Viertklässlern in IGLU 2011 und TIMSS 2011. In C. Fischer (Hrsg.), *Schule und Unterricht adaptiv gestalten. Fördermöglichkeiten für benachteiligte Kinder und Jugendliche* (S. 23 –34). Münster: Waxmann.

Einleitung

Was ist Begabung? Wer ist begabt? Woran erkennt man eine begabte Person? An herausragenden Leistungen in der Schule? Viele Lebensläufe von Personen, die unumstritten als hochleistend und oftmals auch als hochbegabt gelten, widersprechen dieser Annahme. Als berühmtes Beispiel wird in der Regel Albert Einstein genannt, aber auch Richard Wagner, Wilhelm Busch, Justus von Liebig, Theodor Fontane, Robert Bosch, Franz Kafka, Rainer Maria Rilke und viele mehr waren schlechte Schüler[1] oder sogar Schulversager und haben (dennoch) Herausragendes geleistet (Prause, 2007). Besondere Begabungen lassen sich also nicht unbedingt an Schulleistungen festmachen. Das Thema Begabung gleicht einem Mysterium, welches auch kaum aufgelöst werden kann, wenn es näher betrachtet wird.

Problem-einführung

Andererseits entspricht der Wunsch nach Begabungsförderung unserem Zeitgeist (Zöller, 2009, S. 193). Aktuell wird in Deutschland seit den 1980er Jahren die Begabungsdiskussion „... dadurch [verschärft], dass die Unterschiede zwischen den sozialen Schichten und Bildungsgruppen immer größer werden" (Preckel & Baudson, 2013, S. 8). Rufe nach Chancen- und Bildungsgerechtigkeit werden laut. Unter den vielen Zuwanderern z.B., die aktuell nach Deutschland strömen, sind viele besondere Begabungen verborgen, die erst noch passende Gelegenheiten zur Entfaltung im neuen Umfeld erhalten müssen. Damit all denjenigen mit besonderen Begabungen auch die entsprechende Förderung zuteil wird, muss folgende Frage aufgeworfen werden: „Wie findet Begabtenförderung zur Begabung?" (Thadden, 2016).

Aktualität der Begabungsforschung

Kann eine besonders begabte Person ihr hohes Potenzial nicht in entsprechende Leistungen umsetzen, ergeben sich vielerlei Probleme für alle Beteiligten. Für sogenannte Underachiever selbst können tiefgreifende persönliche Probleme entstehen, wenn sich die Nicht-Umsetzung der besonderen Begabung über eine lange Zeit und über viele Domänen hinweg ausbreitet. Auch für Schulakteure ergeben sich Schwierigkeiten: Nicht selten wird Schulversagen über alternative Verhaltensweisen, wie zum Beispiel „Clownerie", kompensiert, nicht selten führen solche Schwierigkeiten zum Abbruch der Schullaufbahn. Nicht zuletzt hat Underachievement von verschiedenen Personen(-gruppen) in unterschiedlichem Ausmaß politische

---

1 Im Folgenden wird im allgemeinen Fall die männliche Form verwendet: „... verbum hoc ‚si quis' tam masculos quam feminas complecitur" (Corpus Iuris Civilis Dig. L., 16,1).

Auswirkungen. Durch internationale Vergleichsstudien, wie PISA und
TIMSS, ist das Thema Begabungsförderung, auch die Förderung von Underachievern, zu einem politischen Thema geworden. In Deutschland
herrscht die Frage vor, wie Schüler dazu befähigt werden können, ihr Potenzial zu entfalten und auf diese Weise im oberen Leistungsbereich abzu-
schneiden.

Das Problem Underachievement betrifft, je nach Definitionsgrundla-
gen, 12–50 % aller Schüler mit besonderer Begabung. Dies ist keine geringe Anzahl, allerdings gibt es nur wenige Fördermaßnahmen für diese
Zielgruppe und bei bestehenden Fördermaßnahmen wird, gerade im
deutschsprachigen Bereich, eine mangelhafte Forschungslage kritisiert
(Obergriesser & Stöger, 2015; Sparfeldt, Schilling & Rost, 2006, S. 214;
Stamm, 2008a; Zöller, 2009).

Das Internationale Centrum für Begabungsforschung (ICBF) an der
Westfälischen Wilhelms-Universität Münster hat sich der Begabungsforschung und Begabtenförderung verschrieben. Neben Aus- und Weiterbil-
dungsprogrammen für Studierende und Lehrkräfte bietet es seit der Grün-
dung im Jahr 2001 Raum zur Entwicklung und Erprobung spezieller Förderprogramme. Unter anderem werden regelmäßig Lernstrategiekurse für
besonders begabte Kinder angeboten. Diese sind ein Interventionsprogramm für Schüler, die Gefahr laufen, aufgrund mangelnder Lernstrategien
ihr Potenzial nicht in Leistung umsetzen zu können. Auch das Forder-För-
der-Projekt, ein schulisches Enrichmentprojekt des ICBF, dient der Prävention von Underachievement. Von besonderer Relevanz für diese Arbeit ist
jedoch das von Fischer-Ontrup (2011) entwickelte Motivations- und
Selbststeuerungstraining für begabte Schüler mit Lern- und Leistungsschwierigkeiten (MoSt). Bei den Schülern, die an diesem Training in Form
der außerschulischen Einzelförderung teilnahmen, konnten Erfolge hinsichtlich der Motivation und Selbststeuerung anhand von verbesserten
Schulnoten, Befragungen und Testungen nachgewiesen werden. Da der
Bedarf an Motivations- und Selbststeuerungsförderung hoch ist, ist das Ziel
der vorliegenden Arbeit, die aufzubringenden Ressourcen für ein Interventionsprogramm (zeitlich und finanziell) zu reduzieren. Auf diese Weise soll
es gelingen, eine größere Zielgruppe zu erreichen.

Forschungsfrage   Diese Arbeit erforscht aus den oben genannten Gründen,

> *welche Wirkung ein Motivations- und Selbststeuerungstraining*
> *für besonders begabte Underachiever erzielt, wenn es in Klein-*
> *gruppen im schulischen Kontext durchgeführt wird.*

Aufbau der   Die Arbeit gliedert sich in einen theoretischen und einen empirischen Teil.
Arbeit   Mit dem Ziel, zunächst Grundlagen für den empirischen Teil zu legen, werden die Begriffe **Begabung** (1), **Underachievement** (2) sowie **Motivation
und Selbststeuerung** (3) betrachtet. Um den Text leserfreundlich zu ge-

stalten, werden diese drei Theoriekapitel gleichartig aufgebaut. An eine Begriffsklärung schließt sich die jeweilige Definition an. Im Kontext Begabung und Underachievement wird daran anschließend eine Konzeptspezifikation sowie die zugehörige Auftretenswahrscheinlichkeit thematisiert. Hierauf werden zur näheren Erläuterung für besondere Begabungen sowie Motivation und Selbststeuerung entsprechend relevante Modelle vorgestellt. Im Kapitel Underachievement hingegen werden dessen Bedingungsfaktoren skizziert. Die folgenden Kapitel behandeln jeweils eine entsprechende Diagnostik und sich anschließende Fördermöglichkeiten in Form konkreter Förderkonzepte. Diese drei Kapitel bilden die Basis für den zweiten, empirischen Teil.

Dieser empirische Teil verfolgt das Ziel, die Wirkung des MoSt auf die teilnehmenden begabten Underachiever zu überprüfen. Die Eingangs- und Abschlussdiagnostik bilden die Grundlage für eine **experimentelle, vornehmlich summative Evaluation einer pädagogischen Interventionsmaßnahme durch Hypothesenprüfung mit Wartegruppe**. Zunächst wird die Intervention selbst mit den vorzunehmenden Änderungen für die Adaption im schulischen Kleingruppentraining vorgestellt. Es folgt ein Methodenteil, der die empirische Untersuchung vor dem Hintergrund aktueller Forschungsmethoden strukturiert (Kapitel 5). Hier werden auf Basis der Forschungsfragen Hypothesen entwickelt, die die Ergebnisse im sich anschließenden Resultatteil (Kapitel 6) belegen oder widerlegen sollen. Abschließend bringt die Diskussion die (noch losen) Fäden aus den vorherigen Teilen (Kapitel 7) zusammen.

Vor Beginn der eigentlichen Arbeit müssen folgende Einschränkungen gemacht werden: Es wird nicht das Ziel verfolgt, dem Leser einen allumfassenden Literatur- und Forschungsüberblick zu geben. Diese Arbeit und die damit verbundene Literaturauswahl sollen zielgerichtet auf die schulische Förderung besonders begabter Underachiever ausgerichtet sein. Deshalb erscheint es der Autorin sinnvoll, einen guten Überblick zu erarbeiten, mit Hilfe dessen die Grundlagen für die Förderung von besonders begabten Underachievern im schulischen Kontext gelegt werden können. Ziel ist demnach weder die vollendete Definition besonderer Begabung noch die perfekte Diagnostik von besonderer Begabung bzw. Underachievement. Vielmehr soll es den Personen, die mit dieser Zielgruppe in Berührung kommen, möglich sein, mit einer hohen Wahrscheinlichkeit die „richtigen" Schüler zu erkennen und adäquat zu fördern.

Einschränkung

1   Besondere Begabung

1.1   Begriffsklärung

Seit über 100 Jahren werden die Phänomene der Begabung und der Hochbegabung beforscht und diskutiert, wobei aufgrund sozialwissenschaftlicher und psychologischer Forschungen und aktueller gesellschaftlicher Bedarfe spezifische Theorie- und Praxiskonzepte neu entstanden. Dies führte zu einer Schärfung der Begriffe Begabung und Hochbegabung und zum anderen zu einer Vielfalt neuer, separierter und integrativer Förderformen (Hoyer, Weigand & Müller-Oppliger, 2013, S. 65).[2]

In Deutschland sind die Themen Begabung und Hochbegabung besonders konnotiert. Im Auftrag des Bundesministeriums für Bildung und Forschung untersuchte Heinbokel (2001) die Darstellung intellektueller Hochbegabung in den Medien in Deutschland und unterteilte diese in drei Phasen:

1. Phase: 1950–1977: Hochbegabung? – Kein Thema
2. Phase: 1978–1985: Erste Ansätze
3. Phase: 1985: Der Durchbruch: „Die 6. Weltkonferenz für hoch begabte und talentierte Kinder in Hamburg"

Auch wenn die Weltkonferenz als Durchbruch bezeichnet werden kann, wurde sie allerdings in der damaligen Spiegelausgabe folgendermaßen kommentiert: „Die Bundesregierung will hochbegabte Kinder besonders fördern – Rettung vor einem ‚geistigen Abstieg' der Nation oder ‚Rückmarsch in eine exklusive Kastenbildung?'" (*Hochbegabte,* 1985, S. 80). Nach 1985 wurde das Thema Begabung zu einem leisen, aber deutlichen Dauerthema in Deutschland (Heinbokel, 2001, S. 7), auch wenn immer noch eine Debatte über Eliteförderung geführt wurde (z. B. Mönks, 1996).

Hoyer et al. (2013) fügen zwölf Jahre nach Heinbokels Phaseneinteilung zwei weitere hinzu:

4. Phase: 2000–2013: Das mittlere Abschneiden von deutschen Schülern in den internationalen Schulvergleichsstudien
5. Phase: ab 2013: Wende durch das Nachlassen des Stellenwerts der Intelligenzmessung hin zu einer breiten Begabungsdiagnostik

2015 trat ein Ereignis ein, welches vielleicht eine sechste Phase der Begabungsförderung in Deutschland einleitet: Die Kultusministerkonferenz beschloss im Juni 2015 eine „Förderstrategie für leistungsstarke Schülerinnen und Schüler" mit dem Ziel, Lernprozesse so zu individualisieren, dass sie

---

2 Die Geschichte der Begabungsforschung kann detailliert z. B. bei Hoyer et al. (2013) oder bei Ziegler (2008) nachgelesen werden.

eine optimale Entfaltung von Potenzialen ermöglichen (Kultusminister-konferenz, 2015). In dieser Förderstrategie sind Empfehlungen zu „Maß-nahmen im Bereich der Diagnostik, der innerschulischen wie außerschuli-schen Förderung und Begleitung von Schülerinnen und Schülern mit be-sonderen Leistungspotenzialen" (Kultusministerkonferenz, 2015, S. 3) zu finden. Weiterhin zeigt die Kultusministerkonferenz Bedarfe im Rahmen aller Phasen der Lehrerbildung zur Kenntnis- und Kompetenzsteigerung bei der Förderung von „leistungsstarken und potenziell leistungsfähigen Schülerinnen und Schülern" (Kultusministerkonferenz, 2015, S. 3) auf. Die Begabungsförderung rückt damit ein weiteres Stück in die Mitte der Ge-sellschaft.

Die historische und gesellschaftliche Entwicklung im Kontext Bega-bung und Hochbegabung hat für eine große Begriffsvielfalt gesorgt. Es existiert eine Fülle an Ausdrücken: Personen mit besonderen Fähigkeiten werden u. a. als **Begabte, besonders Begabte, Hochbegabte** oder auch als **Genies** und **Wunderkinder** bezeichnet (z. B. Heinbokel, 2001). Zur Be-schreibung der Eigenschaften dienen Adjektive wie zum Beispiel **hoch in-telligent, herausragend, besonders befähigt** oder **auffallend talentiert** (Hoyer et al., 2013, S. 65). Auch die Begriffe **Begabung, Hochbegabung, Intelligenz, Leistungsexellenz, Leistungsstärke** und **Talent** fallen in die-sem Kontext (z. B. Heinze, 2005). Ziegler (2008) bezeichnet diese Begriffs-vielfalt als „babylonisches Sprach[en]gewirr" da es viele synonym verwen-dete Begrifflichkeiten gibt, welche schwer voneinander abzugrenzen sind.

Eine Begriffsklärung muss demnach an dieser Stelle erfolgen. Die ge-läufigsten Ausdrücke sind: Talent, Begabung, Hochbegabung und beson-dere Begabung. Der Terminus **Talent** wird bei einer breiten[3] Verwendung des Begabungsbegriffes synonym zu den Begriffen Hochbegabung und be-sondere Begabung verwendet (Fischer, 2006). Werden die Ausdrücke Be-gabung und Hochbegabung jedoch auf den intellektuellen Bereich be-schränkt, bezeichnet der Talentbegriff „hohe Spezialbegabungen im nicht-intellektuellen Bereich" (Fischer, 2006, S. 5). Hoyer et al. (2013, S. 65) gehen davon aus, dass keine klare Grenzziehung zwischen den Be-griffen **Begabung** und **Hochbegabung** möglich ist. Beide Begriffe werden weder in der Alltagssprache noch in der wissenschaftlichen Literatur klar voneinander unterschieden. Der Begriff Hochbegabung wird im deutsch-sprachigen Raum meist an IQ-Werten festgemacht und ist psychologisch geprägt (Hoyer et al., 2013, S. 9). Wird jedoch nicht nur die Intelligenz als Referenz herangezogen, sondern zudem eine Unterscheidung zwischen Be-gabung und Leistung unternommen, wird häufig von **besonderen Bega-bungen** gesprochen (Fischer, 2006).

(Marginalien) Babylonisches Sprachengewirr

(Marginalie) Begriffsklärung

---

3 Breit im Sinne eines mehrdimensionalen Begabungsverständnisses, siehe Kapitel 1.2.

Begrifflichkeit in
dieser Arbeit

Diese Arbeit entsteht im pädagogischen Kontext mit dem Schwerpunkt einer schulischen Umsetzung, so dass an dieser Stelle der Begriff der **besonderen Begabungen** gewählt wird und anschließend im folgenden Kapitel die Definition hergeleitet werden kann.

1.2   Definition

Der 28. Präsident der National Association for Gifted Children (NAGC), Del Siegle, forderte in seiner Antrittsrede 2008: „In order to stand up for gifted, we need to do a better job of defining it" (Siegle, 2008, S. 111) und stößt damit seinen gesamten nordamerikanischen Dachverband vor den Kopf. Und auch die europäische Begabungsforschung wird aufgrund eines uneinheitlichen Gebrauchs des Begabungsbegriffs kritisiert (z. B. Ziegler, 2008).

Perspektiven-
vielfalt

Der Begabungsbegriff wird in unterschiedlichen Disziplinen beforscht: Psychologie, Verhaltensgenetik, Neurophysiologie oder sogar in der Stadtsoziologie (Hoyer et al., 2013). Diese Perspektivenvielfalt führt zu sehr unterschiedlichen Betrachtungsweisen. Zudem variiert die Bedeutung von Begabung zwischen den Kulturen: Die von Kultur zu Kultur unterschiedlichen Definitionen von Begabung und Talent unterschieden sich so stark, dass kein Mensch all diesen Definitionen gerecht werden könnte (Freeman 2001 nach Freeman, 2010). So ist in manchen Kulturen z. B. das Hinterfragen von Fakten geschätzt, in wiederum anderen gilt man als besonders begabt, wenn man große Passagen auswendig lernen kann, wie es z. B. im islamischen Bereich hochanerkannt ist, wenn große Teile des Korans auswendig gelernt worden sind (Freeman, 2010).

Ein- vs. mehrdi-
mensionale
Sichtweisen

Generell sind zwei Sichtweisen auf den Begabungsbegriff zu unterscheiden: eindimensionale und mehrdimensionale (Stumpf, 2012). Bei der eindimensionalen Begabungssichtweise wird (Hoch-)Begabung als überdurchschnittliche Intelligenz definiert (z. B. Rost, 2015), auch wenn der internationale Status quo vorgibt, dass sich Begabung und Hochbegabung keinesfalls nur über den Intelligenzquotienten bestimmen lassen (Hoyer et al., 2013, S. 65). Es liegen jedoch Studien vor, die Relevanz und Korrelation von Intelligenz zum Beispiel mit akademischen Leistungen und dem Berufs- und Lebenserfolg belegen (z. B. Rost, 2009), so dass es leichtfertig schiene, das Intelligenzkonstrukt als Basis eindimensionaler Begabungsauffassungen nicht näher zu betrachten.

Intelligenz-
forschung

Berger und Schneider (2011) schreiben, dass Intelligenz „... das wahrscheinlich am besten beforschte Konstrukt innerhalb der Psychologie darstellt" (S. 36) und Spinath (2010) bezeichnet Intelligenz sogar als „... die schönste psychologische Forschervariable" (S. 21). Pioniere der Forschung waren u. a. Spearman (1904), der zum allgemeinen g-Faktor der Intelligenz forschte, Stern (1916), der begann, Ergebnisse von Intelligenztestungen ins

Verhältnis zum Lebensalter zu setzen und damit den IQ-Begriff prägte, sowie Thurstone (1931), der die multiple Faktorenanalyse von Intelligenz begründete.

Allgemein gilt Intelligenz als ein Konstrukt zur Beschreibung kognitiver Fähigkeiten. Aber es gilt „Intelligence is what the tests test." (S. 35), kritisierte Boring (1923) und wünschte, dass die Psychologen einen anderen Begriff als den der Intelligenz gewählt hätten; nämlich einen breiteren, technischeren Begriff, da die Alltagsauffassung des Begriffs zu vage sei.

Begabung als Testintelligenz

Bezogen auf Intelligenzkonzeptionen lassen sich unterschiedliche Ansätze unterscheiden: Spearmans (1904) Untersuchungen zur Bestimmung eines Generalfaktors entsprechen einer eindimensionalen Faktorentheorie. Thurstone (1931) hingegen verwarf die Vorstellungen eines generellen Intelligenzfaktors und stellte Forschungen zu einer Unterteilung von sieben Primärfaktoren der Intelligenz auf im Sinne einer multiplen Faktorentheorie. Aus Spearmans und Thurstones Forschungen heraus entwickelten Cattell (1965) und der spätere Schüler Cattells, Horn (Horn & Noll, 1997), eine Unterscheidung zwischen fluider (Gf) und kristalliner (Gc) Intelligenz und entwarfen damit die Cattell-Horn-Gf-Gc-Theorie im Sinne einer Zweifaktorentheorie. Carroll (1993) wiederum prägte die Intelligenzforschung, indem er seit Ende der 1980er Jahre systematisch mehr als 460 Datensätze aus der Intelligenzforschung untersuchte und Überlegungen zur Integration dieser anstellte. Schlussendlich vereinte er die Ergebnisse im Drei-Schichten-Modell der Intelligenz.

Intelligenz-konzeptionen

Heute wird von vielen Forschern die Cattell-Horn-Carroll-Theorie (CHC-Theorie) als gängige Intelligenztheorie anerkannt. Diese fand eher zufällig auf einem Treffen 1985 in Dallas, Texas, ihren Ursprung. Der Organisator des Treffens war der Intelligenztestentwickler Woodcock und dieser lud zufälligerweise nicht nur Horn, sondern auch Carroll ein.

CHC-Theorie

> ... this moment – a moment where the interests and wisdom of a leading applied test developer (Woodcock), the leading proponent of Cattell-Horn-Gf-Gc-Theory (Horn), and one of the preeminent educational psychologists and scholars of the factor analysis of human abilities (Carroll) intersected ... – was the flash point that resulted in *all* subsequent theory-to-practice bridging events leading to today's CHC theory. (McGrew, 2005, S. 144)

Dieses Treffen legte den Grundstein zu der seit ca. 2000 diskutierten und anerkannten CHC-Theorie, welche die Cattell-Horn-Gf-Gc-Theorie mit dem Drei-Schichten-Modell vereint (McGrew, 2005).

Paradoxerweise statuierte schon der Begründer des IQ-Begriffs, Stern[4], dass ein hoher IQ nicht mit herausragenden Leistungen gleichzusetzen sei:

Ist Begabung mehr als nur Intelligenz?

---

4 Das entscheidende Zitat bei der Prägung des IQ-Begriffes lautet: „Neuerdings hat sich sogar herausgestellt, daß das Verhältnis des ‚Intelligenzalters' zum Lebensalter einen ziemlich konstanten Wert zu haben scheint, der somit als Individualitätsmarke der Intelligenz gelten kann (sog. ‚Intelligenzquotient')." (Stern, 1916, S. 118).

„Begabungen an sich sind immer nur Möglichkeiten der Leistung, unumgängliche Vorbedingungen, sie bedeuten noch nicht die Leistung selbst." (Stern, 1916, S. 110) und Sterns Sohn zitiert viele Jahre später seinen Vater: „‚Die Annahme, dass Anstreichenkönnen Denkenkönnen beweise', meinte Vater damals, ‚verrät den tiefsten IQ und ein totales Bildungsmanko.'"[5] (Tschenchne, 2012). In anderen Worten: Hinter Begabung muss mehr verborgen sein, als „nur" ein durch Intelligenztests bescheinigter IQ-Wert.

Erweiterter
Intelligenzbegriff

Aus der Kritik an der kognitiven Ausrichtung des Intelligenzbegriffes ist in den letzten Jahrzehnten ein erweiterter, auch breit genannter, Intelligenzbegriff erwachsen. Heute wird mehr und mehr die Meinung vertreten, dass es neben der kognitiven noch weitere Intelligenzen gibt. Es sind u. a. Forschungen zu sozialer, emotionaler oder praktischer Intelligenz sowie zu multiplen Intelligenzen zu finden.[6] Die Erweiterung des Intelligenzbegriffs wird allerdings gerade von psychologischen Intelligenzforschern stark kritisiert. In anderen wissenschaftlichen Kreisen sowie in schulischen und außerschulischen Kontexten wird ein erweiterter Intelligenzbegriff (dankbar) aufgegriffen (Hoyer et al., 2013). So lässt sich zum Beispiel die Theorie der Multiplen Intelligenzen nach Gardner (2001) in vielen der gängigen Begabungsmodelle wiederfinden.

Multiple
Intelligenzen

Die Theorie der Multiplen Intelligenzen findet ihren Ursprung in Gardners Buch „Frames of Mind. The Theory of Multiple Intelligences" (1985, deutsche Fassung: Abschied vom IQ, 2001). Gardner (2001) will „. . . das gewohnte Verständnis der Intelligenz als allgemeine Kapazität oder ein Potential anfechten" (S. 9) und kritisiert damit „. . . ein Verständnis, welches den Menschen vom Abschneiden in Intelligenztests oder schulischen Leistungstests abhängig macht" (Hoyer et al., 2013, S. 74). Gardner (2001) schreibt:

> Versuchen Sie zu vergessen, daß Sie je von ‚Intelligenz' im Sinne einer singulären Eigenschaft des menschlichen Geistes gehört haben, [sic!] oder von einem Instrument namens ‚Intelligenztest', das Intelligenz verbindlich zu messen behauptet. (S. 9)

Im Folgenden bezeichnet Gardner Intelligenz als „. . . die Fähigkeit, Probleme zu lösen oder Produkte zu schaffen, die im Rahmen einer oder mehrerer Kulturen gefragt sind" (Hoyer et al., 2013, S. 9). Gardner untersuchte in seinen Forschungen herausragende Talente und schloss induktiv auf folgende Intelligenzen: Linguistische Intelligenz, musikalische Intelligenz, logisch-mathematische Intelligenz, räumliche Intelligenz, körperlich-kinästhetische Intelligenz, personelle Intelligenz (intra- und interpersonell)[7]

---

5 Anstreichenkönnen im Sinne von Testfragen ankreuzen.
6 Ein Überblick ist z. B. bei Rost (2010) nachzulesen.
7 Ursprünglich führte Gardner diese personalen Intelligenzen getrennt und völlig unabhängig, vereinigte sie erst später zu einer globaleren personalen Intelligenz (Rost, 2009, S. 91).

(Gardner, 2001) und erweitert diese in späteren Veröffentlichungen um eine naturalistische Intelligenz und eine existenzielle Intelligenz (Gardner, 2013).

Allerdings wird an der Theorie der multiplen Intelligenzen viel Kritik geübt. So heißt es zum Beispiel bei Rost (2009, S. 90–107) zur Kritik an der Theorie der Multiplen Intelligenzen, dass bestehende Forschungen zur Intelligenz nicht einbezogen wären. Dass es positive Zusammenhänge zwischen den einzelnen Intelligenzen gebe und sie dementsprechend nicht trennscharf seien. Weiterhin würde Gardner die Bedeutung der allgemeinen Intelligenz und des IQ abwerten, er habe seine Ergebnisse vorschnell propagiert und die Umsetzung der multiplen Intelligenzen in der Praxis sei nicht beforscht.

Kritik an der Theorie der multiplen Intelligenzen

Dieser Kritik zum Trotz wird gerade in der pädagogischen Praxis die Theorie der multiplen Intelligenzen gut angenommen und erweist sich als besonders nützlich für die Schulpraxis (Mönks & Ypenburg, 2012), so dass auf diese Weise ein erweiterter Begabungsbegriff erwächst. So können auch hinsichtlich Begabung gängige Ansätze nach ihren Dimensionsbezügen unterschieden werden. Bei der eindimensionalen Auffassung von Begabung wird der Intelligenzquotient (IQ) als Referenz verwendet. Als hochbegabt gelten dann z. B. Personen, deren intellektuelle Fähigkeiten mindestens zwei Standardabweichungen über dem Durchschnitt der Gesamtpopulation liegen (Stumpf, 2012). „Reine IQ-Definitionen von Hochbegabung (z. B. IQ über 130) werden zwar aufgrund ihrer Klarheit und leichten Handhabbarkeit in der Forschung recht häufig verwendet, in der Förderpraxis kommen sie jedoch selten vor. Hier betrachtet man neben der Intelligenz häufig noch weitere Merkmale wie die Motivation, die Kreativität oder die Interessen einer Person" (Karg-Stiftung, 2014, S. 11), dies entspricht dann mehrdimensionalen Betrachtungsweisen.

Definition eines erweiterten Begabungsbegriffes

Heller (2001) fordert „... das (Hoch-)Begabungskonzept unter Berücksichtigung des jeweiligen Verwendungszweckes zu bestimmen" (S. 30). Das International Panel of Experts in Gifted Education (iPEGE) (2009, S. 19) schreibt dazu: „Alle pragmatischen Festlegungen, die man auf diesem Feld findet, sind willkürlich und müssen hinsichtlich ihrer Angemessenheit und Nützlichkeit begründet werden." (S. 19). Dies muss also auch für diese Arbeit gelten.

Eine prägnante Definition besonderer Begabungen ist bei Fischer (2006, S. 15) zu finden. Er versteht im Projektkontext seiner Habilitation „...besondere Begabungen vornehmlich als intellektuelles Fähigkeitspotenzial" (S. 15). Eine daran angelehnte Begriffsdefinition erscheint auch für die vorliegende Arbeit sinnvoll: Besondere Begabungen sollen hier insbesondere als **ausgeprägtes individuelles Fähigkeitspotenzial für herausragende Leistungen** verstanden werden, wobei dies eine Unterscheidung zwischen Potenzial und Leistung voraussetzt. Es wird davon

Begabung als großes individuelles Fähigkeitspotenzial

ausgegangen, dass für dieses Fähigkcitspotenzial nicht nur kognitive Fähigkeiten, also der durch einen Intelligenztest bestimmte IQ-Wert, ausschlaggebend sind, sondern verschiedene Begabungsfacetten, wie z.B.
Kreativität. Die mit der Konzeptspezifizierung verbundene Auftretenswahrscheinlichkeit besonderer Begabung wird im folgenden Kapitel beschrieben.

1.3 Konzeptspezifikation und Auftretenswahrscheinlichkeit

Schwellenwert
Hochbegabung

Es gibt keine verbindliche Erkenntnis darüber, wie viele Personen der Bevölkerung besonders begabt sind, da die Auftretenswahrscheinlichkeit von
der Definition abhängt und Schwellenwerte sehr unterschiedlich gesetzt
werden. Die Antwort auf die Frage „Wie viele besonders Begabte gibt es?"
wird lebhaft diskutiert. Ziegler (2008) listet in seinem Literaturüberblick je
nach Autor schwankende Anteile von Personen mit besonderen Begabungen in der Bevölkerung von 1–20 % auf. I.d.R. werden die Prozentsätze zu
einem bestimmten, willkürlich gesetzten Schwellenwert, der in einem Intelligenztest erreicht werden muss, festgelegt. Häufig ist dies der „magi-
sche Wert" von einem IQ ≥ 130. Einen IQ von ≥ 130 haben statistisch gesehen 2.25 % der Bevölkerung. Dieser Wert liegt zwei Standardabweichungen über dem Durchschnitt. Ein IQ von ≥ 130 wird dann meist als
Hochbegabung bezeichnet.

Eine Standardabweichung repräsentiert die durchschnittliche Abweichung der Messwerte zum Mittelwert (Stumpf, 2012, S. 150). Der Mittelwert bei Intelligenzquotienten liegt bei 100. Eine Standardabweichung entspricht auf der IQ-Skala 15 IQ-Punkten. Die Flächenverteilung ist in Abbildung 1 zu sehen.

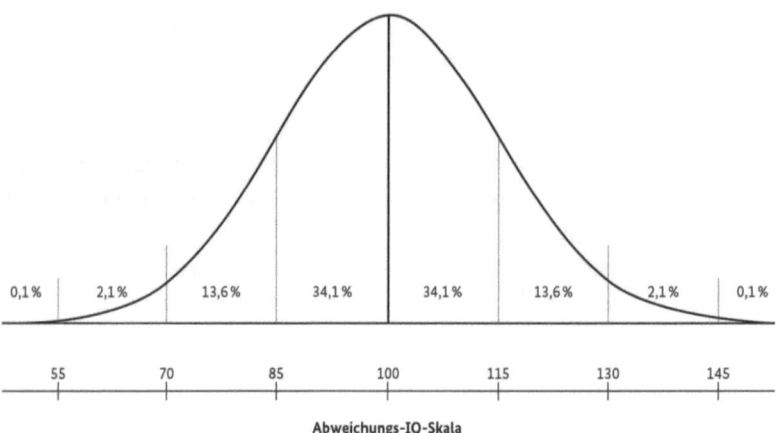

Abbildung 1: Normalverteilung der Intelligenzquotienten (Bundesministerium für
Bildung und Forschung [BMBF], 2015, S. 18)

In der vorliegenden Arbeit wird davon ausgegangen, dass 15,8 % der Gesamtbevölkerung **besonders begabt** im Sinne überdurchschnittlicher Intelligenz sind. Dies entspricht einer positiven Standardabweichung in einem standardisierten Intelligenztest. Diese Grenzziehung bei besonderen Begabungen durch eine Standardabweichung ist auch z. B. bei Baum et al. oder in der Begabungsdefinition der *Beratungsstelle besondere Begabungen Hamburg* zu finden (Baum, Renzulli & Hébert, 1995b; Beratungsstelle besondere Begabungen Hamburg [BbB], 2013).

(Randnotiz: Schwellenwert besondere Begabung)

Die eindimensionale Auffassung, dass besondere Begabung ausschließlich von kognitiven Fähigkeiten abhängt, wird, zumindest in der pädagogischen Praxis, in Frage gestellt. Begabung muss mehr sein, als nur der durch einen Intelligenztest bescheinigte IQ. Auch die der Autorin bekannten Schüler aus der Beratungspraxis spiegeln viele Begabungsfacetten, neben der rein kognitiven, wider. Es müssen mehr Faktoren Einfluss haben, als nur die rein kognitive, in einem Intelligenztest erhobene Intelligenz. Es mangelt jedoch an Verfahren, die weiteren Facetten standardisiert, unter Berücksichtigung der Gütekriterien (Objektivität, Reliabilität und Validität) zu erheben. Bis zum heutigen Zeitpunkt ist es nur möglich, die kognitive Begabung unter Beachtung der Gütekriterien zu messen, so dass darauf Bezug genommen werden muss; wobei, um mehr Spielraum zu geben, der Schwellenwert für besondere Begabung bei einem IQ $\geq$ 115 angelegt wird.

Das anschließende Kapitel befasst sich mit Begabungsmodellen, welche eine Unterscheidung zwischen Potenzial und Leistung vornehmen und die Einflussfaktoren bezüglich der Umsetzung eines hohen Fähigkeitspotenzials in Leistung illustrieren können.

1.4 Modelle

Auf der Annahme basierend, dass besondere Begabungen ein großes individuelles Fähigkeitspotenzial, nicht aber unmittelbar Leistung selbst bedeuten (siehe S. 21), muss eine Differenzierung zwischen Begabung und Leistung erfolgen. Es herrscht Einigkeit in Wissenschaft und Praxis darüber, dass außerordentliche Fähigkeiten oder hohe Intelligenz allein nicht ausreichen, damit aus einem Potenzial eine wirkliche Leistung entsteht (z. B. Hoyer et al., 2013). Ballauff (1966) schreibt:

(Randnotiz: Begabung ≠ Leistung)

> Begabung besagt nicht eine Ausstattung und ein Vermögen, das ein Mensch ein für allemal fix und fertig besitzt und mit dem er schalten und walten könnte, wie es ihm paßt, sondern eine Gabe, die ihm gewährt wird, wenn er sich mit Fleiß und Ausdauer einer Sache hingibt und sich um ihr Wesen, um ihr Sein bemüht. (S. 20)

Es muss also eine Wechselwirkung zwischen Begabung und Leistung bestehen, welche von den unterschiedlichsten Faktoren beeinflusst zu scheint. Wobei nicht nur Begabung und Leistung sich gegenseitig bedingen, sondern auch Umwelt und Persönlichkeit. Diese Position wird mit gewissen Variationen in allen vorherrschenden multifaktoriellen Begabungs- und

(Randnotiz: Multifaktorielle Begabungsmodelle)

Hochbegabungsmodellen vertreten (Hoyer et al., 2013, S. 69). Zu diesen Modellen gehören zum Beispiel das Drei-Ringe-Modell nach Renzulli (1978), die Erweiterung dieses Modells durch Mönks (2000) hin zum Triadischen Interdependenzmodell, das differenzierte Begabungs- und Talentmodell von Gagné (2002), das Münchener Hochbegabungsmodell von Heller und Perleth (2000), das Aktiotop-Modell von Ziegler (2005) sowie das integrative Begabungs- & Lernprozessmodell von Fischer (2015). Exemplarisch wird an dieser Stelle das integrative Begabung- und Lernprozessmodell nach Fischer (2015) vorgestellt, da dieses die verschiedenen Modelle zu integrieren versucht. Auf die Darstellung der anderen oben genannten Modelle wird aufgrund des Vorhabens, möglichst zielführend zu arbeiten, verzichtet und auf die Überblicksarbeiten von Ziegler (2008), Hoyer et al. (2013) sowie Preckel und Vock (2013) verwiesen.

Integratives Begabungs- und Lernprozess-modell

Fischer (2015) differenziert im integrativen Begabungs- & Lernprozessmodell drei Ebenen: **Potenzial**, **Transformation** und **Performanz**. Auf allen drei Ebenen listet er mögliche Einflussfaktoren auf den Lern- und Entwicklungsprozess auf, welche nicht als vollständig zu werten sind. Vielmehr ist es dem Betrachter durch Auslassungspunkte freigestellt, die Faktoren zu vervollständigen und an den Einzelfall anzupassen sowie Interventionsmöglichkeiten daraus abzuleiten. Das Modell illustriert eine zirkuläre Beziehung zwischen Potenzial und Performanz, welche durch die Transformationseben beeinflusst wird (siehe Abbildung 2).

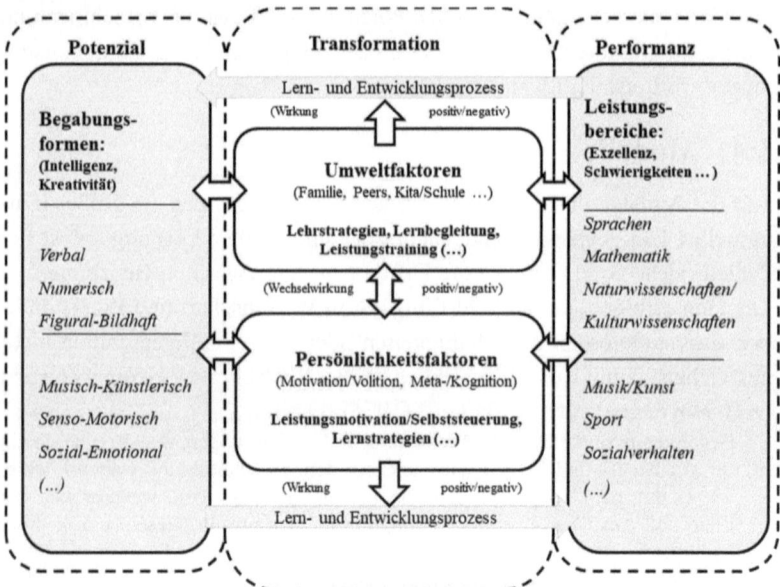

Abbildung 2: Integratives Begabungs- & Lernprozessmodell (Fischer, 2015)

Potenzialebene

Auf der Potenzialebene benennt Fischer (2015), in Anlehnung an das Berliner Intelligenzstrukturmodell nach Jäger (1982) sowie in Anlehnung an die Theorie der multiplen Intelligenzen nach Gardner (2001), Faktoren wie verbale, numerische und figural-bildhafte, aber auch musisch-künstlerische, senso-motorische und sozial-emotionale Begabungsformen. Ihm erscheint „... dabei eine deutliche Trennung von intellektuellen und nicht-intellektuellen Begabungen sowie eine Beschränkung auf Inhaltsbereiche sinnvoll" (Fischer, 2006, S. 15).

Die Begabungen auf der Potenzialebene werden im integrativen Begabungsmodell den entsprechenden Leistungsebenen zugeordnet. Musisch-künstlerische Begabung kann sich also in Form von Musik/Kunst, wie z. B. durch hervorragende Klavierspielkünste, zeigen.

Die Transformationsebene unterteilt Fischer (2015) in Persönlichkeits-faktoren und Umweltfaktoren. Einfluss auf den Lern- und Entwicklungs-prozess innerhalb der Persönlichkeit nehmen u. a. Leistungsmotivation, Selbststeuerung und Lernstrategien. Auf der Umweltebene nennt Fischer z. B. Familie, Vor-/Schule und Peers, aber auch Beratung, Strategien und Training. Persönlichkeits- und Umweltfaktoren beeinflussen hier nicht nur den gesamten Lern- und Entwicklungsprozess, sondern sich auch gegenseitig. Eine Abgrenzung zwischen Persönlichkeitsfaktoren und Begabungs-formen ist nicht trennscharf, da z. B. eine hoch ausgeprägte Leistungsmoti-vation, welche Fischer (2015) den Persönlichkeitsfaktoren zuordnet, auch der Potenzialebene zugeordnet werden könnte. *Transformations-ebene*

Dem Lern- und Entwicklungsprozess wird im Modell eine besondere Bedeutung zugesprochen. Dies geschieht in Anlehnung an folgendes Zitat von Weinert (2000): „Lernen ist der entscheidende kognitive Mechanismus bei der Transformation hoher Begabung in exzellente Leistung" (S. 3). *Lern- und Entwicklungs-prozess*

Das integrative Begabungs- und Lernprozessmodell nach Fischer (2015) eignet sich hervorragend zur Illustration des Lern- und Entwick-lungsprozesses unter dem Einfluss von Persönlichkeits- und Umweltfakto-ren bei der Umsetzung von Begabung in Leistung. So lassen sich nicht nur einzelne Aspekte im Prozess hin zu herausragenden Leistungen benennen, vielmehr können auch bei auftretenden Problemen, wie zum Beispiel Lern-schwierigkeiten, Faktoren mit negativer Wirkung benannt und entspre-chende Förderung geplant werden. Es eignet sich auch als Grundlage für die Festlegung einer Diagnostik, welche im nächsten Kapitel thematisiert wird.

1.5 Diagnostik

„Es ist sonderbar, daß man bisher ausführlichere Seelendiagnosen nur für die Sorgenkinder der Gesellschaft notwendig erachtete, aber für ihre Hoff-nungskinder nicht!" (S. 114) schreibt Stern (1916) und plädiert für eine umfassende Begabungsdiagnose, um den „**Schatz... an geistigen Roh-stoffen** [Hervorhebung v. Verf.]" (S. 105) heben zu können. Aber selbst heute, 100 Jahre nach Sterns Forderungen, wird noch über eine angemessene Form der Diagnostik diskutiert.

Diagnostische
Ansätze

Wie kann ein begabter Schüler erkannt werden? Das ist die Kernfrage, die sich stellt. Es gibt unterschiedliche Verfahren, die sich zur Diagnostik von Schülern mit besonderen Begabungen eignen, in der Regel wird zwischen objektiven und subjektiven Identifikationsverfahren unterschieden (z. B. Fischer-Ontrup, 2011). Im Rahmen dieser Arbeit wird auf eine vollständige Listung aller Verfahren verzichtet. Vielmehr soll zielführend ein sinnhafter Diagnostikprozess für das vorliegende Anliegen, der Identifizierung besonders begabter Schüler in der Schule vor dem Hintergrund der (teilweise) begrenzten Ressourcen des Schulalltags betrachtet werden.

Diagnostische
Vorgehensweise

Diagnosen sind nicht Selbstzweck, sondern übernehmen eine für die psychologische Beratung und Intervention unentbehrliche auxiliare Rolle (Heller, 2000b, S. 16) und erfüllen „... eine wichtige Funktion der Persönlichkeitsförderung, etwa in der individuellen Entwicklungsberatung, der Interventionshilfe oder auch im Sinne erzieherischer Präventionsmaßnahmen." (Heller, 2001, S. 23). Doch es gibt nicht die diagnostische Vorgehensweise, vielmehr muss die Diagnostik an das jeweilige Grundverständnis von Begabung und die unterschiedlichen Förderkonzepte angepasst werden (Preckel & Vock, 2013, S. 98). In der Regel verfolgt eine Einzeldiagnostik das Ziel, für ein bestimmtes Kind die Frage zu beantworten, ob eine besondere Begabung vorliegt (Stumpf, 2012). Gründe für eine solche Frage können zum Beispiel Überlegungen zu einer vorzeitigen Einschulung oder ein plötzlicher Leistungsabfall in der Schule sein (Preckel & Vock, 2013, S. 99). Grund für eine Gruppendiagnose ist häufig die Auswahl für ein geeignetes Förderprogramm, wobei „... die Diagnose nicht nur zur Beurteilung der Forder-Förder-Bedürfnisse des einzelnen Kindes [fungiert], sondern auch zur Überprüfung der Forder-Fördereffekte im Rahmen einer summativen bzw. formativen Evaluation" (Fischer, 2014, S. 47). Die Diagnostik ist „eine wesentliche Stellschraube der Fördermaßnahmen" (Stumpf, 2012, S. 30), sie hängt immer mit der konkreten Zielsetzung der Maßnahme und der zu fördernden Zielgruppe zusammen. Im Falle der vorliegenden Forschungsarbeit verfolgt die Diagnostik den Zweck, Schüler mit besonderer Begabung zu erkennen und für ein Förderprogramm zu nominieren, so dass auf die Aufführung von Instrumenten für die Einzeldiagnostik verzichtet wird.

Heller (2001, S. 31) schreibt, befriedigende Ergebnisse bei der Identifizierung von Schülern mit besonderen Begabungen seien nur „... unter Ausschöpfung aller verfügbaren Informationsquellen zu erzielen, d. h. formeller Tests und informeller Meßinstrumente" (S. 31). Dies ist im schulpraktischen Alltag nicht ohne weiteres umzusetzen. Eine Untersuchung der kompletten Schülerschaft einer Schule/einer Stufe mit Hilfe standardisierter Testverfahren ist sehr aufwendig und kann nicht als Regelfall angenommen werden.[8]

Zur Begabungsdiagnostik werden häufig standardisierte Testverfahren, wie Intelligenztests oder Leistungstests (z.B. Lesetests) eingesetzt. Soll nun z.B. ein Interventionsverfahren mit einer begrenzten Platzanzahl an einer Schule durchgeführt werden, stellt sich die Frage, wie geeignete Schüler ausgewählt werden können, wenn die Diagnostik der kompletten Schülerschaft nicht umsetzbar ist. In diesem Fall bietet sich eine Kombination aus subjektiven und objektiven Identifikationsverfahren an, wobei die subjektiven Verfahren als ressourcenschonende Informationsquellen an den Anfang gestellt werden sollten, so dass anschließend mit dieser vorausgewählten Stichprobe eine/mehrere standardisierte Testung/en durchgeführt werden können (Heller, 2001).

Auswahl für ein Förderprogramm

Zu den subjektiven Indikatoren bei der Identifizierung von Schülern mit besonderer Begabung zählen u. a. **Schulnoten**, **Lehrerurteile**, **Checklisten** und **Nominationen** (Feger & Prado, 1998).

Subjektive Verfahren

Schulnoten sind umso aussagekräftiger, je länger die Zeiträume sind, auf die sie sich beziehen (Preckel & Vock, 2013, S. 118). Sie sind jedoch von der Lehrkraft abhängig, individuell und nicht normiert (Reis & McCoach, 2000). Es sprechen verschiedene Argumente dafür, dennoch Schulnoten zur Messung der gezeigten Leistung heranzuziehen: „Trotz inhaltlicher und psychometrischer Schwächen weisen Zensuren, insbesondere (Zeugnis-)Durchschnittszensuren, aufgrund ihrer Relevanz für die aktuelle und zukünftige Lebenssituation eine hohe ökologische Validität auf." (Sparfeldt & Rost, 2012, S. 436)

Schulnoten

Lehrkräfte kennen ihre Schüler besonders gut und werden aus praktischen Gründen häufig um Einschätzung im Kontext besonderer Begabungen gebeten. Schon 1916 schreibt Stern dazu:

Lehrerurteile

> In erster Reihe wird natürlich das Urteil des Lehrers in Betracht kommen; denn er kennt seine Schüler aus monatelanger (zuweilen jahrelanger) ausführlicher Beschäftigung mit ihnen und von recht verschiedenen Seiten; er ist deshalb ja auch bisher mit Recht als der Hauptfachkenner angerufen worden, wenn ein Urteil über den Jugendlichen oder ein wichtiger Entschluß über sein Schicksal in Frage kam. (Stern, 1916, S. 114)

Allerdings werden Lehrerurteile von schulischen Leistungen und Stereotypen wie z.B. der sozialen Herkunft, der Angepasstheit und der Leistungsmotivation beeinflusst. Auch Geschlecht und nichtkognitive Persönlichkeitsmerkmale (z.B. Freundlichkeit oder Beliebtheit) spielen dabei eine Rolle (Stumpf, 2012, S. 39–40). Über Lehrerurteile werden vor allem die

---

8 Eine Ausnahme ist die Kooperation zwischen dem ICBF und der Neuen Schule Wolfsburg. Hier werden für alle Schüler der Schule Erfassungen des Fähigkeitspotenzials in Form von Intelligenztests und Schulleistungstests durchgeführt, um langfristige Fördereffekte untersuchen zu können (Boldt, 2013).

Schüler erkannt, „... deren Stärken in den Feldern liegen, die in der Schule abgefragt und gefördert werden, die eher breit begabt und sozial kompetent sind und deren Begabungsentwicklung durch die Familie und das Umfeld unterstützt wird" (Preckel & Vock, 2013, S. 132). Es gibt jedoch Anlass zur „Hoffnung": Wenn Lehrkräfte bezüglich der Identifikation begabter Schüler trainiert werden, wird die Treffsicherheit deutlich erhöht (Gear, 1976). So fordert Hany (2007): „Gebt den Lehrern eine Chance!"

Merkmalslisten

Zum „Training" von Lehrkräften werden hinsichtlich der Begabungs-diagnostik u. a. Merkmalslisten eingesetzt. Sie sollen das Erkennen von Schülern mit besonderen Begabungen erleichtern, bringen allerdings auf-grund unterschiedlichster Begabungsausprägungen Schwierigkeiten mit sich. Oft wird darum ihr Nutzen generell in Frage gestellt (z.B. Preckel & Vock, 2013). Merkmalslisten haben keine klaren Kriterien, in der Regel keinen Auswertungsschlüssel; es bleibt unklar, welche der aufgelisteten Merkmale vorliegen müssen, um von einem besonders begabten Schüler sprechen zu können und die aufgeführten Merkmale sind nicht unbedingt spezifisch (BMBF, 2015, S. 43).[9] Immerhin tragen sie zu einer Sensibili-sierung, zur Präzisierung des Merkmalsspektrums und zu einer besseren Vergleichbarkeit von Lehrernominationen bei (Preckel & Vock, 2013). Heller (2001) schreibt, dass sich für seine Studien Lehrer- und Elterncheck-listen bewährt haben. Dies gelte aber nicht nur für Lehrer- und Eltern-ratings, sondern ebenfalls für Selbstnominationsurteile.

Profilliste

Neben Merkmalslisten werden auch Profile besonders begabter Schüler als Diagnosemöglichkeit benannt. Eine solche Profilliste stammt von Betts und Neihart (1988).[10] Die Profile lauten hier:

1 Der erfolgreich Lernende
2 Der Herausforderer
3 Der Rückzieher
4 Der Aussteiger
5 Der doppelt oder mehrfach Außergewöhnliche
6 Der Selbstständige (Kempter, 2007)

Nomination

Die Nomination von Schülern mit besonderen Begabungen durch eine wei-tere Person oder auch durch sich selbst ist der einfachste Weg der Identifi-zierung, allerdings werden diese immer durch den aktuellen Kenntnisstand bzw. die implizite Theorie über Begabung beeinflusst und sind darum nicht objektiv (Baudson, 2010; Preckel & Vock, 2013, S. 131). Wenn man Eltern zur Nomination von Kindern mit besonderer Begabung aufruft, „... neigen [sie] eher zu einer Überschätzung der Fähigkeiten ihres Kindes" (Stumpf, 2012, S. 40). Wenn man Gleichaltrige zur Nomination von Schülern mit

---

9 Eine ausführliche Liste mit Merkmalen hochbegabter Kinder ist z. B. bei Webb (2015) zu finden.
10 Deutsche Übersetzung und Anpassung: Franz J. Mönks, Stefanie Diederichs und Ulrike Kempter (2007) (Kempter, 2007).

besonderen Begabungen einbezieht, hofft man, so Informationen zu erhalten, die Erwachsenen nicht zugänglich sind. Die Validität ist allerdings noch kaum untersucht (Preckel & Vock, 2013). Die Selbstnomination kann ebenfalls nicht als valide angesehen werden, da sich besonders begabte Schüler eher selten als besonders begabt einschätzen, während überdurchschnittlich intelligente Schüler sich als weniger selbstkritisch erweisen und bei sich selbst eher eine besondere Begabung vermuten (Stapf, 2010, S. 141).

Über diese aufgeführten subjektiven Verfahren können Schüler für Förderprogramme vorgeschlagen werden. Je nach Notwendigkeit ist es dann möglich, im Anschluss daran objektive Maßnahmen einzusetzen, um z.B. die Vorauswahl zu bestätigen oder zu widerrufen. Zu den objektiven Verfahren zählen Intelligenztests, Leistungstests, Eignungstests, Kreativitätstests und Wettbewerbe (Feger & Prado, 1998), wobei an dieser Stelle nur auf Intelligenztests näher eingegangen wird. *Objektive Verfahren*

In der Literatur wird bei einer mehrdimensionalen Begabungsauffassung gefordert, alle, bzw. möglichst viele Modellfaktoren auf der Potenzialebene zu testen (vgl. Stumpf, 2012). Auf Basis des Integrativen Begabungs- und Lernkompetenzmodells nach Fischer (2006) wären dies unter anderem die verbalen, die numerischen, die räumlichen, die musisch-künstlerischen, die psychomotorischen und sozial-emotionalen Fähigkeiten. Dies übersteigt jedoch bei weitem die schulischen Möglichkeiten und ist nur im Rahmen von groß angelegten Studien, bzw. in der Einzeldiagnostik, sofern es überhaupt standardisierte Testverfahren für die einzelnen Bereiche gibt, möglich. Es gibt bis heute z.B. noch keinen anerkannten Test zur Erhebung der sozio-emotionalen Fähigkeiten. Da der kleinste gemeinsame Nenner aller Begabungsmodelle die Intelligenz ist (Preckel & Vock, 2013, S. 99), kommen in der Regel standardisierte Testverfahren zur Erfassung derselben zum Einsatz. *Was soll diagnostiziert werden?*

Zur Erfassung des kognitiven Potenzials gibt es standardisierte Intelligenztests, wobei „… die Wahl eines bestimmten Intelligenztests maßgeblich darüber mit entscheidet, wer als hochbegabt zu bezeichnen ist" (Preckel & Vock, 2013, S. 101). „… [Intelligenzprüfungen] sind so gestaltet, daß die allgemeine Orientierungsfähigkeit des Denkens unter möglichster Ausschaltung des Schulwissens geprüft wird; und sie ermöglichen es, für das einzelne Kind anzugeben, ob seine Intelligenz auf dem Niveau seines Lebensalters steht oder ob es von diesem nach oben oder unten – und in welchem Grade – abweicht." (Stern, 1916, S. 118). Intelligenztests erfüllen die Testgütekriterien Objektivität, Reliabilität und Validität (Perleth & Sierwald, 2000). *Intelligenztests*

Es gibt viele verschiedene Intelligenztests. Das Österreichische Zentrum für Begabtenförderung und Begabungsforschung (ÖZBF) hat in einer Handreichung alle Testverfahren auf über 260 Seiten zusammengefasst *Wahl des Intelligenztests*

(Österreichisches Zentrum für Begabtenförderung und Begabungsforschung [ÖZBF], 2012). Es empfiehlt sich i. d. R. der Einsatz eines sprachfreien Grundintelligenztests, um den Einfluss der kulturellen Herkunft
bzw. der schulischen Bildung zu minimieren (Fischer, 2006). Erfreulicherweise gibt es einige Intelligenztests für die Anwendung als Gruppentest.
Allerdings

> …ist plausibel anzunehmen, dass hochbegabte Underachiever Gruppentestun-
> gen mit Klassenarbeiten, also typischen Misserfolgssituationen in ihrer Vorge-
> schichte, assoziieren. Sie erhöht dann die Wahrscheinlichkeit eines schlechte-
> ren Abschneidens bei Gruppenintelligenztests, so dass Underachiever hier
> möglicherweise eher übersehen werden als bei Einzeltestungen. (Preckel &
> Vock, 2013, S. 101–102)

Problematiken
bei Intelligenz-
testungen

Der alleinige Einsatz von Grundintelligenztests bzw. nonverbalen Intelligenztests bei der Hochbegabungsdiagnostik oder bei der Verwendung als
Auswahlverfahren für schulische Begabtenförderprogramme kann proble-
matisch sein, da „…Testpersonen mit einer Stärke im nonverbalen Bereich…schlechtere Prognosen für die schulische Leistungsentwicklung
[haben] als Testpersonen mit Stärken im numerischen oder verbalen Bereich." (Preckel und Vock, 2013, S. 105) Manche Grundintelligenztests beinhalten darum Ergänzungstests z. B. zu verbalen bzw. numerischen Fähigkeiten (z. B. CFT 20-R mit Wortschatz und Zahlenfolgetest (Weiß, 2006 &
2007)).

Deckeneffekte

„Ein spezielles Problem ergibt sich in der Hochbegabungsdiagnostik
aus der Verwendung normierter Tests. Aus Gründen der Varianzeinschrän-
kung psychometrischer Messungen im oberen Skalenbereich entstehen
sog. Deckeneffekte, was ungenügende Merkmalsdifferenzierungen zur
Folge hat." (Heller, 2001, S. 33). Das bedeutet, dass Intelligenztests meist
für den Normalbereich geeicht sind und im Extrembereich nicht gut diffe-
renzieren (Stapf, 2010, S. 115). Es ist z. B. möglich, dass ein Intelligenztest
bis zu einem IQ von 145 Punkten und darüber hinaus testen kann. Wenn
ein Schüler dann aber noch besser abschneiden könnte, kann dies der Test
nicht erheben.

Trotz dieser Problematiken wird in der Begabungsdiagnostik in der Regel auf IQ-Testungen zurückgegriffen, da nur die kognitive Begabungsfa-
cette valide, reliabel und objektiv gemessen werden kann. Da eine Diagnostik die Aufgabe hat, Fördermöglichkeiten anzustoßen, werden im folgenden Kapitel Fördermöglichkeiten für Schüler mit besonderer Begabung
vorgestellt.

1.6   Förderung

Ist bei einem Schüler eine besondere Begabung diagnostiziert, sollte sich
daran eine entsprechende Förderung anschließen, um eine günstige Begabungsentwicklung zu ermöglichen. Schüler mit besonderer Begabung lang-
weilen sich im Regelunterricht schneller und sind auf Rückschläge weniger

vorbereitet, so dass sie besondere Bedarfe in der Förderung aufweisen (Ziegler, 2001, S. 106). In der traditionellen schulischen Begabungsförderung wird zwischen Akzeleration und Enrichment als Fördermöglichkeiten unterschieden. Auf eine detaillierte Beschreibung, auf die Aufführung von Forschungsbelegen zur Wirksamkeit und Nachhaltigkeit dieser Förderarten sowie auf die Vorstellung von außerschulischen Fördermöglichkeiten wird an dieser Stelle verzichtet, da sie für die zugrundeliegende Fragestellung der Arbeit nicht zielführend sind. Er wird nur ein kurzer Überblick über die gängigsten Föransätze gegeben. Auf die Vorstellung konkreter Förderprojekte wird verzichtet, weil im praktischen Teil der Arbeit die allgemeine Begabungsdiagnostik, nicht aber die allgemeine Förderung von Begabungen von Relevanz sein wird.

In der Regel unterscheidet man zwischen **Akzeleration** und **Enrichment** bzw. zwischen **integrativen** im Gegensatz zu **segregativen** Ansätzen (z. B. Heller & Hany, 1996). Bei integrativen Maßnahmen bleibt der Schüler in seiner per Zufall zugewiesenen Klasse, während bei segregativen Ansätzen Schüler nach bestimmten Fähigkeiten und Fertigkeiten in Klassen/Gruppen zusammengefasst werden (Stapf, 2010, S. 221). Vor dem Hintergrund der Salamanca-Erklärung der UNESCO (1994) und der über Deutschland hineingebrochenen „Tsunami-Welle" der Inklusion werden jedoch segregative, also exkludierende Ansätze mit Skepsis betrachtet. _Ansätze_

Unter Akzeleration (aus dem Englischen to accelerate = beschleunigen, Gas geben) versteht man ein beschleunigtes Lernen, vor allem ein schnelleres Durchlaufen des Curriculums (Ziegler, 2008, S. 78). Dazu zählt eine frühzeitige Einschulung oder aber das Überspringen von Klassen sowie das Teilnehmen an einzelnen Kursen in einer höheren Klasse (BMBF, 2015; Karg-Stiftung, 2014; Österreichisches Zentrum für Begabtenförderung und Begabungsforschung [ÖZBF], 2010). _Akzeleration_

Unter Enrichment wird das Anreichern und Vertiefen von Inhalten verstanden (aus dem Englischen to enrich = anreichern) (BMBF, 2015). Ein solches Enrichment kann im normalen Fachunterricht erfolgen, indem Zusatzaufgaben oder spezielle Projekte angeboten werden. Es gibt zudem sogenannte Drehtürmodelle oder Pull-Out-Kurse, für die die Schüler den normalen Klassenunterricht verlassen und meist nicht im Lehrplan verankerte Themen bearbeiten (Karg-Stiftung, 2014). Zusätzlich zum Fachunterricht ist es möglich, die Unterrichtsinhalte durch spezielle Arbeitsgemeinschaften und/oder die Teilnahme an Wettbewerben (z. B. die Mathematik-Olympiade) anzureichern. _Enrichment_

Abbildung 3 aus dem Wegweiser des Bundesministeriums für Bildung und Forschung zum Umgang mit besonderen Begabungen fasst die unterschiedlichen Fördermöglichkeiten für Schüler mit besonderer Begabung zusammen.

Dieser knappe Überblick über Fördermöglichkeiten für Kinder und Jugendliche mit besonderer Begabung soll an dieser Stelle genügen, so dass im nächsten Teilkapitel eine erste Quintessenz erfolgen kann.

Innere Differenzierung im Unterricht	Klassenstufenbezogene Akzeleration	Enrichment (außerunterrichtliche Zusatzangebote)	Spezielle Klassen und Schulen
Individualisierung und Differenzierung	Vorzeitige Einschulung	Arbeitsgemeinschaften	Schulen mit besonderen Profilen (z.B. sprachlich, naturwissenschaftlich)
Kooperative Lernformen	Schnelleres Durchlaufen der Eingangsstufe in der Grundschule	Wahl zusätzlicher (Leistungs-) Kurse	
Selbstständige Lernformen	Überspringen von Klassen (individuell oder in Gruppen)	Bundes- und landesweite Schülerwettbewerbe	Schulen mit Leistungs- / Hochbegabtenklassen
Projektarbeit, Formen des offenen Unterrichts	Teilnahme am Unterricht in höheren Klassen in einzelnen Fächern	Schülerferienakademien Pull-Out-Programme	Spezialschulen für Hochbegabte
		Kooperationen mit Universitäten und Wirschaftsunternehmen	
		Schüleraustauschprogramme	
Frühstudium			

Abbildung 3: Zusammenfassender Überblick von Fördermaßnahmen besonders begabter Schüler (BMBF, 2015, S. 92)

1.7 Quintessenz

Am Ende des ersten Kapitels erscheint es erforderlich, das Wesentliche zusammenzufassen und für die weiteren Kapitel zu präzisieren.

Vor allem durch die teils problematische historische Entwicklung im Kontext der Begabungsforschung entstand eine Vielzahl an Begrifflichkeiten und Definitionen. Für die vorliegende Arbeit wird der Begriff der **besonderen Begabung** gewählt und vorwiegend als **kognitives Fähigkeitspotenzial für herausragende Leistungen** verstanden. Operationalisiert, das heißt messbar gemacht, wird dies folgendermaßen: Erzielt eine Person in einem kognitiven Intelligenztest einen Wert, der **mindestens eine Standardabweichung über dem Mittelwert** liegt, was 15 IQ-Punkten entspricht, liegt eine besondere Begabung vor. Dies führt zur Grenzziehung bei einem **IQ ≥ 115**.

Vor allem ist aber an dieser Stelle herauszustellen, dass eine deutliche Unterscheidung zwischen **Potenzial und Leistung** notwendig ist. Nicht alle besonders begabten Personen erzielen Leistungen, die ihrem Potenzial entsprechen. Vielmehr gibt es einen Transformationsprozess mit verschiedenen positiven und negativen Wechselwirkungen. Dies führt zu den jeweiligen, hoch individuellen Begabungs- und Leistungsformen.

Zur **Diagnostik** besonderer Begabung eignet sich insbesondere hinsichtlich des Vorhabens, ein Förderprogramm im schulischen Kontext umzusetzen, eine **Kombination von subjektiven und objektiven Verfahren**.

Wobei die subjektiven den objektiven Verfahren vorgeschaltet sein sollten. Nominieren können Lehrer, Eltern, Mitschüler oder Schüler selbst. Es ist möglich, diese Nomination durch Informationen zu Begabung für die Beteiligten zu begleiten, so dass die Trefferwahrscheinlichkeit erhöht wird. Im Anschluss daran ist es möglich, mit dieser vorausgewählten Stichprobe einen objektiven Intelligenztest zur Erfassung des kognitiven Potenzials durchzuführen. Diese Vorgehensweise ist effektiv und spart Ressourcen.

Ist es nicht möglich, generell individuelle Förderung im Unterricht/in der Schule umzusetzen, sollte Schülern mit besonderer Begabung adäquate Förderung zuteilwerden. Hierfür gibt es verschiedenste Formen der Förderung wie z. B. Akzelerations- und Enrichmentmaßnahmen.

Eine spezielle Untergruppe von Schülern mit besonderer Begabung bildet diejenige, die ihr Potenzial nicht in gute schulische Leistungen umsetzt. Das zweite Kapitel dieser Arbeit widmet sich dieser Zielgruppe.

2 Underachievement

2.1 Begriffsklärung

Ein alltägliches
Phänomen?

„Du kannst doch so viel, warum zeigst du das nicht?", solch einen Satz
hören viele Schüler beinahe täglich. Im (pädagogischen) Alltag ist dieses
Phänomen allgegenwärtig: Wir kennen alle jemanden, dessen Potenzial ihn
zu herausragenden Leistungen befähigen müsste, aber er bleibt weit hinter
seinen Möglichkeiten zurück. Dies kann sich in schlechten Klassenarbeitsnoten, in mangelhafter mündlicher Mitarbeit, in einer Versetzungsgefährdung, der Nicht-Versetzung oder im Schulverweis zeigen. Und dies, obwohl (oder weil?) ein großes Potenzial, z. B. in Form hoher kognitiver Fähigkeiten, vorliegt.

Begriffsvielfalt

Soll ein begabter Schüler mit Schwierigkeiten beschrieben werden, erwartet den Interessierten eine Vielzahl an Begrifflichkeiten. Es ist von
Leistungsschwierigkeiten, Lernbehinderungen, Lernschwierigkeiten,
Lernstörungen, Minderleistungen, Schulversagen, Twice Exceptionality,
Underachievement oder „einfach" schlechten Schülern zu lesen (u. a. Zielinski, 1998; Betz & Breuninger, 1996; Callard-Szulgit, 2008; Harder,
2009; Zöller, 2009). Teilweise scheinen die Begriffe synonym benutzt zu
werden, teilweise werden sie jedoch voneinander abgegrenzt (Zielinski,
1998).

Der Begriff der **Lernbehinderung** ist umstritten und wird nur mit großer Sorgfalt verwendet (Wember, Stein & Heimlich, 2014). Es wird dann
von einer Lernbehinderung gesprochen, wenn Lernbeeinträchtigungen
mehr als einen Leistungsbereich umfassen und „... sich über mehr als ein
Schuljahr bei deutlicher Abweichung von der durchschnittlichen Intelligenz" (Wember et al., 2014, S. 51) (IQ < 85) erstrecken.

Lernschwierig-
keiten

Weit gefasst ist der Begriff **Lernschwierigkeiten.** Er wird häufig den
Begriffen der Lernstörung, Lernschwäche oder Lernbehinderung vorgezo-
gen, da er nicht veränderungsresistent konnotiert ist, sondern durch geeignete Interventionen zu beeinflussen ist (Gold, 2011). Im deutschsprachigen
Raum werden die Begriffe Lern- und Leistungsschwierigkeiten in der Regel synonym verwendet, es gibt höchstens tendenzielle Unterschiede bezogen auf Performanz- und Transformationsebene (Fischer, 2006, S. 18). So
werden Lernschwierigkeiten der Transformationsebene zugeordnet und
Leistungsschwierigkeiten der Performanzebene (siehe Kapitel 1.4). Im Folgenden wird der Begriff Leistungsschwierigkeiten unter den Begriff Lernschwierigkeiten gefasst.

> Von Lernschwierigkeiten spricht man im Allgemeinen, wenn die Leistungen
> eines Schülers unterhalb der tolerierbaren Abweichungen von verbindlichen in-
> stitutionellen, sozialen oder individuellen Bezugsnormen (Standards, Anforde-
> rungen, Erwartungen) liegen oder wenn das Erreichen (bzw. Verfehlen) von

Standards mit Belastungen verbunden ist, die zu unerwünschten Nebenwirkungen im Verhalten, Erleben oder in der Persönlichkeitsentwicklung des Lernenden führen. (Weinert & Zielinski, 1977, S. 294–295)

Zielinski (1998) orientiert sich bei der Klassifikation von Lernschwierigkeiten an der sozialen Bezugsnorm, der sachlichen Bezugsnorm und der individuellen Bezugsnorm (Zielinski, 1998, S. 14). Fischer (2006) leitet aus Zielinskis Klassifizierung ab, dass bei Kindern mit besonderen Begabungen und Lernschwierigkeiten die individuelle, im Gegensatz zur sachlichen oder sozialen Bezugsnorm relevant ist. Daraus folgt, dass auch Lernschwierigkeiten vorliegen können, wenn die Leistungen des entsprechenden Schülers mit besonderer Begabung (noch) im durchschnittlichen Bereich liegen (Fischer, 2006).

Klassifikation von Lernschwierigkeiten

Hinsichtlich Lernschwierigkeiten wird zudem zwischen bereichsspezifischen und bereichsübergreifenden Schwierigkeiten unterschieden. Zu den bereichsspezifischen Schwierigkeiten zählen Lese- und Rechtschreib- sowie Rechenschwierigkeiten (Fischer, 1999). Zu den bereichsübergreifenden Lernschwierigkeiten zählt man u. a. eine Lernschwäche oder auch Underachievement (Panten, 2010). Im Gegensatz zur Lernschwäche, bei der die Altersnorm als Ausgangspunkt gilt, wird beim Underachievement der Bezug zwischen intellektuellen Fähigkeiten und schulischer Leistung betrachtet (Panten, 2010).

Bereichsspezifische und bereichsübergreifende Lernschwierigkeiten

Da sich diese Arbeit mit Schülern mit besonderer Begabung befasst, wird der Fokus auf die individuelle Bezugsnorm und auf das Umsetzen eines besonderen Potenzials in Leistung gelenkt. Liegt ein „chronic gap between ability and achievement" (Snyder & Linnenbrink-Garcia, 2013, S. 210) vor, spricht man von Underachievement als spezieller Form von Lernschwierigkeiten (Fischer, 2006; Fischer-Ontrup, 2011). Für die vorliegende Arbeit erscheint der Begriff Underachievement[11] ausreichend spezifisch, wird dementsprechend als Grundlage gewählt und im Folgenden näher untersucht.

Underachievement als spezielle Form der Lernschwierigkeiten

Vor Mitte der 1950er Jahren kommt der Begriff Underachievement in der Fachliteratur nicht vor, da bis dahin weder die Begabungsdiagnostik definiert noch akzeptiert wurde und auch kein soziales oder politisches Interesse an diesem Thema bestand (McCall, Evahn & Kratzer, 1992, S. xiii). Heute ist Underachievement sehr wohl von Interesse für Forscher und Praktiker (Colangelo, 2009; Renzulli, Reid & Gubbins, o. J.; Ford, Alber & Heward, 2005; Rubenstein, Siegle, Reis, McCoach & Burton, 2012) und es finden sich in den einschlägigen Datenbanken viele Treffer. Ähnlich wie in der Entwicklung in der Begabungsforschung (siehe Kapitel 1) lassen sich

Aktualität

---

11 Der Ausdruck des Underachievers wird im deutschsprachigen Raum synonym zum Begriff des Minderleisters verwendet (Hanses & Rost, 1998), allerdings bringt der Ausdruck Minderleister aus Sicht der Autorin der vorliegenden Arbeit eine negative Konnotation mit sich, so dass er im Folgenden, mit Ausnahme von Zitaten, nicht verwendet wird.

auch für die Underachievementforschung Phasen beobachten (Ziegler & Stöger, 2009, 2012).

1. **Pionierphase** bis 1950: Intelligenz gleich hohe Leistung?
2. **Kritische Phase** bis ca. 1970: Underachievement, ein Oxymoron[12]?
3. **Soziale Phase** bis heute: Begabungsförderung aller als soziale Aufgabe?

Spezielle Formen von Under-achievement

Aktuell befinden sich Forschung und Praxis also in der sozialen Phase, was vor dem Hintergrund einer chancengerechten Begabungsförderung passend erscheint. Bei einer vertieften Recherche zum Begriff des Underachievements treten verschiedene Schwierigkeiten, wenn nicht sogar Rätsel auf: „...underachievement of gifted students is a perplexing phenomenon ...[It] remains an enigma" (Reis & McCoach, 2000, S. 152). Es ist vom **unsichtbaren Underachievement** bei benachteiligten Milieus (Baker, Bridger & Evans, 1998) oder vom **Underachievement-Syndrom** (Schick, 2007; Sparfeldt et al., 2006) zu lesen. Als spezielle Formen des Underachievements sind Begriffe wie **Double** oder **Twice Exceptionalities** gebräuchlich (u. a. Montgomery, 2003; Kay, 2000). Fischer (2006) schreibt von seiner Beobachtung, dass in der englischen Literatur auch von **Double Exceptionalities** gesprochen wird (Fischer, 2006, S. 18). Heute (im Jahr 2016) zeichnet sich eine vermehrte Verwendung des Ausdrucks Twice Exceptionals ab. Als Twice Exceptional, also zweifach außergewöhnlich, wird die folgende Untergruppe von Schülern bezeichnet: „...gifted students with learning disabilities, intellectual disability and/or autism, Asperger's Syndrome, attention deficit hyperactivity disorder, and sensory impairment is presented" (Lupart & Toy, 2009, S. 507). Je nachdem, wie weit oder eng der Begriff Twice Exceptional gefasst wird, werden beispielsweise Geschlechteraspekte oder Homosexualität ebenfalls inkludiert (Baum, 2004). Für Twice-Exceptional-Schüler ist es oft schwer, ihre verschieden ausgeprägten Fähigkeiten, z. B. überdurchschnittlich hohe Fähigkeiten bei gleichzeitigen Lese- und Rechtschreibschwierigkeiten, in ihre Identität zu integrieren (Trail, 2010). Die Zielgruppe der Twice Exceptionals erscheint jedoch als zu stark spezifisch, als dass für die vorliegende Arbeit dieser Terminus sinnvoll erschiene. Der Begriff Underachievement ist bereits ausreichend detailliert, so dass die Unterformen von Underachievement zwar mit bedacht, aber auf die Differenzierung der Spezialformen verzichtet wird. Im folgenden Kapitel wird die Definition hergeleitet.

---

12 Ein Oxymoron ist die Zusammenstellung zweier sich widersprechender Begriffe (z. B. Hassliebe oder bittersüß) (Scholze-Stubenrecht & Wermke, 2009, S. 756).

2.2 Definition

Bei der Auseinandersetzung mit psychologischen und/oder pädagogischen Definitionen zu Underachievement wird der Leser mit einer Reihe von Kritik – sei es an der Begrifflichkeit, den dazugehörigen Konzepten oder aber der bislang durchgeführten Forschung – konfrontiert (Sparfeldt et al., 2006, S. 214; Stamm, 2008a; Obergriesser & Stöger, 2015; Greiten, 2013a; Ziegler & Stöger, 2012; Zöller, 2009).[13]

Aktuelle Forschungslage

Gerade im deutschsprachigen Raum wird die lückenhafte Forschungslage bemängelt. So schreibt Sparfeldt (2006) plakativ: „Aussagekräftige Studien zu *hochbegabten* [Hervorhebung v. Verf.] Underachievern liegen im deutschen Sprachraum nicht vor" (S. 214). In der Regel fußt diese Kritik auf den Definitionsschwierigkeiten von Underachievement. Durch fehlende Standards lassen sich die bisher durchgeführten Forschungen kaum vergleichen.

Definitionsschwierigkeiten

Der vorherrschende Definitionsansatz ist die Bestimmung von Underachievement über ein sogenanntes Diskrepanzkriterium (Reis & McCoach, 2000). Dies illustriert die Definition von Preckel & Vock (2013):

Relatives Diskrepanzkriterium

> **Underachievement** [Hervorhebung v. Verf.] (auf Deutsch: erwartungswidrige Minderleistung):
> Eine längerfristig andauernde negative Diskrepanz zwischen der intellektuellen Begabung (Potenzial) und den gezeigten Leistungen. (Preckel & Vock, 2013, S. 82)

Basis dieser Definition ist eine **relative Diskrepanz zwischen Potenzial und gezeigter Leistung**. Dieser Definition wird viel Kritik entgegengebracht.[14] Es stellt sich zunächst die Frage, wie Potenzial und Performanz bestimmt, bzw. gemessen werden, um eine Diskrepanz quantifizieren zu können. Bezüglich der **Messung des Potenzials** eines Schülers wird an dieser Stelle auf Kapitel 1.5 dieser Arbeit, verwiesen. Die **gezeigte Leistung** kann sowohl standardisiert als auch nicht standardisiert erfasst werden. Spätestens mit Eintreten des Pisa Schocks 2000 (u. a. Kerstan, 2011, Baumert et al., 2001) gibt es in Deutschland standardisierte Tests, wie zum Beispiel Lese- oder Rechtschreibtests (z. B. den Hamburger Lesetest (HAMLET) (Lehmann, Peek & Poerschke, 2006), die Diagnostischen Rechtschreibtests (DRT) (z. B. Grund, Haug & Naumann, 2003) oder die Deutschen Mathematiktests (DEMAT) (z. B. Götz, Lingel & Schneider,

---

13 Der interessierte Leser sei an dieser Stelle für einen Überblick über die aktuelle Forschungslage im deutschsprachigen Raum zu Underachievement auf Zöller (2009) „Underachievement. Konstrukt eines Defizits oder defizitäres Konstrukt?" verwiesen. Die aktuelle Forschungslage im englischsprachigen Raum kann bei Snyder & Linnenbrink-Garcia (2013) nachgelesen werden.

14 Underachievement kommt natürlich nicht nur bei besonders begabten Schülern vor. Auch durchschnittlich begabte Schüler können unter ihren Fähigkeiten leisten. In dieser Arbeit wird der Fokus jedoch auf die besonders begabten Underachiever gelenkt.

2013)). Diese werden in der pädagogischen Praxis aufgrund unterschiedlichster Hürden eher selten eingesetzt. Teilweise werden zur Durchführung
solch standardisierter Testverfahren professionelle Testleiter benötigt, zur
Durchführung bedarf es der Kenntnis der Gütekriterien und in der Regel ist
sie mit Kosten verbunden.[15] Dies führt dazu, dass Leistungen meist über
nicht standardisierte Verfahren, wie zum Beispiel über Schulnoten, erhoben werden, auch wenn Schulnoten harsch kritisiert werden (u. a. Reis &
McCoach, 2000, S. 154) (zu Schulnoten siehe S. 27).

Erwartungswid-
rige vs. erwar-
tungsgemäße
Leistung

Die Underachievementdefinition fußt zudem auf dem Konzept einer **erwartungswidrigen Leistung**. Dies setzt nicht nur die Leistungsmessung,
sondern die Messung einer erwartungswidrigen Leistung voraus. Es muss
aber die Frage gestellt werden, wann eine Leistung (überhaupt) erwartungs-
widrig ist, bzw. wann eine Leistung erwartungsgemäß ist (u. a. Reis &
McCoach, 2000; Zöller, 2009). Es scheint paradox: Woran soll festgemacht
werden, ob die Interventionsmaßnahme Erfolg hat, wenn nicht klar ist, welche Leistung für ein bestimmtes Potenzial erwartungsgemäß ist?

Zusammenhang
zwischen
Intelligenz und
Schulleistung

Die vorherrschende Kritik am Diskrepanzkriterium zur Eingrenzung
und Definition von Underachievement richtet sich aber auf den umstrittenen **Zusammenhang zwischen Intelligenz und Leistung**. Es gibt unterschiedliche Auffassungen darüber, ob Intelligenz und Schulleistung korrelieren. Hanses und Rost (1998) berichten, abhängig von der Operationalisierung von Underachievement und der Stichprobe der jeweiligen Studie,
von einer Varianzüberlappung von Intelligenz und Schulleistung von
20 %–25 % im Durchschnitt; was im Umkehrschluss bedeuten würde, dass
75 %–80 % der Schulleistung durch Intelligenzindikatoren *nicht* vorher-
sagbar wären (Hanses & Rost, 1998, S. 54). Dieser Aussage liegt ein Kor-
relationskoeffizient von $r = .5$ zugrunde, welcher für einen mittleren Zusammenhang steht und der auch in den Untersuchungen von Heller (2000a)
gefunden wurde. Neuere Studien belegen hingegen einen weitaus größeren
Zusammenhang. Deary et al. (2007) führten eine Studie mit über 70.000
Teilnehmern hinsichtlich des Zusammenhangs zwischen Intelligenz der
Probanden und der schulischen Leistung durch und fanden eine Korrelation
von $r = .81$. Dies belegt einen starken Zusammenhang zwischen Intelligenz
und schulischer Leistung. Preckel und Vock (2013) schreiben dazu: „Wenn
ein Kind über eine hohe intellektuelle Begabung verfügt, erhöht dies die
Wahrscheinlichkeit, dass es gute schulische Leistungen zeigen wird – auch
wenn eine hohe Intelligenz kein Garant für sehr gute Schulleistungen ist"
(S. 67). Es spielt vielmehr ein großes Bündel an Faktoren eine Rolle (siehe
auch Begabungsmodelle, Kapitel 1.4) und auch wenn der Zusammenhang
stark ist, heißt es nicht, dass er perfekt ist (Preckel & Vock, 2013).

---

15 Diese Aussagen basieren auf Erfahrungen, die die Autorin bei verschiedenen
    Lehrerfortbildungen als Referentin sammeln konnte.

Neben den Schwierigkeiten in der Leistungsmessung, der Erfassung erwartungswidriger Leistung und dem umstrittenen Zusammenhang zwischen Intelligenz und Schulleistung besteht, wie bereits im Zuge von Intelligenztestungen (siehe Kapitel 1.5) beschrieben, ein weiteres Problem, der sogenannte Deckeneffekt, also eine mangelnde Differenzierbarkeit im oberen Leistungsbereich (Zöller, 2009; siehe auch Deckeneffekte, S. 30). In der Regel kann ein besonders begabter Schüler mehr leisten, als für den Erhalt einer guten oder sehr guten Note vonnöten wäre (ebd.). Dies führt zu der Frage, ob ein Schüler mit einem IQ von > 145 und Bestnoten in der Schule bezogen auf das relative Diskrepanzkriterium ein Underachiever ist oder nicht. Diese Problematik stellen auch Hanses und Rost (1998) heraus und fordern neben dem relativen Kriterium ein absolutes Kriterium, d. h. einen inhaltlichen Erwartungswert.

Relative und absolute Diskrepanz

Diese Arbeit entsteht im pädagogischen Kontext und in dieser Umgebung genügt in der Regel eine weiche, praktikable Definition eines Phänomens. Underachievement wird hier als **bedeutsame Diskrepanz zwischen Potenzial und Leistung** verstanden. Da in der vorliegenden Arbeit durch quantitative Methoden die Stichprobe adäquat beschrieben und die Wirksamkeit eines Interventionsprogramms untersucht werden soll, wird im nächsten Kapitel eine Konzeptspezifizierung von Underachievement vorgenommen.

2.3 Konzeptspezifikation und Auftretenswahrscheinlichkeit

Ziel einer operationalisierten Definition von Underachievement ist das folgende:

Ziel der Operationalisierung

> Defining underachievement operationally provides researchers and readers with a clearer picture of the composition of the sample being studies and enables the comparison of results of different studies (Reis & McCoach, 2000, S. 156).

Sollen Interventionen auf Wirksamkeit überprüft oder Studien miteinander verglichen werden, setzt dies eine einheitlich operationalisierte Definition von Underachievement voraus. Wegen der Definitionsschwierigkeiten birgt dies Fallstricke. Im Folgenden werden einige gängige Operationalisierungen aufgeführt.

Eine der großen Studien zu Hochbegabung in Deutschland ist das Marburger Hochbegabtenprojekt. Innerhalb dieses Projektes wurden u. a. Forschungen zu Underachievement betrieben (vgl. Hanses & Rost, 1998). Hanses und Rost (1998) operationalisieren hier Underachievement durch eine absolute Diskrepanz: Underachievement liegt vor, wenn der Prozentrang des IQ ≥ 96 (dies entspricht einem IQ ≥ 127) ist und ein Schulleistungsprozentrang von < 50 vorliegt.

Absolute Diskrepanz

Stamm (2008a), eine schweizerische Forscherin, hingegen spricht in ihren Untersuchungen von Underachievern, wenn „...deren IQ-Prozentrang
≥ 95 bei einem Schulleistungsprozentrang ≤ 50 liegt" (Stamm, 2008a,
S. 74).[16]

**Relative
Diskrepanz**

Obergriesser und Stöger (2015), Forscherinnen der Universität Regensburg, legen für ihre Studie zur Rolle von Gefühlen, Motivation und Lern-
verhalten bei Underachievement folgendes, relatives Kriterium fest:
„...were identified as underachievers, as their z-standardized grade point
average (GPA) in the main subjects was at least one standard deviation be-
low their z-standardized IQ score" (S. 172).

**Bedeutung für
die vorliegende
Arbeit**

Es wird deutlich, dass bei der Definition von Underachievement die
Schwellenwerte unterschiedlich gesetzt werden. Ziegler et al. (2000)
schreiben diesbezüglich: „[Es] wird dem Diagnostiker nichts anderes üb-
rigbleiben, als eigene Kriterien für eine von ihm als bedeutsam erachtete
Diskrepanz festzulegen" (S. 264). Und auch Vock et al. (2010) fordern,
dass jeder Diagnostiker den Schwellenwert selbst fachlich begründet, auch
wenn dies aus Sicht der Autorin im Gegensatz zu den obigen Forderungen
nach einer einheitlichen Underachievementdefinition steht. Hier soll, in
Anlehnung an Obergriesser und Stöger (2015) von Underachievement gesprochen werden, wenn zwischen dem kognitiven Fähigkeitspotenzial (erhoben mit Hilfe eines standardisierten Intelligenztests) und der Schulleistung eine negative Standardabweichung von ≥ 1 vorliegt.

**Auftretenswahr-
scheinlichkeit**

Die unterschiedlichen Schwellenwerte beeinflussen natürlich die Auftretenswahrscheinlichkeit von Underachievement (Vock et al., 2010; Ziegler et al., 2000; Rost, 2007b). Es gibt Autoren, die von Underachievement
als nationaler Epidemie (Rimm, 2009) oder einem nationalen
Underachievement sprechen (Ziegler & Stöger, 2007). Wieder führt die
nicht vorhandene allgemeingültige Definition von Underachievement zu
Schwierigkeiten. Durch die verschiedenen Schwellenwertsetzungen
kommt es zu Variationen in den Anteilen von 12 %–50 % an Underachievern unter den Schülern mit besonderer Begabung (u. a. Fischer, 2006; Fischer-Ontrup, 2011; Hanses & Rost, 1998). Im Extremfall würde ein solch
hoher Anteil von 50 % bedeuten, dass jeder zweite begabte Schüler ein Underachiever wäre. Dies steht im Widerspruch zur Gauß'schen Normalverteilung (Rohrmann & Rohrmann, 2010) und führt zu „Panik bei Eltern und
bei Lehrkräften" (Sparfeldt & Rost, 2012). Gängiger ist die Festlegung des

---

16 Im Widerspruch zu dieser Operationalisierung wählt Stamm (2008a) ihre Stich-
    probe der Minderleister ($N = 51$), über welche sie im gleichen Aufsatz berich-
    tet, nach den folgenden Kriterien aus: „IQ-Prozentrang ≥ 90, Schulleistungs-
    prozentrang (Deutsch, Mathematik), ≤ 50" Stamm (2008a, S. 76). Warum sie
    zunächst von einem Prozentrang von ≥ 95 und dann von einem Prozentrang von
    ≥ 90 ausgeht, ist unklar.

Prozentsatzes von ca. 15 % an Underachievern unter Personen mit besonderer Begabung. So heißt es in der Handreichung des BMBF: „15 Prozent der ungefähr zwei Prozent Hochbegabten – das sind gerade einmal drei Promille, was auf den ersten Blick nicht viel erscheint" (BMBF, 2015, S. 31). Dass drei Promille aber nicht unerheblich sind, zeigt der folgende Rechenexkurs.

Im Schuljahr 2014/15 gehen in Deutschland 11.024.707 Schüler zur Schule (Statistisches Bundesamt, 2015), statistisch haben 2,28 % dieser Schüler, also 251.363 Schüler, einen IQ von ≥ 130. Wenn nun davon ausgegangen wird, dass 15 % dieser 251.363 begabten Schüler hinter ihrem Potenzial zurückbleiben, sind dies immer noch 33.704 Schüler. Da hier von besonderer Begabung, also einem IQ ≥ 115 und nicht von Hochbegabung ausgegangen wird, ändert dies die Verteilung wie folgt: Einen IQ von ≥ 115 haben statistisch im Schuljahr 2014/15 1.741.904 Schüler unter denen statistisch wiederum 261.286 Schüler hinter ihrem Potenzial zurückbleiben. Die Erstellung eines speziellen Förderprogramms für diese Zielgruppe ist demnach mehr als gerechtfertigt. Zuvor soll aber noch im sich anschließenden Kapitel das komplexe Zusammenspiel der Faktoren, die zu einem Underachievement führen (können) beschrieben werden.

Rechenexkurs

2.4 Bedingungsfaktoren

Da die Ursachenforschung für das Verständnis von Underachievement für diese Arbeit als Hintergrundwissen relevant ist, es sich jedoch bei dem vorliegenden Forschungsprojekt um eine Interventionsstudie, welche nicht die Bedingungsfaktoren, sondern eine Behebung von Underachievement fokussiert, handelt, wird an dieser Stelle gerafft und nicht allumfassend auf Bedingungsfaktoren eingegangen.

Die Erkenntnisse in der Ursachenforschung sind zahlreich, vielfältig und widersprüchlich. Das lässt sich u. a. darauf zurückführen, dass – wie bereits in Kapitel 2.3 erläutert – bislang keine Einigkeit über die Begriffsdefinition besteht.

Immer wieder werden Risikofaktoren oder -gruppen hinsichtlich der Entstehung von Underachievement angeführt. In Anlehnung an Feger und Prado (1998) sowie Butler-Por (1993) benennen Peters et al. (2002) folgende Faktoren, die Underachievement bedingen (können): (1) geografische und ökologische Faktoren; (2) ethnische Faktoren; (3) ökonomische Faktoren; (4) Geschlechterfaktoren; (5) Bildungsmangel; (6) kulturelle Faktoren; (7) psychische oder psychologische Probleme; (8) familiäre Faktoren; (9) aktive Missachtung der sozialen Normen; (10) hohe Kreativität (Peters, Grager-Loidl & Supplee, 2002). In Risikogruppen fallen je nach Forscher u. a. begabte Mädchen, begabte Jungen, kulturelle Minoritäten oder Kinder in kritischen Lebenssituationen (u. a. Peters et al., 2002; Fischer-Ontrup, 2011; Stamm, 2008b).

Risiken

Konglomerat an
Faktoren

Es wird meist ein Zusammenspiel von Persönlichkeits- und Umweltfaktoren benannt, die zu Underachievement führen können (u. a. Sparfeldt
et al., 2006). Es ist daher illusorisch, den einen Faktor auszumachen, der
ein vorliegendes Underachievement ausgelöst hat, da es in der Regel verschiedene Faktoren sind, die in ihrem Zusammenspiel zum Leistungsabfall
führen (Fischer-Ontrup, 2011; Peters et al., 2002, S. 613). Die einschlägigen Studien zu Bedingungsfaktoren von Underachievement sind i. d. R. va-
riablenzentriert und zwar zentriert auf die Variablen, die die Beziehung
zwischen Intelligenz und Schulleistung moderieren (Snyder & Linnenbrink-Garcia, 2013) (siehe auch zum Zusammenhang von Intelligenz und
Leistung, Kapitel 1.2).

An dieser Stelle werden in Anlehnung an das integrative Begabungs- &
Lernprozessmodell nach Fischer (2006) die Bedingungsfaktoren auf der
Transformationsebene betrachtet werden.

Persönlichkeits-
faktoren

In der Regel setzt die Ursachenforschung zu Underachievement bei den
Persönlichkeitsfaktoren des Schülers an. Forschungsmethodisch sind am
besten die Persönlichkeitsvariablen **Motivation und Selbststeuerung** im
Zusammenhang mit Underachievement untersucht (Diaz, 1998; Ford, Alber & Heward, 2005; Hellert, 2010; Stamm, 2008a; Ziegler, 2001). Nach
Ziegler (2001) sind es hauptsächlich motivationale Probleme, die eine Umsetzung von Potenzial in Leistung verhindern (S. 107). Motivation und
Selbststeuerung kommt in dieser Arbeit eine besondere Bedeutung zu,
nicht nur im Zusammenhang mit den Bedingungsfaktoren von
Underachievement. Vielmehr sollen Motivation und Selbststeuerung detailliert hinsichtlich der geplanten Intervention in den Fokus genommen
werden. Die genaue Betrachtung erfolgt in Kapitel 3, so dass an dieser
Stelle auf weitere Ausführungen verzichtet werden kann.

In der Handreichung des Bundesministeriums für Bildung und Forschung, welche sich als Wegweiser für Eltern, Erzieher und Lehrer bezeichnet und darum überblicksartig angelegt ist, sind in der Kategorie der
Persönlichkeitsfaktoren folgende Variablen benannt: **Leistungsmotivation**[17], **Selbstbild, Lernstrategien, Umgang mit Fehlern und Misserfolg,
Anstrengungsvermeidung, Leistungsdruck** und **unrealistische Ansprüche** sowie **eine hohe Kreativität** (BMBF, 2015).

---

17 Ein hohes unbewusstes Leistungsmotiv sagt, teils allein und teils in Verbindung
    mit einem hohen unbewussten Machtmotiv, berufliche, unternehmerische und
    ökonomische Erfolge voraus. Für die Vorhersage von schulischem Erfolg trifft
    dies nicht zu. Erklärt werden kann dieses Phänomen damit, dass es in der Schule
    zu wenig Spielraum für die Entfaltung des Leistungsmotivs gibt. Weiter heißt
    es, Personen mit hohem Leistungsmotiv strengen sich häufig erst dann wirklich
    an, wenn sie sich im Vergleich mit anderen Personen beweisen müssen (Brun-
    stein, 2003, S. 66-67). Daraus ergibt sich ein Dilemma für Underachiever in der
    Schule.

Auch mangelnde oder fehlende **Lernstrategien**, aber auch **Lernschwierigkeiten** werden in der Forschung im Zusammenhang mit Underachievement häufig untersucht (z. B. Obergriesser & Stöger, 2015; Fischer, 2006 oder Peters et al., 2002).

Emotionen werden ebenfalls hinsichtlich der Entstehung von Underachievement thematisiert: Obergriesser und Stöger (2015) untersuchen in diesem Zuge zum Beispiel die Beziehung zwischen „academic emotions"[18] und Underachievern und vermuten einen starken Zusammenhang (S. 170–171). Preckel (2006) untersucht den Einfluss von **Versagensangst**: „Fear of failure was a positive predictor of underachievement, while facilitating anxiety was a negative predictor of underachievement". Und auch der Zusammenhang zwischen Underachievement und Prüfungsangst wird diskutiert (Stöger & Ziegler, 2005b).

Ebenso werden **motorische Fertigkeiten** hinsichtlich der Entstehung von Underachievement untersucht, so können z. B. Feinmotorikdefizitie die Entwicklung beeinflussen (Martzog, Stöger & Ziegler, 2009).

Die Variablenliste aus dem Bereich der Persönlichkeit könnte an dieser Stelle noch weiter verlängert werden, aber da bei der Entstehung von Underachievement nicht nur die Persönlichkeit des Individuums, sondern auch die Umwelt eine große Rolle spielt und Umwelt und Persönlichkeit wiederum in Beziehung zueinander stehen (Peters et al., 2002, S. 609), wird nun auf diese eingegangen.[19]

Peters et al. (2002) listen folgende Einflussfaktoren hinsichtlich der Familie auf: **Beziehung zwischen Kind und Eltern, Trennungen, Elternerwartungen** (sowohl zu hohe als auch zu niedrige Erwartungen) sowie **Erziehungsstil** (S. 613–614). Bei McCall et al. (1992) sind folgende Faktoren zu finden: **Desinteresse, Überbetonung von Leistung** und **Inkonsistenz** (S. 27–28).

In der Regel wird Underachievement in der Schule bemerkt (siehe auch Kapitel 2.5); häufig werden dort bis dahin nur latente Muster sichtbar (Peters et al., 2002). Einflussfaktoren hinsichtlich der Entstehung von Underachievement sind hier u. a. **Lehrstil, Lehrerpersönlichkeit**, die **Einstellung der Schule gegenüber, Inaktivität und Langeweile, fehlende Kenntnisse** des Lehrers zu Begabung und Underachievement sowie die **Notenvergabe** (Peters et al., 2002, S. 614–616).

Umweltfaktoren

---

18 Akademische Emotionen im Sinne von Angst, Langeweile, Wut oder Freude im Umgang mit Texten.
19 Folgendes Beispiel illustriert eine negative Wechselwirkung zwischen Persönlichkeit und Umwelt: Manche Begabungsfacetten beinhalten eine hohe Kreativität, die der Persönlichkeit zugeordnet werden kann. Diese hohe Kreativität kann wiederum zu Widerständen bei Eltern und Lehrern führen, welche der Umwelt angehören (Bundesministerium für Bildung und Forschung [BMBF], 2015).

Weiter haben Peergroups einen großen Einfluss (Reis & McCoach, 2000). „These findings support the notion that there is a correlation between a student's achievement and the achievement of his or her closest peer group." (Reis & McCoach, 2000, S. 162). Je nachdem, ob zum Beispiel das Anfertigen von Hausaufgaben in der Peergroup anerkannt oder abgelehnt wird, wirkt sich dies auf schulische Leistung aus.

Modelle zur Komplexität

Die bisherigen Ausführungen haben verdeutlicht, dass es eine Vielzahl an Bedingungsfaktoren hinsichtlich der Entstehung von Underachievement gibt, die miteinander agieren. Wie diese aber genau miteinander in Verbindung stehen, ist unklar. Snyder und Linnenbrink-Garcia (2013) kritisieren, dass diese variablenzentrierten Ansätze „[are] not aimed at understanding how variable combine synergistically to shape a phenomenon" (S. 212). Um komplexe Phänomene beschreiben zu können, helfen Modelle. Eine Auswahl der gängigen Modelle im Kontext Underachievement wird hier vorgestellt. Im Gegensatz zu den Modellen der Begabungsförderung sind diese recht unterschiedlicher Art.

Interactional Multilevel Theory of Gifted Underachievement

Mooij (1992) illustriert in seiner Interactional Multilevel Theory of Gifted Underachievement komplexe Interaktionen zwischen personellen und Umweltfaktoren innerhalb von vier Bildungsstufen (preschool, transition to kindergarten, transition to elementary school und transition to secondary school). Um diese komplexen Wechselwirkungen verdeutlichen zu können, stellt er für jede der vier Bildungsstufen ein separates Modell mit möglichen Wirkungsfaktoren zur Entstehung von Underachievement begabter Schüler auf.

„Spirale der Enttäuschung"

Die „Spirale der Enttäuschung" nach Wieczerkowski und Prado (1993) illustriert die Entstehung von Underachievement über einen Teufelskreis. Wieczerkowski und Prado (1993) haben hierzu – aus den Beratungsanlässen von mehr als 400 Familien einer Beratungsstelle in Hamburg – ein heuristisches Modell zur Entstehung von Schwierigkeiten begabter Schüler aufgestellt, die „Spirale der Enttäuschung". Drei Basiselemente bedingen nach Wieczerkowski und Prado (1993) diese Spirale: (1) die Diskrepanz zwischen Lernerwartung und Curriculum, (2) die Diskrepanz zwischen Lernfähigkeit (Lerngeschwindigkeit) und Curriculum und (3) die Diskrepanz zwischen Anstrengung und Anforderung. Die daraus resultierenden Symptome können emotional, verhaltensbezogen, sozial, kognitiv und motivational sein. Von Bedeutung sind bei der Entstehung die verschiedenen Altersstufen des Kindes: Vorschulalter, Grundschulalter und Gymnasialalter (Wieczerkowski & Prado, 1993, S. 128–129).

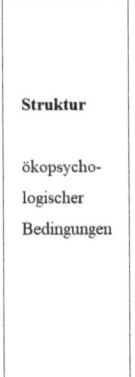
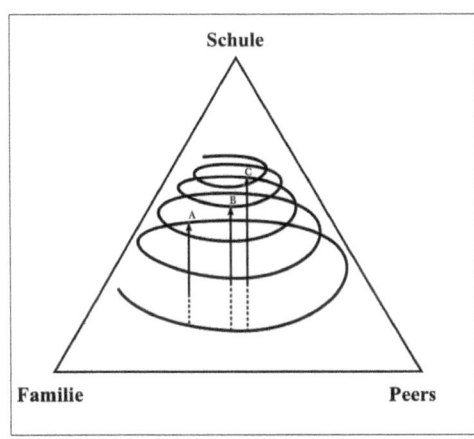
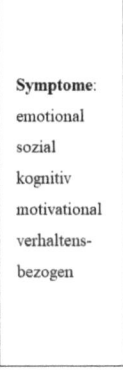

A: Vorschulalter, B: Grundschulalter, C: Gymnasialalter

Abbildung 4: Spirale der Enttäuschung (Wieczerkowski & Prado, 1993, S. 129)

Ein weiteres Modell mit Erklärungsversuchen zur Entstehung von Under-   „The Prism
achievement liefern Baum et al. (1995a) in ihrem Modell „The Prism Me-   Metaphor"
taphor". Underachievement wird dort auf eine komplexe Interaktion verschiedener Faktoren wie Passung des Curriculums sowie Probleme im Sozialen, im Verhalten oder im Lernen zurückgeführt (siehe Abbildung 6,
S. 50).

Im Achievement Orientation Model von Siegle und McCoach (2005)   Achievement
wird die Entstehung von Underachievement durch das Fehlen von mindes-   Orientation
tens einer von vier Kernkompetenzen erklärt, deren Fehlen zum Mangel an   Model
aktiven Selbstregulationskompetenzen führt. Die vier Kernkompetenzen
sind nach Siegle und McCoach (2005) „task value, self-efficacy, environ-
mental perceptions, and self-regulation" (S. 4).

Auch Fischer-Ontrup (2011) stellt im Zuge ihrer Forschungen ein Modell zu Einflussfaktoren zur Entstehung von Underachievement auf. Abbildung 5 zeigt dieses. Es werden sieben Kategorien, namentlich Denkstil,
Selbststeuerungsfähigkeiten, (Begabungs-)Selbstkonzept, Lern- und Arbeitsverhalten, Anstrengungsbereitschaft, Leistungsmotivation und soziale
Kompetenzen als maßgebliche Einflussfaktoren herausgearbeitet.

Das aktuellste Modell aus dem englischsprachigen Raum ist das von
Snyder und Linnenbrink-Garcia (2013). Diese stellen vor dem Hintergrund
früherer empirischer Studien im Kontext Underachievement auf Basis aktueller Motivationstheorien und mit einem entwicklungs- und personen-
zentrierten Ansatz ein Zwei-Wege-Modell zu Underachievement vor. Der
erste Weg ist der „Maladaptive Competence Beliefs Pathway", bei welchem verschiedene Faktoren (z.B. unzureichende Frühförderung, Lehrer-
und Elternverhalten und bestimmte Begabungsetiketten) zu maladaptiven
motivationalen Einstellungen führen. Diese Schüler sind so lange erfolg-

reich, bis die Anforderungen in der Schule steigen und sie sich akademischen Herausforderungen entziehen. Der zweite Weg ist der „Declining Value Beliefs Pathway", den Schüler einschlagen, wenn unzureichende frühe Anforderungen und Sozialisierungsfaktoren (wie z.B. einer Nichtidentifizierung der Begabung) zu einer schlechten Entwicklung der intrinsischen Motivation und Wertschätzung akademischer Wissenschaft führen (Snyder & Linnenbrink-Garcia, 2013).

Es wird deutlich, dass es viele verschiedene Faktoren, Wechselwirkungen und Prozesse gibt, die bei der Entstehung von Underachievement beteiligt sind. Dementsprechend vielfältig sind die Merkmale und das macht ein Erkennen von Schülern kompliziert. Möglichkeiten zur Diagnostik von Underachievern werden im folgenden Unterkapitel betrachtet.

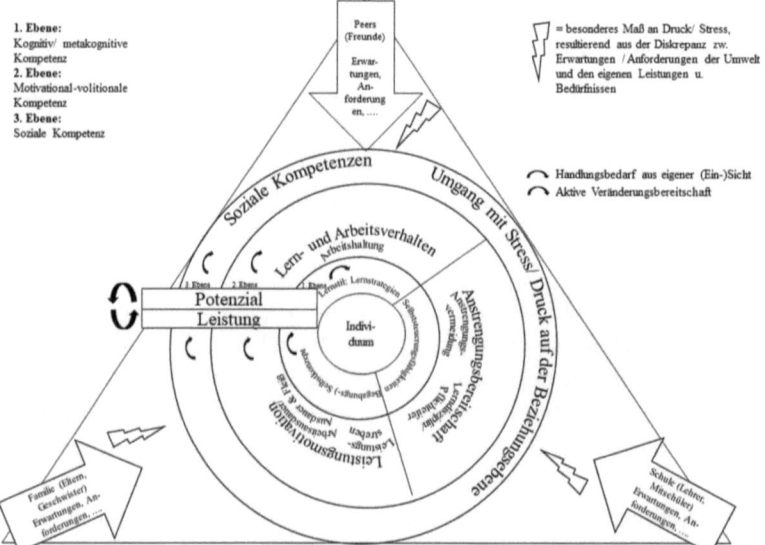

Abbildung 5: Schematische Darstellung der Einflussfaktoren von Underachievement (Fischer-Ontrup, 2011, S. 270)

2.5 Diagnostik

Da Underachievement in der Regel mit sehr ungünstigen Persönlichkeitsvariablen einhergeht (u.a. Reis & McCoach, 2000), ist eine frühzeitige Diagnose wichtig. Um ein bestehendes Underachievement aufzulösen, werden betroffene Schüler zum Beispiel in Förderprogramme aufgenommen. Damit kein Schüler übersehen wird, stellt sich die Frage nach der adäquaten Diagnostik. Aufgrund der bereits erläuterten unterschiedlichen Definitionen des Begriffes, der differenten Auffassungen der Auftretenswahrscheinlichkeit sowie der variablen Bedingungsfaktoren ist es wenig verwunderlich, dass es auch kein anerkanntes allgemeingültiges Verfahren zur Identifikation gibt (u. a. Peters et al., 2002). Da diese Arbeit ein empirisches

Projekt zur Umsetzung im schulischen Kontext durchführt, wird der Fokus des Kapitels auf das Erkennen von Underachievern in der (pädagogischen) Praxis gelenkt.

Wie schon beim Erkennen von Schülern mit besonderer Begabung können auch nahestehende Personen zur Nomination von Underachievern aufgerufen werden. So könnte man bei Underachievern selbst davon ausgehen, dass sie aufgrund ihres hohen kognitiven Potenzials die eigene Diskrepanz zwischen Potenzial und Leistung spüren und sich selbst identifizieren können, bzw. sich zum Beispiel für ein bestehendes Förderprogramm anmelden. Es wird allerdings vermutet, dass bei Selbstnominierungen ein gut ausgeprägtes Fähigkeitsselbstkonzept notwendig ist (Preckel & Vock, 2013). Auch Eltern können zur Identifizierung mit herangezogen werden – durch Gespräche können Leistungsspannen im schulischen und außerschulischen Bereich deutlich werden (im günstigen Fall handelt es sich um ein akademisches Underachievement und die Leistungen im außerschulischen Bereich, wie zum Beispiel bei Wettbewerben, sind weiterhin hoch). *Eltern-, Peer- und Selbstnomination*

Viel Zeit mit Schülern verbringen Lehrkräfte und sie haben, im Gegensatz zu Eltern, mehr Möglichkeiten, Vergleiche zu anderen Schülern zu ziehen und dabei aus ihrem Erfahrungswissen zu schöpfen. Allerdings neigen Lehrkräfte dazu, begabte Schüler nur bei (sehr) guten Schulnoten zu vermuten (Rost & Hanses, 1997). In der Schule werden Underachiever daher meist nicht erkannt (Reis & McCoach, 2000, S. 157). Durch Information zu den Themen Begabung und Underachievement kommt die Reliabilität des Urteils der Lehrer aber nah an die Qualität standardisierter Verfahren heran (Hany, 1991). Dies führt zu der Frage, wie Lehrkräfte sinnvoll zum Thema Underachievement informiert werden können. *Lehrernomination*

Merkmalslisten zur Identifizierung von Underachievement werden, wie schon die Listen im Kontext besonderer Begabung, eher ungern als Instrument herangezogen (siehe auch Merkmalslisten zur Begabungsdiagnostik, S. 28) (BMBF, 2015), bringen für die Praxis jedoch einen Nutzen. Viele Pädagogen wünschen sich nach Möglichkeit eine Merkmalsliste zur Orientierung[20], auch wenn diese Listen Gefahren in Form von Fehlnomination, Verfestigung von Stereotypen oder aber dem Übersehen eines betreffenden Schülers mit sich bringen. Es ist allerdings unmöglich, eine allumfassende Liste mit Merkmalen begabter Underachiever aufzustellen, da innerhalb dieser Gruppe eine große Diversität vorliegt (siehe auch Kapitel 2.4). Auf jedes aufgestellte Merkmal treffen viele Underachiever, die eben dieses Merkmal nicht aufweisen. Andererseits gibt es auch Schüler, die keine Underachiever sind, bei denen ein bestimmtes Merkmal aber dennoch zu finden ist. Teilweise stehen die aufgestellten Merkmale auch in Widerspruch *Merkmalslisten: Für und Wider*

---

20 Diese Aussage basiert auf Erfahrungen aus der Telefonsprechstunde des ICBF, die die Autorin im Rahmen ihrer Tätigkeit als Beraterin drei Jahre lang betreute.

zueinander, da die Forschung sich uneins ist: Es gibt z. B. Studien die belegen, dass ein geringes Selbstbewusstsein als Merkmal begabter Underachiever gilt. Auf der anderen Seite belegen wiederum andere Studien, dass diese Annahme falsch ist (Reis & McCoach, 2000, S. 158).

Merkmalslisten werden häufig thematisch gegliedert. Reis und McCoach (2000) untersuchten viele verschiedene Studien aus dem Kontext Underachievement, um die diversen Merkmale von Underachievern zusammenzufassen. Insgesamt listen Reis und McCoach (2000) 25 Merkmale in den fünf Kategorien personality characteristics, internal mediators, differential thinking skills/styles, maladaptive strategies und positive attributes auf (Reis & McCoach, 2000, S. 159–160).

Es wird deutlich, dass es unmöglich ist, **das typische Merkmal** von Underachievern zu benennen und sich an diesem bei der Identifikation zu orientieren.[21]

Kontrastierung Ein anderer Ansatz, Underachiever zu identifizieren, ist es, Underachiever mit Achievern oder Overachievern zu kontrastieren. Hanses und Rost (1998) fassen Merkmale von Underachievern im Vergleich zu Achievern und Overachievern zusammen. Sie kommen zu dem Schluss, dass Underachiever sich im Vergleich durch folgende Merkmale auszeichnen (Hanses & Rost, 1998):

Underachiever

◊   sind durch ineffektives Arbeitsverhalten und auch Arbeitsprobleme gekennzeichnet,

◊   zeigen geringes Interesse an schulischen Aktivitäten,

◊   sind weniger erfolgs- und stärker misserfolgsorientiert,

◊   haben eine deutlich ausgeprägtere Schulunlust und eine negative Einstellung gegenüber allem, was mit Schule zusammenhängt,

◊   haben ein eher negativ getöntes Selbstkonzept,

◊   sind ängstlicher und emotional labiler,

◊   fallen durch höhere Impulsivität, geringere Selbstkontrolle und allgemein durch emotionale und soziale Anpassungsschwierigkeiten auf (Hanses & Rost, 1998, S. 55).

Typisierung Neben dieser Kontrastierung sind verschiedene Listen mit Typisierungen von Underachievern in der Literatur zu finden, die verschiedene Merkmale zu unterschiedlichen Typen von Underachievern bündeln und so zu kategorisieren versuchen. Die untenstehende Typisierung von Whitley (2001) wird häufig angeführt:

1 The Procrastinator,

2 The Hidden Perfectionist,

3 The Martyr,

---

21 Weitere Merkmalslisten können unter anderem hier gefunden werden: https://www.bmbf.de/pub/bmbf_begabte_kinder_finden_und_foerdern.pdf (Bildung und Begabung e.V.).

4 The Shy Type,

5 The Socialite,

6 The Con Artist.[22]

Auch dieser Typisierung kann die gleiche Kritik entgegengebracht werden, wie den Merkmalslisten oder der Abgrenzung zu (Over-)Achievern. Die Zahl der Profillisten und die Unterschiede zwischen diesen führen dazu, dass ihre Aussage nicht eindeutig ist.

Es wird deutlich, dass es viele verschiedene Wege gibt, auf Underachiever aufmerksam zu werden und sie als solche zu identifizieren. Es soll an dieser Stelle wieder nicht das „beste" Vorgehen bestimmt werden. Vielmehr wird für eine vernünftige Verwendung und Zusammenführung verschiedener Diagnoseverfahren und Ansätze, ähnlich der Diagnostik besonderer Begabung, plädiert. Ist ein Schüler dann als Underachiever identifiziert, muss sich eine entsprechende Förderung mit dem Ziel der Behebung desselben anschließen.

2.6 Förderung

Liegt ein Underachievement vor, gilt es zu verhindern, dass aus einem partiellen Underachievement ein generelles wird, bzw. sich ein Underachievement schwerwiegend auf die Persönlichkeitsentwicklung auswirkt. Eine adäquate Intervention muss dafür möglichst früh erfolgen (z.B. Ziegler & Stöger, 2007; Ritchotte, Rubenstein & Murry, 2015). Hier ist es wichtig, bei den individuellen Stärken des Schülers anzusetzen, um die individuellen Schwächen zu schwächen.

Da Underachiever immer noch eine Randgruppe in Praxis und Forschung bilden, ist die Anzahl an Förderprogrammen speziell für Underachiever sehr übersichtlich: „Unfortunately intervention research aimed at reversing students' underachievement remains scare." (Rubenstein et al., 2012, S. 678).

Eines der wenigen beforschten Modelle zur Intervention bei Underachievement ist „The Prism Metaphor". Baum et al. (1995a) untersuchten die Dynamik von Underachievement und stellen im Zuge dessen ein Modell vor, welches keinen teleskopischen, sondern einen prismaartigen Blick auf Interventionen bei Underachievement bietet. Underachiever sollen befähigt und nicht ermahnt werden Erfolg zu erlangen (S. 234). Baum et al.

„The Prism Metaphor"

---

22 Freie deutsche Übersetzung und Erklärung in Anlehnung an Whitley (2001): 1) Der Aufschieber: vergisst z.B. regelmäßig Material; 2) Der versteckte Perfektionist: glaubt nicht an sich selbst und hat Angst vor Fehlern; 3) Der Märtyrer: hilft seinen Mitschülern und bringt aber selbst seine Aufgaben nicht zu Ende; 4) Der Schüchterne: sucht Akzeptanz und Anerkennung, arbeitet am liebsten alleine; 5) Der Sozialisierer: geht nur zur Schule, um Freunde zu treffen; 6) Der Hochstapler: wird von allen gemocht, ist Meister darin, andere für sich arbeiten zu lassen.

(1995a) stellen Erfolgsfaktoren für Interventionen bei Underachievement auf (siehe Pyramidenfläche, Abbildung 6), schreiben jedoch „there is also a 'mysterious phenomenon' that happens with the special prism environment that is readily observable… because of the uniqueness of each student, and the equally unique interaction between teacher and student, these reversals may remain something of a mystery" (S. 235).

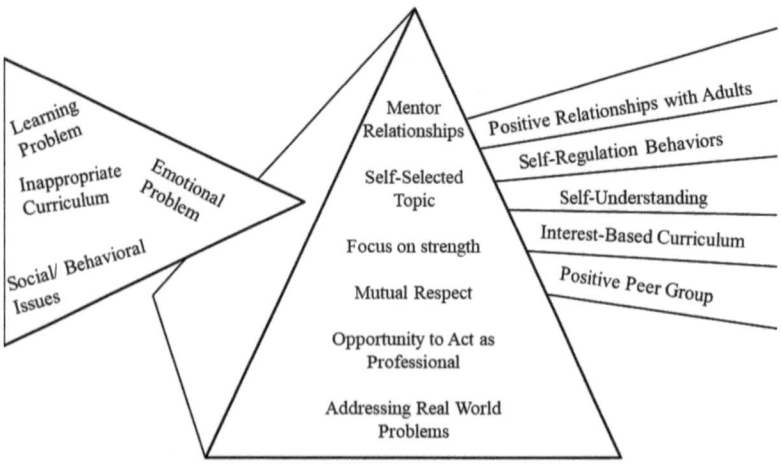

Underachievement · Intervention · Achievement

Abbildung 6: The Prism Metaphor for Reversing Underachievement (Baum et al., 1995a)

Von der individuellen Einzigartig- und Vielfältigkeit von besonders begabten Underachievern ausgehend, ist es kaum verwunderlich, dass die Förderansätze für diese Zielgruppe sehr unterschiedlich aussehen. Zur Illustration werden an dieser Stelle einige der bekanntesten Ansätze im deutschsprachigen Raum skizziert.[23]

Förderansätze   Ähnlich der allgemeinen Förderung besonders begabter Schüler (siehe Kapitel 1.6) gibt es auch bei der Förderung besonders begabter Underachiever **integrative** und **segregative** sowie inner- und außerschulische Förderansätze. Und obwohl sich derzeit das Zeitalter der Inklusion in einer Hochphase befindet, gibt es verschiedene Einrichtungen/Gründungen von Schulen bzw. Klassen für die spezielle Schülergruppe der Underachiever. Dies erscheint als Widerspruch: Wenn nach der UN-Menschenrechtskonvention keine Unterschiede gemacht und alle Kinder gemeinsam unterrichtet werden sollen (UNESCO, 1994) – mit welcher Begründung wird die Einrichtung von Spezialschulen gerechtfertigt?

---

23 Förderansätze im englischsprachigen Bereich sind z.B. Ritchotte, Rubenstein und Murry (2015), Department for Children, Schools and Families (2009), Emerick (1992) oder Baum, Renzulli und Hébert (1995b).

An der **CJD Jugenddorf Christophorusschule Königswinter** gab es
seit 2005 „Überlegungen... eine neuartige ‚Ergänzungsschule Hochbegabung' zu konzipieren, die die Aufgabe hat, auch dann Underachievern weiter zu helfen [sic!], wenn die Möglichkeiten im Regelschulsystem... für
hochbegabte Jungen und Mädchen nicht ausreichen" (Gardyan, o. J., S. 2).
„Zu welchem Zeitpunkt die ‚Ergänzungsschule Hochbegabung' ihre Arbeit
aufnehmen wird, hängt von den finanziellen Möglichkeiten der näheren
Zukunft ab" (Gardyan, o. J., S. 19), hieß es noch vor einiger Zeit. Da der
für das Projekt ideengebende Schulleiter jedoch inzwischen im Ruhestand
ist, ist die Umsetzung dieses segregativen Projektes nicht mehr zu erwarten.

Segregative
Förderung

In Frankfurt befindet sich derzeit ein privates Gymnasium, die **Karl-
Popper-Schule**, im Aufbau, die die Zielgruppe der begabten Kinder und
Jugendlichen fokussiert, auf deren „... besondere Bedürfnisse in Regel-
schulen nicht ausreichend Rücksicht genommen werden kann" (Eckerle,
o. J.). Auch hier sollen besonders begabte Underachiever separiert werden.

Dieses Projekt mit ebenfalls segregativem Ansatz misslang: Im Jahr
2000 wurde von der Dr.-Kirchner-Gruppe ein spezielles Internat unter dem
Namen **„Talenta"** für besonders begabte Underachiever in Geseke eröff-
net. Es startete zunächst mit 13 Schülern und acht Lehrern (Stuppe, 2000).
2005 wurde das Internat geschlossen. Die Strategie ausschließlich Underachiever aufzunehmen war offenbar gescheitert. Die Recherche zu den
Gründen der Schließung blieb ergebnislos.

Ein frischer Versuch ist die 2011 eingerichtete **OKO PRIVATE
SCHOOL Talent-Schule Hamburg**, welche explizit hochbegabte Kinder
und Jugendliche mit Spezialbegabungen, Teilleistungsschwächen und Underachiever aufnimmt. Aktuell hat die Schule 90 Schüler und 22 Lehrer.
Wissenschaftliche Untersuchungen/Aufsätze zu dieser Schule liegen
(noch) nicht vor.

Eines der wenigen langfristig angelegten Fördermodelle für Underachiever mit integrativem Ansatz ist ein 2002 gestarteter Schulversuch des
Schulministeriums NRW und der Bezirksregierung Arnsberg: Ein Projekt
zur Förderung von Underachievern **„SoBeg – Sonderpädagogische Begabtengruppe"** am Geschwister-Scholl-Gymnasium in Lüdenscheid
(Greiten, 2007, 2013b). Der Schulversuch, welcher zunächst für sechs
Jahre angelegt war, wurde inzwischen für *alle* Kinder durch Enrichment,
Akzeleration, Schüler-Uni, Drehtür-Modelle, durch sprachliche, musisch-
ästhetische, philosophische, naturwissenschaftlich-technische und sportli-
che Angebote sowie durch Unterstützungsmaßnahmen wie Lernbetreuung
und Lerntutorien, Förderpläne und Einzelfall-Lerndokumentationen für
alle Schüler ausgeweitet und verstetigt (Geschwister-Scholl-Gymnasium
Lüdenscheid, 2014). Es scheint hier ein inklusiver Grundgedanke vorzu-
herrschen.

Integrative
Förderung

Wilhelm-
Ostwald-
Gymnasium
Leipzig

Ein ähnlicher Ansatz zur ganzheitlichen Förderung von Underachievern im Schulkontext ist ein Projekt am **Wilhelm-Ostwald-Gymnasium** in Leipzig. Hier wurde, um den Einstieg zur Underachievementförderung zu erleichtern, zunächst eine Lernwerkstatt durch die Projektleitung eingerichtet. Diese Projektleitung besteht aus je einer Schul-, Sozial- und Sonderpädagogin. Die Lernwerkstatt soll von den anderen Schulakteuren als Ent-, anstelle einer Belastung, empfunden werden und so soll eine Sensibilisierung in der Schulkultur erzielt werden. Das Praxisprojekt wird wissenschaftlich untersucht und soll auf weitere Schulen ausgeweitet werden (Hagelgans, 2013, 2014).

Es gibt auch Projekte, die versuchen, die verschiedenen Akteure im Kontext von Underachievement zu vernetzen und auf diese Weise geeignete Förderbedingungen zu schaffen.

Konfliktmoderation und
Underachievement an
Düsseldorfer
Gymnasien

Seit dem Schuljahr 2004/2005 wird das Modellprojekt **„Konfliktmoderation und Underachievement an Düsseldorfer Gymnasien"** des CCB Düsseldorf durchgeführt (Competence Center Begabtenförderung Düsseldorf [CCB]). Hier wird für Underachiever unter Einbeziehung der jeweiligen Kollegien der individuelle Förderbedarf ermittelt und gemeinsam ein Förderplan erstellt.

Lernstrategiekurse

Natürlich gibt es auch außerschulische Förderansätze: Am ICBF gibt es verschiedene Förderansätze zur Intervention bzw. Prävention bei/von Underachievement. U. a. werden **„Lernstrategiekurse für besonders begabte Kinder"** in Form eines außerschulischen Intensivprogramms durchgeführt (Fischer, 2008). Über drei Tage hinweg erarbeiten die teilnehmenden Schüler Strategien (z. B. Lese- und Rechtschreibstrategien, Vokabellernstrategien oder Schreibstrategien) in Kleingruppen unter der Anleitung von Mentoren. Auch dieses Projekt weist vernetzte Ansätze auf: Die Lehrkräfte der teilnehmenden Schüler werden befragt und es findet, parallel zur Kursdurchführung, eine Elternschulung statt. Das Projekt wurde bereits erfolgreich evaluiert (Fischer-Ontrup, 2011; Ontrup, 2000). Inzwischen wurde die ursprüngliche Zielgruppe der 3. bis 9. Klässler durch Adaptionen für spezifische Zielgruppen, wie z. B. Schüler aus benachteiligen Lagen, erweitert (Fischer-Ontrup, Rott & Vohrmann, im Druck).

Projekt
„Bildungschance"

Ein weiteres außerschulisches Förderprojekt betreibt das Hoch-Begabten Zentrum Rheinland: die **„Bildungschance"** Underachiever. Diese werden im Rahmen eines weiteren Projektes, dem **„Potentialcheck"** identifiziert. Im Projekt „Bildungschance" werden Trainings, Coachinggespräche, Beratungsgespräche für Eltern und Fortbildungsangebote für Lehrer durchgeführt (Hoch-Begabten-Zentrum Rheinland). Auch hier wird trotz der Ansiedelung im außerschulischen Kontext versucht, Schüler, Eltern und Lehrer zu vernetzen.

Stöger und Ziegler (2005a) untersuchten, ob ein Training zur Selbstregulation von Zimmerman et al. (1996) bei Underachievement gute Effekte erzielen kann. Auch wenn Rubenstein et al. (2012) schreiben: „Stoeger and Ziegler's (2005), focused on self-regulation, failed." (S. 681), sehen die Autoren in dem Interventionsansatz große Potenziale u. a. in den Bereichen Zeitmanagement, Lernstrategien, Selbstwirksamkeit und Hilflosigkeit und führen die nicht signifikanten Ergebnisse in der Schulleistung vornehmlich auf einen zu kleinen Stichprobenumfang und einen ungünstigen Erhebungszeitpunkt zur Nachtestung (kurz nach Mitteilung der Empfehlung für die weiterführende Schule) zurück.

Diese Aufführung konkreter Förderprogramme macht deutlich, wie individuell die wenigen Ansätze sind. Es gibt, anders als bei der allgemeinen Begabungsförderung, scheinbar keine fest etablierten Ansätze, die immer wieder, unterschiedlich adaptiert, eingesetzt werden. Diese Auswahl konkreter Förderprogramme für besonders begabte Underachiever und die Kurzvorstellung soll an dieser Stelle genügen.

2.7 Quintessenz

Zum Ende des 2. Kapitels werden erneut die für diese Arbeit wichtigen Punkte aus dem vorherigen Kapitel zusammengetragen. Schüler, die ihr Potenzial (aktuell) nicht in Leistung umsetzen (können), werden als **Underachiever** bezeichnet. Underachievement wird hier verstanden als **erwartungswidrige Diskrepanz zwischen Potenzial und Leistung**. Es soll die Spanne von einer negativen Standardabweichung ausschlaggebend sein, ob von einem Underachievement gesprochen wird oder nicht. Und obwohl es sehr schwer ist, eine erwartungswidrige Minderleistung zu bestimmen, wird diese in der vorliegenden Arbeit an der **Diskrepanz zwischen kognitiven Fähigkeiten und Schulleistung** festgemacht. Und auch wenn dies als willkürliche Festlegung, als Vergleich zweier nicht im eigentlichen Sinne vergleichbarer Größen (Intelligenz und Schulleistung) erscheint, deren Zusammenhang zudem in Frage gestellt wird, wird hier vor dem Hintergrund des aktuellen Status quo und der Praktikabilität daran festgehalten.

Sowohl Forschungen zu Bedingungsfaktoren von Underachievement als auch Forschungen zu Interventionen sind, vermutlich u. a. aufgrund der noch recht jungen Forschungsgeschichte in diesem Spezialgebiet und der Definitionsschwierigkeiten, lückenhaft und schwer vergleichbar. Dies erschwert die Diagnostik von potenziellen Underachievern ungemein, so dass fast schon von Glück gesprochen werden muss, wenn ein Schüler, der Gefahr läuft zu scheitern, frühzeitig erkannt und gefördert wird. Im Vergleich zu allgemeinen Förderprojekten für Schüler mit besonderen Begabungen sind Förderangebote für besonders begabte Underachiever ausgesprochen rar. Und trotz des Trends zur inklusiven Förderung *aller* Schüler sind Versuche separierender Fördermaßnahmen, z. B. in Form von Spezialklassen, durchaus üblich. Integrierende Förderungen für Underachiever oder aber vernetzende Projekte im schulischen Kontext hingegen sind erstaunlich selten.

Das folgende, dritte Kapitel dieser Arbeit thematisiert Motivation und Selbststeuerung im Kontext von besonders begabten Underachievern.

3 Motivation und Selbststeuerung

3.1 Begriffsklärung

Das vorangegangene Kapitel zeigt Schwierigkeiten von besonders begab- Kapitelstruktur
ten Schülern auf, ihr großes Potenzial in (schulische) Leistungen umzusetzen. Underachievement wird häufig mit einem Fehlen an Motivation begründet. Die alleinige Vermittlung von kognitiven Lernstrategien ist zur
Behebung von Underachievement nicht ausreichend, um die schulischen
Anforderungen langfristig erfolgreich bewältigen zu können (Fischer-
Ontrup, 2011, S. 73; Siegle, 2012, S. 79): „Hochqualifiziertes Lernen
[kann] nur durch ein vom individuellen Selbst ausgehendes Engagement
erreicht werden. Mit anderen Worten: Effektives Lernen ist auf intrinsische
Motivation und/oder integrierte Selbstregulation angewiesen." (Deci &
Ryan, 1993, S. 233). Das vorliegende Kapitel widmet sich darum den Kon-
strukten Motivation und Selbststeuerung vor dem Hintergrund der der Arbeit zugrundeliegenden Fragegestellung.

Erfreulicherweise erwartet den Interessierten in der Motivationsfor- Motivations-
begriff
schung eine einheitlichere Sprache, als im Kontext von Begabung (Kapitel
1) und Underachievement (Kapitel 2), auch wenn die Motivationsforschung immer noch weit davon entfernt ist, ein einheitliches Forschungs-
feld zu sein (Heckhausen, 2010, S. 12).

Kirchler und Walenta (2010) schreiben zum Motivationsbegriff:
> Motivation ist keine überdauernde Persönlichkeitseigenschaft, die manche
> Menschen besitzen und andere nicht. Motivation entsteht – zeitlich begrenzt –
> aus dem Zusammenspiel zwischen Eigenschaften der Person, Zielen und Erfor-
> dernissen sowie den Anreizen, die bei Erreichung des Zieles winken, und der
> Situation. (Kirchler & Walenta, 2010, S. 10)

Hasselhorn und Gold (2013) verstehen unter Motivation oder Motiviertheit
„die Bereitschaft einer Person, sich intensiv und anhaltend mit einem Gegenstand auseinander zu setzen [sic!]" (Hasselhorn & Gold, 2013, S. 105).
Ziegler (1999) betont die Prozesshaftigkeit von Motivation, in dem er Motivation als „...diejenigen psychischen Prozesse, die die Einleitung und
Aufrechterhaltung zielbezogenen Handelns leisten" (Ziegler, 1999, S. 103)
definiert.

Motivation wird in Anlehnung an diese Auffassungen in dieser Arbeit Motivations-
begriff in dieser
Arbeit
als **Bereitschaft** angesehen, sich **intensiv** und **anhaltend** mit einem Ge-
genstand zu beschäftigen, wobei die **Eigenschaften der Person**, die **Ziele**,
Anforderungen und **Anreize** der Zielerreichung sowie das **zielbezogene
Handeln** (auch bei Schwierigkeiten) auschlaggebend sind.

Genau wie Motivation beeinflusst die Selbststeuerung die Umsetzung
von Begabung in Leistung. Bauman et al. (2010) bezeichnen die Selbst-

steuerung sogar als „Schlüssel für die Umsetzung von Begabung in Leistung" (Baumann, Gebker & Kuhl, 2010). In diesem Kontext gibt es wiederum verschiedene Begrifflichkeiten, die zunächst in Relation gesetzt bzw. und voneinander abgegrenzt werden müssen. Dies erfolgt vor dem Hintergrund der Forschungen von Kuhl (2001a), da die Vorarbeiten von Fischer-Ontrup (2011) darauf basieren und diese für die vorliegende Arbeit von höchster Relevanz sind.

Selbst und Ich   Im Kontext der Selbststeuerung fallen häufig die folgenden Begriffe: Selbstregulation, Selbstkontrolle und Selbstkongruenz. Es fällt auf, dass bei allen das Wort „Selbst" eine entscheidende Rolle zu spielen scheint.

Exkurs: Das „Selbst" und das „Ich"

Das Selbst und das Ich werden häufig einander gegenübergestellt und bilden hinsichtlich Motivation und Selbststeuerung wichtige Grundlagen.

Selbst: Das Selbst bildet sich aus „…der integrativen Vernetzung aller persönlich relevanten autobiographischen Erfahrungen eines Menschen… und [kann] durch seine Komplexität und Weite nur in Teilen bewusst werden" (Gebker & Kuhl, 2008, S. 435). Es wird auch als unbewusstes **Selbstbild** bezeichnet. Hier wird „…nicht nur das Wissen über alle persönlich relevanten Erfahrungen gespeichert, sondern auch die im Zusammenhang mit verschiedenen Handlungen erlebten Emotionen und Körperwahrnehmungen" (Gebker & Kuhl, 2008, S. 435). Deci und Ryan (1993) sind der Überzeugung, „…daß optimales Lernen unmittelbar an die Entwicklung des individuellen Selbst geknüpft ist und gleichzeitig von der Beteiligung des Selbst abhängt" (Deci & Ryan, 1993, S. 235). In anderen Worten: Das Selbst ist der Erfahrungsschatz, in dem alle Erlebnisse und Erfahrungen wertfrei gespeichert sind. Es ist bei der Transformation von Motivation in Performanz ausschlaggebend (Kuhl, Baumann & Kazén, 2007, S. 5). Das Selbst wird der rechten Hemisphäre zugeordnet (Kuhl, 2001a, S. 334–335).

Ich: Das Ich kann hingegen der linken Hemisphäre zugeordnet werden und ist bewusst. Aus diesem Grund wird es auch als Selbstbewusstsein bezeichnet. Es ist nicht mit der Körperwahrnehmung verbunden, verarbeitet sequenziell, wird auch als analytisches Denken bezeichnet. Es ist sehr sachlich, fast schon schwarz-weiß malend (Kuhl, 2001a, S. 334–335).

Selbststeuerung   Im Alltag versteht man unter der Selbststeuerung eine Art Steuerzentrale. Wissenschaftlich kann unter Selbststeuerung die Fähigkeit verstanden werden, Entscheidungen zu treffen, eigene Ziele zu bilden und sie gegen innere und äußere Widerstände umzusetzen (Fröhlich & Kuhl, 2003, S. 222; Kuhl & Henseler, 2007, S. 561). Die Funktion der Selbststeuerung gleicht der einer Kommandozentrale, „…die Informationen aus allen erlebnis- und verhaltensrelevanten Bereichen der Psyche integriert… und die auf alle relevanten Funktionsbereiche Einfluss nimmt, um die Bildung und Umsetzung zentral repräsentierter Ziele zu gewährleisten (Fröhlich & Kuhl, 2003, S. 223–224).

Der Selbststeuerungsbegriff umfasst zwei Dimensionen (Kuhl, 2001a, 2010):

1 **Selbstregulation:** Das Bilden und Aufrechterhalten selbstkongruenter Ziele

2 **Selbstkontrolle:** Die durch explizite Absichten vermittelte Zielverfolgung

Die unbewusste Selbstregulation dient dazu, das Bewusstsein von dem immensen Aufwand, Entscheidungen unter Berücksichtigung aller Bedürfnisse, Ziele und Werte mit der Vorstellung aller möglichen Handlungsoptionen, zudem unter dem Zeitdruck des Alltags, zu entlasten (Fröhlich & Kuhl, 2003, S. 223). Kuhl (2010) bezeichnet die Selbstregulation aus diesem Grund als eine Art „innere Demokratie" (Kuhl, 2010, S. 347). *Selbstregulation*

Unter selbstregulative Komponenten fassen Fröhlich und Kuhl (2003) u. a. die Selbstregulation der Motivation, z. B. bei langweiligen oder schwierigen Aufgaben, die Selbstregulation der Stimmung, z. B. bei der Konfrontation mit unangenehmen Ereignissen, und die Selbstregulation der Aufmerksamkeit, z. B. bei der Aufrechterhaltung von Konzentration (Fröhlich & Kuhl, 2003, S. 223). *Komponenten der Selbstregulation*

Selbstkontrolle entspricht der Unterdrückung dieser Vielzahl potenziell relevanter Selbstaspekte zugunsten der Umsetzung eines konkreten Ziels. Werden jedoch auf Dauer Ziele verfolgt, die viele Selbstaspekte, Bedürfnisse oder auch soziale Bezüge verletzen, so dürfte es immer schwerer werden, die nötige emotionale Unterstützung dieser Ziele aufzubringen, da die Verfolgung selbstfremder (selbstinkompatibler) Ziele die Unterdrückung des Systems verlangt, das die umfassendsten Verbindungen zu sinnstiftenden und verhaltensbahnenden positiven Energien besetzt (d. h. des Selbsts) (Kuhl, 2001a, S. 700). *Selbstkontrolle*

Die Funktion der Selbstkontrolle ist die selbstkontrollierende Zielverfolgung bei expliziten Absichten. Sie schließt eine vorübergehende Unterdrückung der Selbstwahrnehmung mit ein, um die Zielverfolgung durch ablenkende Erwägungen/Neigungen nicht zu gefährden (Fröhlich & Kuhl, 2003, S. 222–223) (Beispiel: Bei der Hausaufgabenanfertigung würde das bedeuten, die Lust Computer spielen zu wollen, vorerst zu unterdrücken). Die Selbstkontrolle bezeichnet Kuhl (2010) als „innere Diktatur" (Kuhl, 2010, S. 347). *Funktion der Selbstkontrolle*

Unter Selbststeuerung wird in Anlehnung an die obigen Ausführungen in dieser Arbeit eine **Steuerzentrale** verstanden, welche die **Selbstregulation und Selbstkontrolle** bezogen auf das **Treffen von Entscheidungen** sowie das **Bilden und Umsetzen von Zielen** umfasst. Abbildung 7 setzt die verschiedenen Begriffe grafisch in Relation zueinander. An die Begriffsklärung anschließend werden in den nachfolgenden Kapiteln vertiefende Theorieaspekte zu Motivation und Selbststeuerung zusammengetragen. *Selbststeuerung in dieser Arbeit*

Abbildung 7: Selbststeuerung – Grafische Zusammenfassung

3.2 Vertiefende Theoriegrundlagen

3.2.1 Motivation

Im Kontext des Motivationsbegriffs existiert eine Vielzahl von Theorien und Modellen. Ausgewählte Grundlagen werden hier im Hinblick auf die zugrundeliegende Forschungsfrage vertieft.

Zusammenhang von Motivation und Leistung

Dass motivationale Voraussetzungen zu den wichtigsten Determinanten erfolgreichen Lernens zählen, ist eine Binsenwahrheit, auch wenn empirisch ermittelte Zusammenhänge eher bescheiden ausfallen (Hasselhorn & Gold, 2013, S. 104). In der Schule werden hohe Anforderungen an die Motivation gestellt, wobei der Schüler häufig wenig Alternativen hat (zumindest kurz- bis mittelfristig) (Dresel & Ziegler, 2011, S. 3). Die Frage, warum ein Schüler motivierter als der andere wirkt, lässt sich nicht per se beantworten. Kuhls (2001) Auflistung von sieben Quellen der Motivation kann Hinweise auf Motivationsquellen bzw. -schwierigkeiten geben.

Quellen der Motivation

Mit Hilfe dieser Ebenen kann man z. B. der Frage auf den Grund gehen, warum ein Schüler lernt (oder nicht). Die Ebenen sind hierarchisch zu verstehen. Je flexibler ein Berater oder ein Lehrer zwischen diesen sieben Ebenen der Persönlichkeit wechseln kann, desto offener und besser kann er beraten (Kuhl, 2013b). Baumann et al. (2010) vermuten, dass die allgemeine Intelligenz quer zu den sieben Ebenen liegt (Baumann et al., 2010, S. 144). Die sieben Ebenen als Motivationsquellen sind (Baumann et al., 2010; Kuhl, 2001a; Martens & Kuhl, 2011):

Ebene 1: Gewohnheiten – Gewohnheiten sind automatisierte Verhaltensweisen, welche auch dann abrufbar sind, wenn die Aufgabe keinen Spaß macht. Es gibt viele Schüler, die z. B. das Erledigen der Hausaufgaben nach der Schule zur Gewohnheit gemacht haben. Fehlende Gewohnheiten, z. B. keine festen Tagesstrukturen, können zu Schwierigkeiten führen.

Ebene 2: Temperament – Das Temperament auf der zweiten Ebene ist eine globale Quelle der Erregbarkeit und Aktivierbarkeit. Auf dieser zweiten Ebene lässt sich z. B. das „Energiebündel voller Tatendrang" lokalisieren.

Ebene 3: Affekte – Die dritte Ebene bezeichnet die Gemütsbewegungen, die mit bestimmten Objekten verknüpft sind und bildet die Grundlage der Anreizmotivation. Ob ein Schüler ein bestimmtes Fach spannend oder einen Lehrer unausstehlich findet, kann der Affektebene zugeordnet werden.

Ebene 4: Stressbewältigung – Damit Gewohnheiten (1), Temperament (2) und Affekte (3) nicht ausschließlich das Verhalten unter Stress bestimmen und einen sogenannten „Tunnelblick" erzeugen, ist die Stressbewältigung ausschlaggebend, damit ein Zugang zu den drei komplexeren Ebenen (5, 6 und 7) möglich wird.

Ebene 5: Motive – Motive sind die überdauernden Persönlichkeitsmerkmale, die die Motivation beeinflussen. Sie geben Anreiz, bestimmte Situationen, in der z. B. Leistung, Anschluss oder Macht eine Rolle spielen, aufzusuchen. In einer einzigen Klasse befinden sich Schüler mit ganz unterschiedlichen Motivlagen: Es werden Hausaufgaben angefertigt, um mit dem Lehrer in eine gute Beziehung zu treten (Anschluss) oder aber aus der Freude am Erledigen der Hausaufgaben selbst (Leistung) oder um sie am nächsten Morgen den Mitschülern zur Verfügung zu stellen (Macht) (siehe auch Motivklassen S. 61).

Ebene 6: Kognitive Stile – Auf der 6. Ebene wird die analytisch-sequenzielle und die parallel-holistische Informationsverarbeitung unterschieden. Hier sind Ziele zu verorten.

Ebene 7: Selbststeuerung – Auf der Ebene der Selbststeuerung wird das Zusammenspiel aller Systemebenen organisiert. Die 7. Ebene der Selbststeuerung koordiniert die anderen sechs Ebenen.

Finns Motivati-
onslosigkeit

Anhand dieser Aufteilung in sieben Quellen der Motivation wird deutlich, wie unterschiedlich Motivationsquellen sein können und dass bei einem Motivationsmangel sehr unterschiedliche Förderansätze notwendig werden können.

Exkurs: Welche Gründe hat Finns „Motivationslosigkeit"?

Oder: Übertragung der sieben Quellen der Motivation auf den schulischen Kontext

Die Ursache für einen unmotiviert wirkenden Schüler kann auf allen sieben Ebenen gesucht werden (vgl. Baumann et al., 2010):

Ebene 1: Finn hat keine Gewohnheiten ausgebildet, die das Lernen unterstützen.

Ebene 2: Finn fehlt es allgemein an Handlungsenergie.

Ebene 3: Für Finn sind bestimmte Anreize (z. B. Fach oder Lehrer) negativ oder nicht ausreichend positiv besetzt.

Ebene 4: Finn ist chronisch gestresst (z. B. durch eine Konfliktsituation im häuslichen Bereich).

Ebene 5: Finn hat Ziele, die emotional nicht unterfüttert sind (z. B. „Ich will in Mathe eine 2 auf dem Zeugnis bekommen").

Ebene 6: Finn kann sich keine klaren Ziele setzen, mit denen er sich identifiziert.

Ebene 7: Finn fehlen Selbststeuerungskompetenzen (z. B. Umgang mit Misserfolg).

Aufgrund der Ausrichtung dieser Arbeit auf den Bereich Motivation soll an dieser Stelle vertieft auf die 5. Ebene – Motive als Quelle der Motivation – eingegangen werden.[24]

Motive

Ein Motiv wird von Kuhl (2001a) als Vernetzung von Bedürfnissen, Affekten und relevanten Kognitionen verstanden, welche

... zu Unterschieden zwischen Personen in der Bereitschaft [führen], bestimmte Klassen von Zielen anzustreben, angetroffene Situationen im Sinne der vorherrschenden Bedürfnislage zu interpretieren bzw. zu verändern oder neue Situationen aufzusuchen oder zu schaffen, die dem dominanten Motiv entgegenkommen (Kuhl, 2001a, S. 120).

Motive werden auch als Diskrepanz zwischen Ist-Wert und Soll-Wert verstanden. Metaphorisch gesprochen machen Motive Vorschläge, welche Ziele und Handlungen ins Auge gefasst werden sollen, wobei sich diese Vorschläge durchaus widersprechen können (Kuhl, 2001a, S. 533).

---

24 Auch die 7. Ebene der Selbststeuerung spielt eine entscheidende Rolle hinsichtlich der geplanten Intervention. Kapitel 3.2.2 behandelt diese Ebene.

Es wird, in Anlehnung an McClelland und Attkinson et al., zwischen Motivklassen dem **Leistungs-**, dem **Anschluss-** und dem **Machtmotiv** unterschieden.[25, 26] Das **Leistungsmotiv** zeichnet sich durch das Bestreben aus, „... die eigene Tüchtigkeit in Auseinandersetzung mit einem Gütemaßstab unter Beweis zu stellen" (McClelland et al., 1953, S. 111 nach Kuhl, 2001a, S. 533). Hier geht es im Kern um die Effektivität und Vervollkommnung eigener Fähigkeiten (Brunstein, 2003, S. 76). So ist zum Beispiel im Sport das Leistungsmotiv gefragt, wenn es darum geht, eine bestimmte Strecke innerhalb einer selbst festgelegten Zeit zu laufen (Brunstein & Heckhausen, 2010). Das **Anschlussmotiv** wird verstanden als „Bilden, Beibehalten oder Wiederherstellen einer positiven affektiven Beziehung mit einer oder mehreren anderen Person(en)" (Atkinson, Heyns & Verhoff, 1954, S. 406 nach Kuhl, 2001a, S. 533). Das **Machtmotiv** ist die Disposition „... das eigene Verhalten auf Befriedigungen hin auszurichten, die von dem Ausmaß abhängen, in dem man Kontrolle über Mittel erlangt, mit denen man andere Menschen beeinflussen kann" (Veroff, 1957 nach Kuhl, 2001a, S. 533). Hier geht es um das Einflussausüben, jedoch nicht (nur) im negativen Sinne. So befriedigt z. B. das Ausüben eines Klassensprecheramtes die Machtmotivation.

Fragt man eine Person, welches Motiv bei ihr in welcher Höhe ausgeprägt ist, wird sie eine Antwort geben können, bzw. wollen. Jedoch darf Dualitäts-hypothese: Unbewusste vs. bewusste Motive das, was einer Person bewusst als Motiv zugänglich ist, nicht mit der eigentlichen, unbewussten Motivquelle verwechselt werden. Spontane Handlungen werden nicht durch das Bewusstsein gesteuert, sondern durch unbewusste Motive (Kuhl, 2001a, S. 533). Unbewusste Motive beruhen auf affektiven Präferenzen, sich immer wieder mit bestimmten Formen von Anreizen auseinanderzusetzen, sind aber nicht sprachlich repräsentiert (siehe auch Exkurs zum Selbst, S. 56). Unbewusste Motive sind stabile Bedürfnisse und hängen von konkreten Sozialisationserfahrungen ab (Kuhl & Scheffer, 2013). Bewusste Motive spiegeln Selbstkonzepte, Ziele und Werte wider (Brunstein, 2003, S. 62).

---

25 Das Anschlussmotiv wird auch als Beziehungsmotiv und das Machtmotiv als Selbstbehauptungsmotiv bezeichnet (Kuhl, 2001a, S. 531).

26 Heute unterteilt Kuhl nach den Studien von Alsleben (2008) Motive in vier, anstelle von drei Klassen. Neben dem Leistungs-, Anschluss- und Machtmotiv wird ein Freiheitsmotiv als vierte eigenständige Klasse mit den Dimensionen Selbstvertrauen, Status, Selbsterkenntnis, Selbstschutz und Selbstlosigkeit benannt. Bis dahin fasste Kuhl diese Dimensionen unter das Machtmotiv (Alsleben, 2008). Da jedoch nur eine Literaturquelle zum Freiheitsmotiv vorliegt, wird in dieser Arbeit zunächst weiterhin von den drei ursprünglichen Motivklassen ausgegangen.

Koalitionen und
Konflikte
zwischen
unbewussten und
bewussten
Motiven

Ein Mindestmaß an Passung zwischen unbewussten und bewussten Motiven ist eine wichtige Basis für adaptives Verhalten (Baumann, Kaschel & Kuhl, 2005; Brunstein, 2003). Unbewusste Motive haben eine energetisierende, bewusste eine lenkende Wirkung auf das Handeln. Wenn bewusste und unbewusste Motive gleichermaßen stark ausgeprägt sind, kann eine optimale Effektivität im Handeln erzielt werden. Ein hohes Maß an Inkongruenz kann emotionale Probleme mit sich bringen. So ist es z. B. möglich, dass das unbewusste Leistungsmotiv sehr stark ausgeprägt ist, aber aufgrund von großem Misserfolg in der Schule Leistungssituationen bewusst abgelehnt wird. Werden Ziele verfolgt, die sich aus bewussten Motiven ergeben, Ziele aus unbewussten Motiven hingegen vernachlässigt, wirkt sich das negativ auf das Wohlbefinden aus (Baumann et al., 2005; Brunstein, 2003, S. 75–79). Und wer Ziele verfolgt, „... die gar nicht zu seinen unbewussten Bedürfnissen und Gefühlen passen, setzt sich unter permanenten Stress (‚negativer Affekt‘), auch wenn die Ursachen für die verborgene Stressquelle gar nicht bewusst werden" (Kuhl & Henseler, 2007, S. 563).

Intrinsische und
extrinsische
Motivation

Manche Handlungen erlebt man als frei gewählt; sie entsprechen den Zielen und Wünschen des individuellen Selbst (Deci & Ryan, 1993, S. 225). Wieder andere Handlungen sind durch die Aussicht auf ein bestimmtes Ergebnis der Tätigkeit motiviert (Ryan & Deci, 2000, S. 54). Dies entspricht der Unterscheidung zwischen intrinsischer und extrinsischer Motivation (Schiefele & Köller, 2010). „Wo immer eigenes Handeln nicht als fremdbestimmt, sondern in hohem Maße als selbst verursacht und selbst gewollt erlebt wird, entsteht ein innerer Belohnungsmechanismus, der das Verhalten (intrinsisch) motiviert" (Hasselhorn & Gold, 2013, S. 107). Eine Tätigkeit bereitet in diesem Fall Freude und Befriedigung und macht somit die Handlung selbst zu einem hinreichenden Tätigkeitsanreiz (Krapp, Geyer & Lewalter, 2014, S. 194). Die intrinsische Motivation erklärt, warum Personen frei von äußerem Druck und inneren Zwängen nach einer Tätigkeit streben, in der sie engagiert tun können, was sie interessiert (Deci & Ryan, 1993, S. 226). Intrinsisch motivierte Schüler sind die Wunschvorstellung jeden Lehrers.

Taxonomie
menschlicher
Motivation

Allerdings gibt es glücklicherweise nicht nur die intrinsische Motivation auf der einen Seite und die extrinsische auf der anderen. Extrinsische und intrinsische Motivation sind keine Antagonisten, auch extrinsisches Verhalten kann selbstbestimmt sein (Deci & Ryan, 1993, S. 226). Ryan und Deci (2000) stellen vielmehr die Motivationslosigkeit der intrinsischen Motivation als Antagonist gegenüber (siehe Abbildung 8). Zwischen den beiden Extremen liegt die extrinsische Motivation, welche Ryan und Deci (2000) in vier Stufen anhand ihres Grades der Internalisierung unterscheiden:

Externe Steuerung: Das Verhalten wird von außen über Belohnung/Bestrafung gesteuert.

Introjektion: Von außen gesetzte Ziele werden in das „Ich" übernommen. Introjektion ist stark sozial abhängig.

Identifikation: Extern vorgegebene Ziele werden als erstrebenswert akzeptiert.

Integration: Es findet eine Identifikation und Integration in das Selbst von Verhaltensregulationen statt. (Dieser Zustand ist der intrinsischen Motivation sehr ähnlich, nur, dass immer noch von außen vorgegebene Ziele verfolgt werden.)

Korrumpierungs-
effekt

Exkurs: Korrumpierungseffekt

Extrinsische Belohnung für bereits intrinsisch motivierte Aufgaben kann zu Problemen führen (Deci & Ryan, 1985). Deci und Ryan (1993) vermuten, dass „... die Einführung extrinsischer Motivatoren in den Handlungsablauf einer intrinsisch motivierten Tätigkeit das Gefühl der Selbstbestimmung unterminiert." (1993, S. 226). Wenn der mathematikliebende Schüler eigentlich Motivation aus dem Lösen von Mathematikaufgaben erhält (intrinsisch) und nun aber zusätzlich eine Belohnung in Aussicht gestellt wird (z. B. eine Geldbelohnung), kann dies zu einem Motivationsverlust führen.

Aus den vielen Forschungsergebnissen zur Motivation soll die obige Auswahl hinsichtlich des hier geplanten Projektes als ausreichend angesehen werden. Das sich anschließende Kapitel fokussiert die Selbststeuerung.

3.2.2 Selbststeuerung

Im vorherigen Kapitel zu Motivation wurde an verschiedenen Stellen bereits die Relevanz von Selbststeuerung deutlich. Dieses Unterkapitel befasst sich darum mit diesem Aspekt. Selbststeuerung wird von Fröhlich und Kuhl (2003) als Kunst betitelt. Als Kunst „... im situations- und zielangemessenen Wechselnkönnen zwischen selbstregulativen und selbstkontrollierenden Maßnahmen" (Fröhlich & Kuhl, 2003, S. 226). Eine Kunst, für die aber nicht ein Talent vorhanden ist oder nicht, sondern eine Kunst, die trainierbar ist. Denn Selbststeuerung, mit den zwei Komponenten Selbstregulation und Selbstkontrolle, ist (glücklicherweise) kein unveränderlicher Zustand, der bei allen Personen unter allen Bedingungen gleich ist. Vielmehr hängt die Kompetenz des effektiven Einsatzes von Selbststeuerung von zahlreichen Bedingungen, z. B. in Form situativer Faktoren ab (Fröhlich & Kuhl, 2003, S. 222).

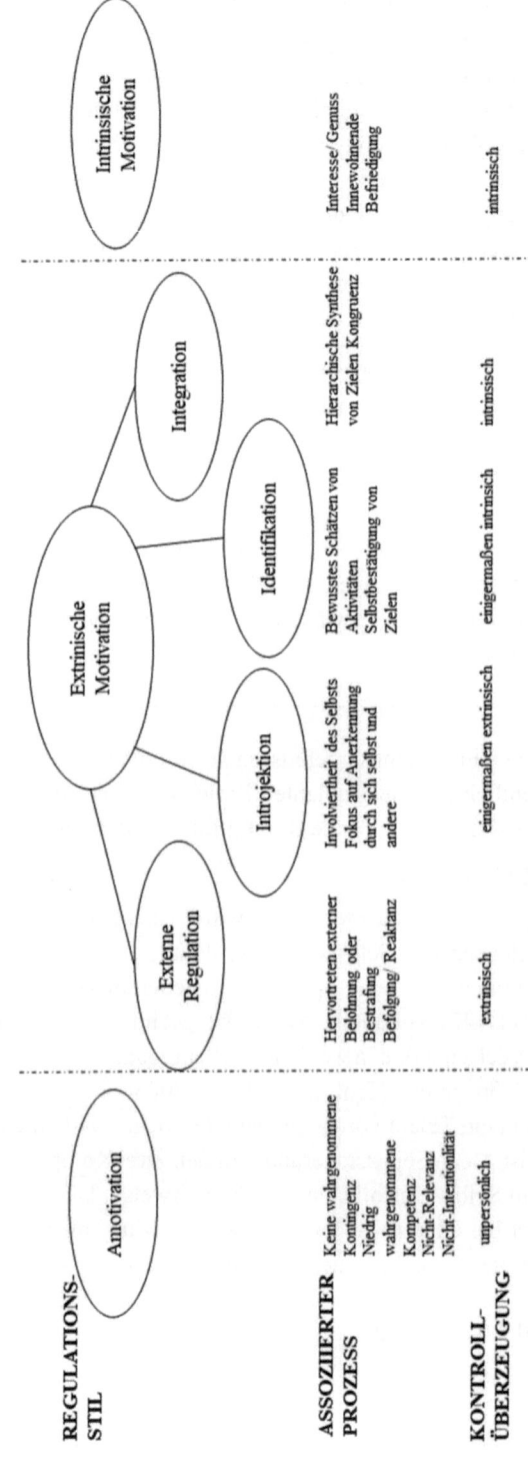

Abbildung 8: Taxonomie menschlicher Motivation (Ryan & Deci, 2000) (Übersetzung der Autorin)

Selbststeuerungsfähigkeiten setzen sich aus verschiedenen Komponenten zusammen, „... deren effizienter Einsatz von zusätzlichen Bedingungen, einschließlich situativer Faktoren, abhängt und die bei verschiedenen Personen durch unterschiedliche Bündel von Unterfunktionen charakterisiert sein [können]." (Fröhlich & Kuhl, 2003, S. 222). Einige der wichtigsten Funktionsbündel sind:

◊ **Selbstbestimmung**: Die Fähigkeit, hinter den Zielen zu stehen, die man verfolgt und mit denen man sich identifiziert.

◊ **Selbstmotivierung**: Die Fähigkeit, sich auch bei unangenehmen Dingen bei Laune zu halten und jeder Lage etwas Positives abzugewinnen.

◊ **Selbstberuhigung**: Die Fähigkeit, die eigene innere Anspannung und Nervosität selbst abzubauen. (Fröhlich & Kuhl, 2003)

Für das Gelingen der Selbststeuerung sind nicht nur die Ausprägungen der Selbststeuerungsfähigkeiten ausschlaggebend, sondern vielmehr auch ob sie unter **Belastung** und **Bedrohung** effizient eingesetzt werden können. Die Möglichkeit, die eigene **Begabung** auszuschöpfen, ist umso höher, je geringer der empfundene Stress ist (Künne et al., 2007). Fröhlich und Kuhl (2003) fassen unter Bedrohung den Gesamtstress der momentanen Lebenssituation und unter Belastung situative und personenseitige Umstände, welche positive Affekte hemmen (S. 226). Unter Bedrohung können Fähigkeiten der Selbstregulation geschwächt werden oder ganz abhandenkommen und eine Selbsthemmung, z.B. in Form von Grübeln oder Lähmung, entstehen lassen. Bei Belastung kann es zum Verlust der zielorientierten Selbstkontrolle, z.B. in Form von Energiemangel oder Konzentrationsschwäche, kommen. Für die Underachiever kann sich hieraus ein Teufelskreis ergeben – hat ein Schüler Schwierigkeiten mit der Selbstregulation, konkret z.B. für ihn langweilige Hausaufgaben anzufertigen, verschärft sich durch die unerledigten Aufgaben der Druck auf ihn durch Eltern und Lehrer und somit steigt die Belastung. Unter höherer Belastung werden höhere Selbststeuerungskompetenzen verlangt und die Erledigung der nächsten Hausaufgaben wird damit vielleicht noch ein Stückchen schwieriger. Künne et al. (2007) konnten in ihrer Studie zeigen, dass Underachiever im Vergleich zu anderen Schülergruppen hohe Stresswerte und die höchsten Bedrohungswerte aufweisen (Künne et al., 2007).

Auch wenn eine Person für ein Vorhaben motiviert ist und ein konkretes Ziel formuliert hat, heißt es nicht, dass sie dieses Vorhaben unbedingt umsetzt. Hier gilt (leider): „Es ist leichter gesagt als getan". Der Schüler, bei dem eine akute Versetzungsgefährdung vorliegt, weiß genau, in welchem Fach/in welchen Fächern diese begründet ist und was er tun muss, um die Nicht-Versetzung abzuwenden und *will* dies auch tun. Sein Ziel lautet also: „Ich will die Versetzung schaffen!". Wenn er aber dann nach der Schule nach Hause kommt, heißt dies nicht unbedingt, dass er sich nun an seinen Schreibtisch setzt und arbeitet. Die Absicht, ein Ziel zu erreichen, ist also nicht identisch mit ihrer Realisierung (Corno & Kanfer, 1993) (siehe Exkurs zu Zielen). Hier kommt die Volition ins Spiel. Als Volition wird diejenige Motivation verstanden, die „...sich auf das Streben nach Zielen bezieht" (Achtziger & Gollwitzer, 2010, S. 313). Umgangssprachlich wird Volition auch als Wille bezeichnet.

Exkurs: Ziele

Immer ist im Kontext von Motivation und Selbststeuerung von Zielen die Rede. Ziele entsprechen dem, was sich Menschen bewusst vornehmen, und können bewusst erfragt werden (im Gegensatz zu den unbewussten Motiven) (Martens & Kuhl, 2011, S. 29; 36). Ziele sind Diskrepanzen zwischen Ist-Wert und Soll-Wert (Kuhl, 2001a, S. 346); selbstkongruente Ziele sind Ziele, die im Rahmen der „inneren Demokratie" möglichst viele innere Stimmen berücksichtigen, wohingegen die Zielverfolgung durch Selbstkontrolle „diktatorische" Züge bekommen kann (Kuhl, 1996). Die Frage, wie Ziele formuliert werden müssen, damit sie auch tatsächlich umgesetzt werden können, ist hierbei ausschlaggebend (Storch & Krause, 2007, S. 92). Im Rahmen des Züricher Ressourcen Modells (ZRM) von Storch und Krause (2007) sowie bei dem Beratungsansatz von de Shazer (2004) spielt die Zielformulierung eine entschiedene Rolle. Storch und Krause (2007) unterteilen drei Kernkriterien handlungswirksamer Ziele:

1 Es muss sich um ein Annäherungsziel handeln.

2 Die Realisierung des Ziels muss zu 100 Prozent der eigenen Kontrolle unterliegen.

3 Das Ziel muss eine positive Wirkung (durch einen somatischen Marker) zeigen (Storch & Krause, 2007, S. 98).

Fischer-Ontrup (2011) fügt diesen Kriterien folgende hinzu:

4 Ziele müssen schwierig und herausfordernd, zugleich aber realistisch und erreichbar sein.

5 Ziele müssen konkret und spezifisch sein.

6 Ziele müssen zeitlich fixiert sein und sich nicht gegenseitig behindern (Fischer-Ontrup, 2011, S. 92).

Volitionsstile

Hinsichtlich der Volition werden zwei Volitionsstile unterschieden: **Handlungs- und Lageorientierung** (Kuhl & Beckmann, 1994; Kuhl & Kazén, 2003). Handlungsorientierte Personen setzen leichter Absichten in die Tat um und kontrollieren ihre Handlung, wohingegen lageorientierte Personen eher in der Situation selbst verharren. Handlungsorientierte Personen regulieren ihre Emotionen selbstgesteuert (Fröhlich & Kuhl, 2003, S. 234). Manche Schüler verarbeiten einen Misserfolg, wie z.B. eine 5 in einer Klassenarbeit, schnell, andere wiederum beschäftigen sich noch sehr lange gedanklich mit diesem Misserfolg und haben Schwierigkeiten, zurück ins Handeln zu kommen. Handlungsorientierte Personen tendieren dazu, selbstkongruente Ziele zu bilden, also Ziele, die sich mit ihren impliziten Motiven decken, lageorientierte Personen hingegen verfolgen häufig Ziele, die von ihren impliziten Motiven abweichen oder diesem sogar direkt entgegenstehen (Brunstein, 2003, S. 80).

Sowohl Selbststeuerungsfähigkeiten, das Bedrohungs- und Belastungsempfinden und die Handlungs- bzw. Lageorientierung sind wichtige Faktoren, wenn es um (gelingende) Handlungen geht. Wie solche Handlungen schematisch ablaufen behandelt das folgende Kapitel in Form von Modellen.

3.3 Modelle

In den vorherigen Abschnitten wurden Motivation und Selbststeuerung vertieft betrachtet. Dieses Kapitel widmet sich deren Zusammenspiel in Form zweier Modelle. Zunächst wird das Handlungssteuerungsmodell nach Heckhausen, Gollwitzer und Weinert (1987) und daran anschließend das daraus erwachsende Handlungssteuerungsmodell nach Kuhl (2001a) vorgestellt.

3.3.1 Rubikon-Modell der Handlungsphasen

Das Rubikon-Modell der Handlungsphasen ist ein motivationspsychologisches Prozessmodell zielrealisierenden Handelns, welches die Phasen des Weges zwischen Wunsch/Ziel und tatsächlicher Handlung beschreibt (Storch & Krause, 2007, S. 63). „Motivation und Volition werden [darin] als benachbarte Phasen im Handlungsablauf gesehen" (Heckhausen, 2010, S. 27). Der Grundgedanke ist, dass bei einer Handlung die Grenze zwischen Motivation und Volition überschritten wird (Hasselhorn & Gold, 2013, S. 119). Diese Grenze wird, in Anlehnung an Caesars folgenreiche Entscheidung, bewaffnet den Grenzfluss Rubikon zu überqueren und seiner bevorstehenden Entmachtung durch das römische Reich zuvorzukommen, als Rubikon bezeichnet (Holland & Wittenburg, 2015). Abbildung 9 zeigt das Rubikon-Modell der Handlungsphasen. *(margin: Rubikon-Modell der Handlungsphasen)*

Eine Handlung beginnt mit dem Abwägen. Verspürt ein Schüler einen ernsthaften Wunsch, beginnt er den Anreiz (z. B. Spaß) und die Erfolgserwartung (Erfolg beim Computerspielen vs. Erfolg bei Schulaufgaben) abzuwägen. Anreiz und Erfolgserwartung sind dabei ausschlaggebend, ob die Handlungsausführung gelingt oder nicht. Dies ist die prädezisionale Abwägephase (Ziegler, 1999). „Nur wenn sich die Überzeugung einstellt, dass die Folgen einer Nicht-Realisierung unannehmbar sind, kommt es zur Intentionsbildung: Aus dem Wunsch wird eine Absicht." (Hasselhorn & Gold, 2013, S. 120) *(margin: Abwägephase)*

Planen &
Handeln

Mit dieser Absichtsbildung wird der Rubikon überschritten, so dass sich die Bewusstseinslage schlagartig ändert; „... erst die volitionalen Kräfte ermöglichen es, die Umsetzung der gebildeten Absicht unbeirrt und hartnäckig zu verfolgen" (Hasselhorn & Gold, 2013, S. 120). (An diesem Punkt sprach Caesar die berühmten Worte „Alea iacta est" – der Würfel ist geworfen.)

Bewerten

Erst nach der Realisation einer Handlung tritt der volitionale Bewusstseinszustand zurück, die Intention wird deaktiviert und die Person kommt wieder mit ihren unterschiedlichen Wünschen und Bedürfnislagen in Kontakt und neue Absichten werden gebildet (Hasselhorn & Gold, 2013, S. 120–121).

Das Rubikon-Modell der Handlungsphasen eignet sich hervorragend, um komplexe Handlungsabläufe zu illustrieren. Selbststeuerungsfähigkeiten innerhalb des Handlungsprozesses werden in *diesem* Modell jedoch nicht explizit benannt.

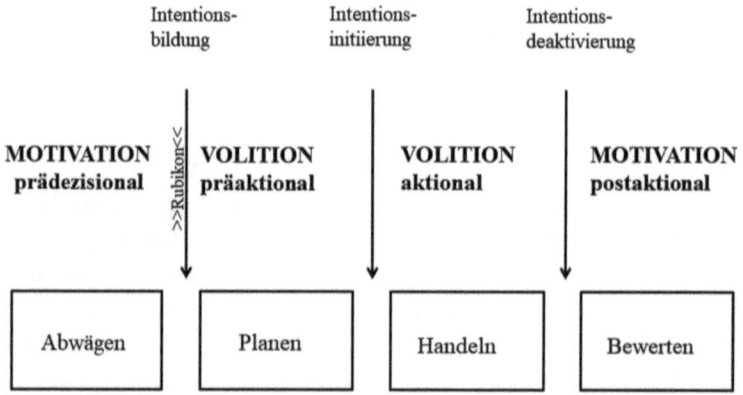

Abbildung 9: Rubikon-Modell der Handlungsphasen (Heckhausen, Gollwitzer & Weinert, 1987)

3.3.2 Handlungssteuerungsmodell

Da bei Handlungsprozessen nicht nur Motivation und Volition, sondern auch Selbststeuerung eine Rolle spielen wird in diesem Kapitel das Handlungssteuerungsmodell vorgestellt. Dieses Modell nach Kuhl (2001a) entstand im Rahmen seiner Forschungen zur Persönlichkeits-System-Interaktionen-Theorie (PSI-Theorie). Es ist ein systemtheoretisches Modell der Motivation mit Fokus auf die Affektregulation. Die PSI-Theorie geht in Übereinstimmung mit der klassischen Motivationstheorie davon aus, dass die Umsetzung von Motiven durch Affekte reguliert wird und beschreibt diesen Prozess genauer (Kuhl & Scheffer, 2013, S. 142). Sie basiert auf der Unterscheidung von vier persönlichkeitsrelevanten Systemen (siehe Abbildung 10). Diese sind:

1 Intentionsgedächtnis,

2 Extensionsgedächtnis,

3 Intuitive Verhaltenssteuerung,

4 Objekterkennungssystem (Martens & Kuhl, 2011).

Bei gelingenden Handlungsprozessen sind alle vier Systeme beteiligt. Sie werden folgendermaßen beschrieben. Schwierige oder unangenehme Handlungen, welche man nicht direkt umsetzen kann, machen das **Intentionsgedächtnis** erforderlich (Martens & Kuhl, 2011, S. 76). Hier werden die Absichten und dazugehörigen Pläne gespeichert. Das **Extensionsgedächtnis** ist ein kognitives Erfahrungsnetzwerk und sorgt dafür, „... dass einer Person in vielen Situationen trotz Schwierigkeiten immer noch kreative Lösungsmöglichkeiten und Handlungsalternativen einfallen" (Baumann et al., 2010, S. 152). Es liefert zudem einen Überblick über die eigenen Wünsche und Bedürfnisse und ist eng mit Emotionen und der Körperwahrnehmung vernetzt. „Alle selbstrelevanten, persönlichen Anteile werden im *impliziten Selbst* – einem Untersystem des Extensionsgedächtnisses – integriert." (Baumann et al., 2010, S. 152) (siehe auch Exkurs zum Selbst, S. 56). Die **Intuitive Verhaltenssteuerung** ist das Ausführungssystem, welches dem Überlegen ein Ende macht und spontan verfügbare Handlungsprogramme zur Verfügung stellt (Martens & Kuhl, 2011, S. 76–77). Der Antagonist des Extensionsgedächtnisses ist die **Objekterkennung**. Es ist für isolierte Einzelwahrnehmungen und für alle unerwarteten und inkongruenten Informationen sensibilisiert und vor allem für die Fehlerwahrnehmung sowie das Reaktionsvermögen in Gefahrensituationen nützlich (Baumann et al., 2010, S. 152).

Menschen unterscheiden sich darin, welches System sie vorziehen. So bevorzugen analytische Typen meist das Intentionsgedächtnis, so z. B. Schüler, die sehr planerisch zunächst eine schwierige Aufgabe durchdenken und viele Eventualitäten berücksichtigen. Ganzheitliche „Fühltypen" präferieren das Extensionsgedächtnis, dies können z. B. Schüler sein, die spontan handeln und das große Ganze im Blick haben. Menschen mit einer Bevorzugung der intuitiven Verhaltenssteuerung handeln aus dem Bauch heraus, in der Schule kann sich dies darin zeigen, dass der Entsprechende sofort loslegt und handelt. Personen mit der Präferenz des Objekterkennungssystems sind detailverliebt und suchen das Haar in der Suppe. In der Klasse kann dies z. B. ein Schüler sein, dem Unstimmigkeiten an der Tafel direkt auffallen.

Das Gleichgewicht dieser Systeme ist für den persönlichen Erfolg und das persönliche Wohlbefinden relevant (Martens & Kuhl, 2011, S. 76). Die einzelnen Systeme allein führen nicht zur Bildung der für die Person und seine Umwelt richtigen Ziele und deren erfolgreiche Umsetzung – vielmehr hängt dies vom optimalen Zusammenspiel dieser Systeme ab (Martens &

Kuhl, 2011, S. 77). Kuhl (2001a) beschreibt das Zusammenspiel mit Hilfe zweier Modulationsannahmen.

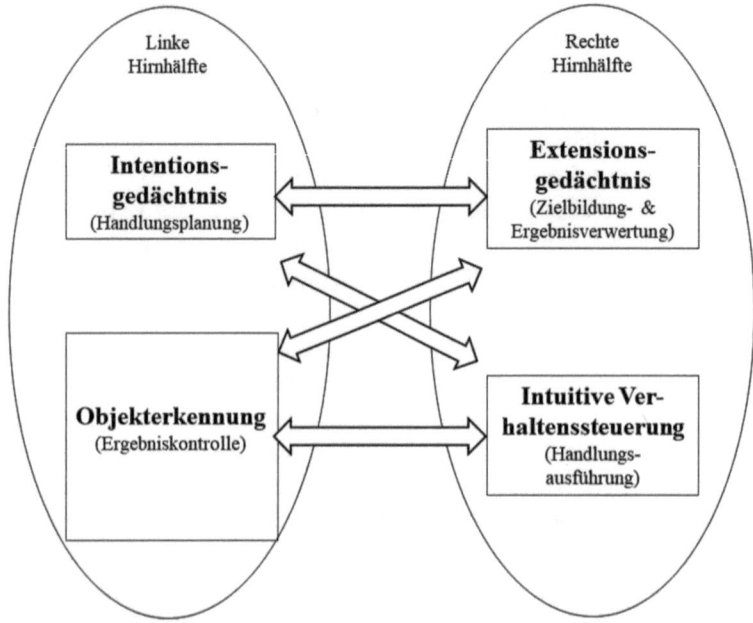

Abbildung 10: Handlungssteuerungsmodell hirnhemisphärisch (Kuhl, 2001a)

1. Modulations-annahme

Die erste Modulationsannahme kann nach Martens und Kuhl (2011) folgendermaßen beschrieben werden: Werden positive Gefühle gehemmt, wird das Intentionsgedächtnis aktiviert. Soll zum Beispiel ein komplexer Plan erstellt werden, funktioniert dies am besten in neutraler Stimmung. Die Aufhebung der Hemmung positiver Gefühle, extern oder selbstständig herbeigeführt, führt dazu, dass Gewolltes durch die intuitive Verhaltenssteuerung ausgeführt wird. Kuhl (2001a) spricht dann von Willensbahnung. In anderen Worten: Sobald ein Lösungsweg vorliegt, signalisiert ein positiver Affekt, dass die Umsetzung nun erfolgen kann. Man tut dann das, was man sich vorgenommen hat. Werden die positiven Gefühle eigenständig hergeleitet, spricht man von Selbstmotivierung. Schüler mit Schwierigkeiten in der Selbstmotivierung sind z. B. nicht in der Lage, Lustlosigkeit oder Entmutigung bei langweiligen Aufgaben zu überwinden. Ernstgemeinte Vorsätze können dann nicht umgesetzt werden. Hier ist der Punkt erreicht, an dem es nicht ausreicht zu wollen, sondern an dem das „Wollen können" ausschlaggebend ist (vgl. Baumann et al., 2010).

2. Modulations-annahme

Die zweite Modulationsannahme umfasst hingegen negative Gefühle. Bei negativen Gefühle wird das auf Unstimmigkeiten und Einzelheiten spezialisierte Objekterkennungssystem aktiviert. Erst wenn dieser negative Affekt herabreguliert wird, können Erfahrungen in das Selbstsystem integriert und für alle späteren Entscheidungen simultan verfügbar gemacht

werden. Das Herabregulieren negativer Affekte kann durch Trost oder
Selbstberuhigung geschehen (Martens & Kuhl, 2011, S. 78–79).

Die PSI-Theorie eignet sich hervorragend, um komplexe Handlungen
zu beschreiben. Für die Interaktion der Systeme haben die Selb+++
stmotivierung und die Selbstberuhigung eine herausgestellte Funktion.
Die Selbstmotivierungskompetenz sorgt dafür, dass Absichten in Handlungen umgesetzt werden, wohingegen die Selbstberuhigungskompetenz notwendig ist, um Erfahrungen im Extensionsgedächtnis zu speichern.

Auch wenn diese Theorie auf den ersten Blick komplex erscheint, ist es
(ohne große Probleme möglich), fachfremden Personen, vor allem aber
auch Schülern, die PSI-Theorie zu erläutern, bzw. sie gemeinsam zu erarbeiten. Hier sind nur wenige Änderungen in der Begrifflichkeit vonnöten
(das Intentionsgedächtnis wird zum Logiker; das Objekt-Erkennungssys-
tem zum Kontrolleur, das Extensionsgedächtnis zum Pfadfinder und die
intuitive Verhaltenssteuerung zum spontanen Macher). Besonders Schüler
mit besonderer Begabung haben aufgrund hoher metakognitiver Fähigkeiten wenig Schwierigkeiten, die PSI-Theorie zu verstehen und auf den eigenen Kontext anzuwenden. Da sich der PSI-Theorie zudem noch eine umfassende Diagnostik relevanter Kennwerte anschließt, ist sie für die Arbeit
mit Schülern hervorragend geeignet. Mit eben dieser Diagnostik befasst
sich das folgende Kapitel.

PSI-Theorie in der Schule

3.4 Diagnostik

Die vorangegangenen Kapitel zu Motivation und Selbststeuerung machen
deutlich, wie wichtig diese beiden Prozessvariablen hinsichtlich der Umsetzung von Begabung in Leistung sind. Motivation und Selbststeuerung
können sowohl einen erfolgreichen als auch einen problembehafteten
Transformationsprozess bedingen. Besonders bei Underachievern ist die
Diagnostik der Prozessvariablen wichtig (Kuhl, 2004, S. 18). Sollen Inter-
ventionsprogramme an diesen beiden Angelpunkten ansetzen, wirft dies
die Frage nach der Diagnostik der Motivation sowie der Selbststeuerungsfähigkeiten auf.

Im Gegensatz zur Begabungsdiagnostik oder zur Diagnostik von Underachievement erscheinen die Möglichkeiten und Varianten zur Diagnostik von Motivation und Selbststeuerung nicht so vielfältig. In der Schule
wird jedoch i. d. R. keine Diagnostik der Motivation und Selbststeuerung
durchgeführt. Zumal das Gros der existierenden Testverfahren eher für den
Einsatz im Beruf, z. B. im Rahmen von Führungskräftecoachings oder von
Assessmenttests, produziert zu sein scheint (z. B das Hamburger Führungsmotivationsinventar (Felfe, Elprana, Gatzka & Stiehl, 2012) oder der MA-
LAMUT Profiler zur Erfassung des Unternehmerpotenzials, sozialer Kompetenzen und des Teamrollenverhaltens (Malamut Team Catalyst GmbH,

2012). Gängige Ansätze zur Erfassung von Motivation und Selbststeuerung werden im Folgenden vorgestellt.

Diagnostik unbewusster Motive

In Kapitel 3.2.1 wurde eine Unterscheidung zwischen unbewussten und bewussten Motivlagen unternommen. Diese Unterscheidung ist auch im Kontext der Diagnostik relevant: Äußerungen über Motivlagen einer Person dürfen nicht mit der unbewussten Motivquelle verwechselt werden. Vielmehr sollen spontane Handlungen Rückschlüsse auf die unbewusste Motivlage geben können. McClelland (1958) stellte Rückschlüsse aus Methoden des Selbstberichts, der Leistungsmessung und der Verhaltensbeobachtung in Frage und ging stattdessen davon aus, dass man aus dem Strom des Imaginationsverhaltens von fantasievollen Geschichten zu motivanregenden Bildern Rückschlüsse auf die Motivlage ziehen kann (Brunstein, 2003, S. 60). Diese Art der Diagnostik entspricht der des Thematischen Apperzeptionstests (TAT) nach Murray (1943). Hier werden einer Person neutrale Bilder gezeigt, um sie daran anschließend aufzufordern, eine interessante, spannende Geschichte zum Bild spontan aufzuschreiben. Es werden vier Leitfragen vorgegeben: Was geschieht auf dem Bild? Was denken und fühlen die dargestellten Personen und welche Absichten verfolgen sie? Wie ist es zu der Situation gekommen? Wie geht die Geschichte weiter? (Langens & Schüler, 2003, S. 94). Die Antworten werden im Anschluss von Experten kodiert und ausgewertet. Dies ist ein komplexer und zeitaufwendiger Prozess, der viel Erfahrung auf Seiten des Auswerters erfordert. Inzwischen wurden deshalb Verfahren entwickelt, die weniger Aufwand für Proband und Auswerter mit sich bringen. Es gibt z. B. den Operanten Motiv-Test (OMT), in dem die Probanden nur aufgefordert werden, freie Assoziationen in Stichwörtern aufzuschreiben, die sich auf eine erdachte Geschichte beziehen (Kuhl & Henseler, 2007, S. 562). Abbildung 11 zeigt einen Bildauszug aus dem OMT.[27]

Diagnostik bewusster Motive

Parallel zur Entwicklung von Methoden zur Erfassung impliziter Motive legten andere Autoren Fragebögen als Selbstbericht zur Erfassung von Motiven vor, welche eine höhere Ökonomie und Reliabilität aufwiesen (Brunstein, 2003, S. 60–61). Vertreter der TAT-Methode verfolgten dies mit Skepsis und heftige Debatten wurden geführt. In dieser Debatte „wurde gelegentlich übersehen, dass TAT-Werte und Fragebogenkennwerte für das jeweils gleiche Motiv so gut wie keine gemeinsame Varianz aufweisen" (Brunstein, 2003, S. 61). Gleichzeitig verdichteten sich die Hinweise, dass die auf beide Arten gemessenen Motive sehr unterschiedliche Verhaltensweisen prognostizierten und brachten die Unterscheidung zwischen be-

---

27 Diese Abbildung ist vielfältig interpretierbar, z. B. eine Mutter, die ihr Kind wiegt, ein Mensch der einen anderen ausschimpft, ... oder was sehen Sie in diesem Bild?

wussten und unbewussten Motiven mit sich (siehe auch Kapitel 3.2.1). Fragebögen zur Selbsteinschätzung werden demnach zur Erfassung bewusster Motive herangezogen.

Abbildung 11: Beispielbild zur Erfassung der impliziten Motivlage (Kuhl & Scheffer, 2013, S. 31)

Im Gegensatz zu einer recht großen Auswahl an verschiedenen Testungen zur Erhebung der Motivlagen existieren zur Diagnostik der Selbststeuerungsfähigkeiten nur wenige Instrumente. Die Erhebung findet, wie die Untersuchung der bewussten Motivlagen, i. d. R. über standardisierte Fragebögen statt. Die wenigen Instrumente im deutschsprachigen Raum, speziell im Kontext Selbststeuerung und -regulation, sind stark durch die Forschungen von Kuhl geprägt. So sind im zweiten Band der Reihe *Tests und Trends zum Thema Diagnostik von Motivation und Selbstkonzept* (Stiensmeier-Pelster & Rheinberg, 2003) alle vorgestellten Instrumente zur Diagnostik von Selbstregulation und Volition (was der Selbststeuerung im Allgemeinen entspricht) unter der Autorschaft von Kuhl entstanden.

Selbststeuerungsdiagnostik

Kuhl fasst heute verschiedene Testinstrumente vor dem Hintergrund der PSI-Theorie zu Testbatterien in Form sogenannter Potenzialanalysen zusammen. Auf diese Weise soll es vor dem Hintergrund PSI-Theorie möglich sein, aus einer Vielzahl individueller Kennwerte eine oder wenige Funktion/en herauszufiltern, die für den individuellen Fall von ausschlaggebender Bedeutung ist/sind. Es werden z. B. bewusste und unbewusste Motivlage, aber auch Selbststeuerungsfähigkeiten zeitgleich erfasst. Durch die Möglichkeit des Herausfilterns einzelner Kennwerte oder wichtiger Funktionen ist es im Anschluss daran möglich, diese mit dem betreffenden Schüler zu thematisieren, ohne ihm das ganze komplexe System erklären zu müssen. Da dies aber schon der sich an eine Diagnostik anschließenden Förderung entspricht, wird zum nächsten Kapitel übergeleitet.

3.5 Förderung

Kapitel 1.6 und Kapitel 2.6 zeigen Ansätze und konkrete Projekte zur Förderung von Schülern mit besonderer Begabung sowie zur speziellen Förderung von Underachievern auf. Dieser dritte Teil zur Förderung soll den Fokus noch weiter schärfen und zwar insofern, als die Förderung besonders begabter Underachiever mit dem Fokus auf Motivation und Selbststeuerung thematisiert wird.

Das Bedürfnis, das eigene Potenzial umzusetzen, ist ein menschliches Grundbedürfnis als zentraler Aspekt der Selbstverwirklichung (BMBF, 2015). Durch angemessen gestaltete Umwelten kann ein positiver Einfluss auf die Motivation von Lernenden ausgeübt werden, hier kann Förderung bereits ansetzen. Darum ist es „… besonders lohnend, in das Verstehen und in die Veränderung von motivationalen Prozessen zu investieren (Spinath, Toussaint, Spengler & Spinath, 2008, S. 4), denn „success breeds success" (Siegle, 2012, S. 89). „Eine seriöse Förderung persönlicher Kompetenzen verzichtet auf Vereinfachungsillusionen und erwartet von den Experten, dass sie mit der Komplexität psychischer Funktionen so souverän umgehen können, dass sie zusammen mit allen Beteiligten möglichst einfache und umsetzbare Lösungsvorschläge erarbeiten." (Kuhl, 2004, S. 19) Auf Basis einer Motivations- und Selbststeuerungsdiagnostik können Beratungsbedürfnisse abgeleitet und lösungsorientierte Trainingsmaßnahmen umgesetzt werden (Fischer, Fischer-Ontrup & Liebert-Cop, 2012, S. 80). Renger (2009) fordert zu Förderung von Underachievern den „Einsatz einer persönlichkeitspsychologischen Begabungsförderung …, welche das interaktive Wirken von motivationalen, volitionalen, kognitiven und allgemein handlungssteuernden Fähigkeiten vereint" (Renger, 2009, S. 361).

Die übersichtliche Anzahl an Rechercheergebnissen zu Motivations- und Selbststeuerungstrainings in einschlägigen Datenbanken vermittelt den Eindruck, dass die *Förderung* von Motivation und Selbststeuerung nicht im Zentrum von wissenschaftlichen Fragestellungen der Motivationspsychologie steht (Schmitz, 2001, S. 127). Im Anhang (siehe A1, S. 214) ist eine Tabelle mit aktuellen Motivationstrainings überblicksartig aufgelistet. Da diese keinen direkten Bezug zu besonders begabten Underachievern aufweisen, wird darauf verzichtet, sie an dieser Stelle näher zu erläutern.

Rubenstein et al. (2012) stellen fest, dass vorliegende Interventionsforschungen im Kontext Underachievement mindestens 15 Jahre und älter sind (Rubenstein et al., 2012). Bei Personen aus der Praxis hat die Motivationsförderung jedoch einen ungleich höheren Stellenwert. Dies erklärt vielleicht auch, warum es in der Literatur zwar nur eine geringe Anzahl an fundierten Quellen hinsichtlich der Förderung besonders begabter Underachiever im Kontext von Motivation und Selbststeuerung, aber eine Vielzahl an Ratgebern gibt. Diese wirken, vor allem im anglo-amerikanischen

Bereich, häufig pauschalisierend. Bruns (1993) scheint z. B. die Universallösung zur Behebung von Underachievement gefunden zu haben: In seinem Ratgeber „They can but they don't" ist auf dem Buchrücken zu lesen: „A proven, practical solution for the millions of children trapped in the vicious circle of academic underachievement". Der hoffnungsvolle Leser wird aber schnell von der Oberflächlichkeit der Lösungsideen enttäuscht.

Generell können Motivationstrainings in kurative und präventive Ansätze unterschieden werden. Bei präventiven Maßnahmen findet in der Regel keine Eingangsdiagnostik statt, bei kurativen Ansätzen wird eine Eingangsdiagnostik durchgeführt, um anschließend konkrete Trainingsziele festlegen zu können (Ziegler & Dresel, 2009). Ziegler und Dresel (2009) unterteilen Motivationstrainings, je nachdem wie viele Motivationskomponenten angesprochen werden, in einfache, multiple oder holistische Motivationstrainings. *Arten von Motivationstrainings*

Die Interessenförderung kann z. B. als einfaches Motivationstraining angesehen werden und sie zielt auf die Befriedigung der drei angeborenen, gleichermaßen relevanten psychologischen Bedürfnisse ab: *Einfache Motivationstrainings*

◊ Bedürfnis nach Kompetenz oder Wirksamkeit,

◊ Bedürfnis nach Autonomie oder Selbstbestimmung,

◊ Bedürfnis nach sozialer Eingebundenheit oder sozialer Zugehörigkeit (Deci & Ryan, 1993, S. 229).

Multiple Motivationstrainings sind auf die Förderung mehrerer Motivationskomponenten ausgerichtet (Ziegler & Dresel, 2009). Hierzu zählen z. B. Reattribuierungstrainings, in welchen subjektive Ursachenerklärungen für das Zustandekommen von Handlungsergebnissen Schwerpunkt sind. *Multiple Motivationstrainings*

Holistische Motivationstrainings zielen darauf ab, alle relevanten Motivationskomponenten zu fördern und werden oft mit weiteren Funktionstrainings kombiniert. Das kann z. B. eine Motivationsförderung bei gleichzeitiger Förderung des Durchsetzungsvermögens bedeuten (Fröhlich & Kuhl, 2003). Beispiele sind das Münchner Motivationstraining (Schober, 2002; Schober & Ziegler, 2001) und das MoSt nach Fischer-Ontrup (2011). Bei dem MoSt handelt es sich um eine spezielle Intervention für Underachiever mit dem Fokus auf Motivation und Selbststeuerung zur Verbesserung der Handlungskompetenz (Fischer-Ontrup, 2011). „Unter Rückgriff auf die PSI-Theorie (Kuhl, 2001) und in Verbindung mit der lösungsorientierten Beratung (Bamberger, 2005) werden hier persönliche Kompetenzen (z. B. Selbstmotivierung, Selbstberuhigung) in den Blick genommen" (Fischer & Fischer-Ontrup, 2015, S. 211). Es kann demnach in die Kategorie der holistischen Motivationstrainings eingeordnet werden. Das MoSt bildet die Grundlage für die vorliegende Studie und wird im Folgenden näher beschrieben. *Holistische Motivationstrainings*

MoSt

Die praxisbezogenen Hinweise und Trainingsansätze haben ihren Ursprung im psychotherapeutischen bzw. im arbeitspsychologischen Therapiekontext. Besondere Beachtung bei der Entwicklung des Trainings fanden „Die Kunst der Selbstmotivierung" von Martens und Kuhl (2011), das „Züricher Ressourcen Modell" von Storch und Krause (2007) sowie „Souveränes Selbstmanagement" von Kehr (2008). Fischer-Ontrup (2011) bringt für das MoSt das praktisch orientierte Phasenmodell von Bamberger (2010) mit dem Handlungssteuerungsmodell (siehe Kapitel 3.3.2) von Kuhl (2001a) in Form eines Beratungs-Handlungssteuerungsmodells zusammen, „…um Underachiever zurück in die Handlungsfähigkeit zu begleiten" (Fischer-Ontrup, 2011, S. 84).[28]

Trainings-
bausteine

Auf Basis des Beratungs-Handlungssteuerungsmodells wurden von Fischer-Ontrup (2011, S. 89) folgende Trainingsbausteine mit dazugehörigen Arbeitsmaterialien entwickelt:

1. „Vision" – Motive erkennen (1a) und Ziele bilden (1b)
2. „Plan" – Vision/Vorgehen planen
3. „Selbstmotivierung" – Ressourcen [finden]
4. „Handlung" – Vorgehen/Planung ausführen
5. „(Ergebnis-)Kontrolle" – Ausführungen kontrollieren
6. „Selbstberuhigung" [– Anspannung abbauen]
7. „Reflexion" – Bewährtes sichern und → ‚neue' Vision (Fischer-Ontrup, 2011, S. 90)

Die sieben Trainingsbausteine fasst Fischer-Ontrup (2011), orientiert am Beratungs-Handlungssteuerungsmodell, in Form eines Prozesskreislaufes zusammen. Dieser Prozesskreislauf wird als „ideal" angenommen. Da die Ursachen für die aus einem Underachievement heraus entstandenen Schwierigkeiten an unterschiedlichen Punkten liegen, wird das Training eines Schülers unter Einbezug eines Erstgesprächs und standardisierter Testergebnisse individuell abgestimmt (Fischer-Ontrup, 2011, S. 90). Nicht bei jedem Schüler werden alle Bausteine von 1–7 gleich intensiv erarbeitet, sondern je nach Bedarf vertieft. Diese Form der Einzelförderung ermöglicht eine sehr intensive, zielgerichtete Zusammenarbeit zwischen Schüler und Berater.

Evaluation und
Weiterentwick-
lung

Fischer-Ontrup (2011) wies in ihren Untersuchungen gute Erfolge des Trainings nach. Sie ging bei der Untersuchung qualitativ vor und analysierte drei Einzelfallstudien auf Basis eines Grounded-Theory-Ansatzes. Fischer-Ontrup (2011, S. 279) fordert in ihrer Schlussbetrachtung, dass der nächste Schritt sein sollte, das MoSt auch in Form eines Gruppentrainings zu erproben, um auch quantitativ die Wirksamkeit des Programmes nachweisen zu können. Dieser Forderung beabsichtigte die Autorin zu entsprechen, indem sie in ihrer Masterarbeit, ebenfalls in Form eines qualitativen

---

28 Eine detaillierte Beschreibung des theoretischen Hintergrundes ist bei Fischer-Ontrup (2011) nachzulesen.

Forschungsvorhabens, untersuchte, ob das MoSt auch bei zeitgleicher Förderung zweier Underachiever positive Effekte bringen kann (Vohrmann, 2012). Die Forschungsfrage konnte positiv beantwortet werden, allerdings unter der Voraussetzung, dass geeignete Rahmenbedingungen für den Beziehungsaufbau zwischen Beratern und Teilnehmern bewirkt werden können. Daraus erwuchs das Vorhaben, das MoSt auf eine größere Zielgruppe und in den schulischen Kontext zu übertragen.

3.6 Quintessenz

Auch das letzte Theoriekapitel wird hier in einer Quintessenz zusammengefasst. Motivation wird als **Bereitschaft** angesehen, sich **intensiv** und **anhaltend** mit einem Gegenstand zu beschäftigen, wobei die **Eigenschaften der Person**, die **Ziele**, **Anforderungen** und **Anreize der Zielerreichung** sowie das **zielbezogene Handeln** (auch bei Schwierigkeiten) ausschlaggebend sind. **Motive** (Anschluss, Leistung und Macht) können als Quellen der Motivation verstanden werden. Diese werden in bewusste und unbewusste Motive unterschieden. Passen bewusste und unbewusste Motivlagen gut zusammen, ist effektives Handeln möglich. Sind bewusste und unbewusste Motivlagen jedoch weit voneinander entfernt, kann sich dies negativ auf das Wohlbefinden auswirken.

Als zentral erweist sich der Aspekt der **Selbststeuerung** – Selbststeuerung als eine Art Steuerzentrale, welche die Selbstregulation und Selbstkontrolle bezogen auf das Treffen von Entscheidungen sowie das Bilden und Umsetzen von Zielen umfasst. Eine ebenfalls wichtige Rolle bezüglich erfolgreicher Handlungsprozesse kommt der **Handlungs- bzw. Lageorientierung** einer Person zu.

Hinsichtlich gelungener Handlungsprozesse spielen **Ziele** und die zugehörige Zielverfolgung im Kontext von **Volition** eine wichtige Rolle. Mit dem Rubikon-Modell der Handlungsphasen nach Heckhausen und Gollwitzer (1987) und dem Handlungssteuerungsmodell nach Kuhl (2001a) lassen sich Handlungsabläufe anschaulich illustrieren, wobei das Handlungssteuerungsmodell besonders die Fähigkeiten zur Selbstmotivierung und Selbstberuhigung herausstellt.

Zur Diagnostik von Motivation und Selbststeuerung können **standardisierte Testverfahren** angewendet werden, auf deren Basis Förderschwerpunkte festgelegt werden können. Aber auch wenn der Förderung von Motivation und Selbststeuerung bei besonders begabten Underachievern aus Sicht der Praktiker eine zentrale Rolle zukommt, gibt es nur wenige evaluierte Förderprogramme für diese Zielgruppe. Die Erweiterung eines bereits bestehenden Förderprogramms, des MoSt, hin zum Einsatz im schulischen Kontext, erscheint aus diesen Gründen notwendig.

Das folgende, vierte Kapitel befasst sich darum – als eine Art Bindeka-
pitel zwischen Theorie- und Empirieteil – mit der Adaption des MoSt vor
dem Hintergrund des geplanten Forschungsvorhabens.

4 Das MoSt in Kleingruppen im schulischen Kontext

Dieses Kapitel thematisiert, als eine Art Bindeglied, Änderungen, die am bestehenden MoSt von Fischer-Ontrup (2011) vorgenommen werden müssen, um es für den Einsatz in Kleingruppen im schulischen Kontext zu adaptieren. Die Anpassungen werden chronologisch (Altersgruppe, Nomination & Gruppeneinteilung, Anamnese, Diagnostik, Inhalte und Abläufe der Einheiten sowie Kosten) Schritt für Schritt vorgestellt.

4.1 Altersgruppe

In den Forschungsarbeiten von Fischer-Ontrup (2011) ist nicht von einer konkreten Altersfestlegung zur Teilnahme am MoSt in der Einzelförderung zu lesen, was durch die Individualität, die eine Einzelförderung ermöglicht, legitimiert wird. Für die Arbeit im schulischen Kontext erscheint eine Festlegung hingegen sinnvoll. Daher wird als Mindestalter zur Teilnahme zehn Jahre festgelegt, besser noch ist allerdings ein erreichtes Alter von zwölf Jahren. Dahinter steht folgende Begründung:

> Zwischen 10 und 12 Jahren kommt es zu einem… Anstieg von metakognitivem Wissen und metakognitiven Fähigkeiten und der damit verbundenen selbstständigen Strategienutzung. Das individuelle Ausmaß dieses Anstieges ist dabei umso ausgeprägter, je höher die Intelligenz des Kindes ist. (Baudson, 2012, S. 77)

Da das MoSt einen sehr hohen Anspruch aufgrund der zu thematisierenden Inhalte hinsichtlich der metakognitiven Fähigkeiten mit sich bringt, soll die Altersfestlegung dafür Sorge tragen, dass keiner der Teilnehmer sich von den Inhalten überfordert fühlt und die Intervention vorzeitig beendet.

4.2 Nomination und Gruppeneinteilung

Der Kontakt zwischen dem ICBF und dem Schüler in der Einzelförderung wird für gewöhnlich über die Familie hergestellt. Aufmerksam auf das MoSt werden die Familien i. d. R. über den Hinweis einer Beratungsstelle, einer Schule, über einen Elternverein oder durch eigenständige Recherchen über das Internet. Dabei findet der erste Kontakt im Rahmen der freitäglichen Telefonsprechstunde statt, wo nach einer kurzen mündlichen Anamnese ein erster Termin vereinbart wird. *Nomination in der Einzelförderung*

Für das MoSt in Kleingruppen im schulischen Kontext muss diese Vorgehensweise geändert werden. Da die Plätze für ein solches Programm begrenzt sind und nicht alle Kinder der Zielgruppe der besonders begabten Underachiever entsprechen, soll nach Möglichkeit eine Vorauswahl der in Frage kommenden Schüler durch ihre unterrichtenden Lehrkräfte erfolgen. Da Lehrerurteile hinsichtlich der Nomination von Schülern mit besonderer *Nomination: Adaption*

Begabung bzw. von Underachievern nicht immer automatisch richtig sind (siehe Kapitel 1.5 und Kapitel 2.5), sollen die Kollegien der entsprechenden Schule vorab über das Förderprogramm und die speziellen Merkmale von Underachievern informiert werden, da dies die Trefferwahrscheinlichkeit erhöht. Um Informationen über das MoSt an möglichst viele Lehrer weiterzugeben und die Gefahr zu umgehen, dass schriftliche Informationen im Schulalltag übersehen werden, sollten sie nach Möglichkeit im Rahmen einer Konferenz des jeweiligen Kollegiums auf direkte, mündliche Weise gegeben werden. Mit Hilfe einer kurzen Präsentation wird zu den Themen besondere Begabung und Underachievement informiert. Im Anschluss daran wird das MoSt mit seinen Grundlagen vorgestellt und ein Handzettel ausgeteilt. Eine erste Information mit der Einladung zu einem Informationsabend wird dann anschließend über die jeweiligen Stufenleiter an die in Frage kommenden Schüler ausgehändigt. Die betreffenden Schüler werden ausdrücklich gemeinsam mit ihren Eltern eingeladen, am Informationsabend teilzunehmen.

Am Informationsabend werden wiederum Grundlagen zu besonderer Begabung, zur Transformation von Begabung in Leistung und das Forschungsvorhaben des Projektes vorgestellt. Daran anschließend wird der Ablauf des MoSt inklusive der einzelnen Projektschritte präsentiert (Überblick siehe Abbildung 12.) Erst im Anschluss daran werden Anmeldeformulare sowie jeweils ein Anamnesebogen für Schüler und Eltern ausgeteilt. Wichtig erscheint an dieser Stelle, dass die Schüler selbstbestimmt entscheiden, am Training teilzunehmen; dadurch wird zugleich ein Trainingsziel, die Förderung der Selbstbestimmung, gefördert.

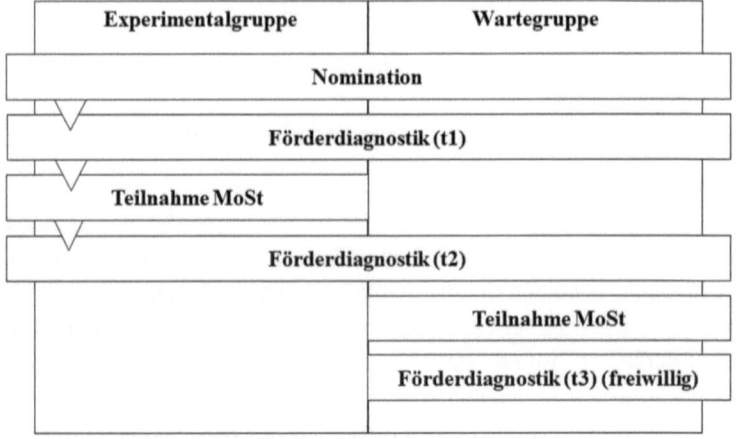

Abbildung 12: Ablauf des MoSt für Experimental- und Wartegruppe (EG und WG)

Gruppen-
einteilung

In der Einzelförderung trainiert ein Berater mit einem Schüler und führt dabei immer wieder Gespräche gemeinsam mit der Familie. Für das MoSt im schulischen Kontext werden die nominierten Schüler in Kleingruppen zu sechs Schülern eingeteilt.

4.3   Anamnese und Diagnostik

Fischer-Ontrup (2011) setzt für das MoSt einen Anamnesebogen ein, der „…möglichst umfassend alle Bereiche [abfragt], die Einfluss auf die Entwicklung von Begabung haben können" (S. 107). Dieser Bogen ist an die Eltern gerichtet. Weiterhin setzt sie einen Test zur Erfassung des Lern- und Arbeitsverhaltens für Schüler der Klassen 5–10 (LAVI) nach Keller und Thiel (1998), einen Fragebogen zur Leistungsmotivation (FLM 4–6; FLM 7–13) nach Petermann und Winkel (2007a; 2007b), einen Anstrengungsvermeidungstest (AVT) nach Rollet und Bartram (1998) sowie eine Entwicklungsorientierte Systemdiagnostik auf Basis der PSI-Theorie nach Kuhl (2001a) ein. Eine Diagnostik der kognitiven Fähigkeiten erfolgt im Rahmen der Einzelförderung nicht, vielmehr verfügen die teilnehmenden Schüler in der Regel bereits über einen Bericht hierüber (durch Dritte).

Anamnese und Diagnostik in der Einzelförderung

Wie bei Fischer-Ontrup (2011) muss auch beim MoSt in Gruppen im schulischen Kontext eine Anamnese stattfinden, um u. a. Förderschwerpunkte erarbeiten zu können. Diese erfolgt über zwei unterschiedliche Fragebögen, von denen der eine an die Eltern und der andere an den Teilnehmer selbst gerichtet ist. Ein solcher Fragebogen an die Schüler wird im MoSt für die Einzelförderung nicht eingesetzt. Für die Umsetzung des MoSt in der Gruppe im schulischen Kontext kommt dieser Bogen für Schüler hingegen hinzu, um die Teilnehmer möglichst selbstbestimmt einzubeziehen (Förderung der Selbstbestimmung). Im Vergleich zum Anamnesebogen im Rahmen der Einzelförderung entfallen Fragen zur Entwicklung, zu Entwicklungsauffälligkeiten sowie zur physischen, kognitiven, emotionalen und sozialen Entwicklung. Auch bereits bestehende Kontakte zu Beratungsstellen sowie detaillierte Befragungen zur (vor-)schulischen Entwicklung werden nicht erhoben. Die Abfrage der Leistungsauffälligkeiten sowie Schulleistungen und Gemütsneigungen findet nur in verkürzter Form statt. Diese Kürzungen werden vorgenommen, um den Aufwand des Ausfüllens möglichst gering zu halten und so eine möglichst hohe Rücklaufquote der Anamnesebögen zu bewirken (Schnell, Hill & Esser, 2014, S. 335–380). In der Einzelförderung ist die vorangestellte Bearbeitung des Anamnesebogens Voraussetzung zur Teilnahme am Training. Beim MoSt in der Gruppe soll ein fehlender Bogen nicht als Ausschlusskriterium gelten, da sonst ggfls. Schüler mit geringer Unterstützung von häuslicher Seite nicht teilnehmen könnten.

Anamnese: Adaption

An die Schüler werden im Vergleich zum Anamnesebogen der Einzelförderung zusätzlich die Fragen *Welche Fremdsprachen lernst du? Was sind deine Lieblingsfächer? Welche Fächer magst du nicht so gerne? Was gelingt dir in der Schule schon gut? Was möchtest du mit Blick auf die Schule verbessern? Was interessiert dich in der Schule besonders? Gibt es*

Besonderheiten zur Familiensituation, die du uns mitteilen möchtest? Welche Themen interessieren oder faszinieren dich besonders? und *Welche Erwartungen/Wünsche/Hoffnungen hast du, wenn du über das Motivations- und Selbststeuerungstraining nachdenkst?* hinzugefügt. Zusätzlich müssen Angaben zum letzten Zeugnis gemacht werden. Die adaptierten Anamnesebögen sind im Anhang (siehe A4, S. 221) einzusehen.

Diagnostik:
Adaption

Auch hinsichtlich der Diagnostik sind Veränderungen im Vergleich zur Einzelförderung erforderlich. Die teilnehmenden Schüler haben in der Regel noch keinen Test zur Erhebung ihrer kognitiven Fähigkeiten absolviert. Da zur Operationalisierung von Underachievement aus forschungsmethodischen Gründen allerdings ein Bezug zwischen kognitiven Fähigkeiten und Schulleistung hergestellt werden soll, muss der IQ erhoben werden. Aus diesem Grund wird zunächst ein Intelligenztest für Gruppen durchgeführt, auch wenn Einzeltestungen verlässlichere, detaillierte Ergebnisse erzielen könnten (siehe Kapitel 1.5). Aus Gründen der eingeschränkten Ressourcen ist eine Einzeldiagnostik jedoch ausgeschlossen. Der Einsatz eines Gruppenintelligenztests scheint nach der Kosten-Nutzen-Rechnung akzeptabel. Auf den Einsatz des LAVI, des AVT und des FLM wird verzichtet, da der LAVI und der AVT älter als 14 Jahre sind und keine Neu-Normierung vorgenommen wurde und der FLM in seiner Konstruktion Unstimmigkeiten aufweist (Rost & Bachmann, 2010). Der Einsatz der EOS-Potenzialanalyse, wie Fischer-Ontrup (2011) sie in der Einzelförderung einsetzt, kostet 120€. Diese Kosten sind zu hoch für ein schulisches Projekt, so dass die Potenzialanalyse in der Form nicht übernommen werden kann. Es existiert jedoch eine verkürzte, kostengünstigere Form dieser Potenzialanalyse. Die ausführliche Beschreibung dieser Testinstrumente ist unter der Instrumentenbeschreibung (Kapitel 5.5) zu finden.

4.4   Inhalt und Ablauf der Einheiten

Standardisierter
Ablauf:
Bausteine

Im Einzeltraining kann der Berater flexibel auf die bestehenden Trainingsbausteine zurückgreifen und je nach Bedarf einzelne Elemente vorziehen/hintenanstellen. Die Terminabsprache findet zwischen der Familie und dem Berater individuell statt. Eine solche flexible Gestaltung ist in die Arbeit in Kleingruppen nicht möglich. Für das Gruppentraining müssen die Trainingsinhalte der Einzelförderung in einen festen Ablauf umgewandelt werden. Sinnvoll erscheint folgender Ablauf:

1 Anfangsgespräch,
2 Trainingseinheit 1: Kennenlernen und Handlungssteuerung,
3 Trainingseinheit 2: Ziele und Motive,
4 Trainingseinheit 3: Selbstmotivierung,
5 Trainingseinheit 4: Selbstberuhigung,
6 Trainingseinheit 5: Selbstbestimmung & Bewährtes sichern,
7 Abschlussgespräch.

Das Anfangs- und Abschlussgespräch soll gemeinsam mit dem Schüler und mindestens einem, besser noch beiden Elternteilen stattfinden. Das Ziel des Anfangsgesprächs ist es zunächst einmal, den Schüler kennenzulernen. Daneben werden auch seine spezifischen Erwartungen und die seiner Familienangehörigen erfragt und es wird der erste Teil der Potenzialanalyse vorgestellt. Je Gespräch werden 20–30 min eingeplant. Bei den Abschlussgesprächen wird gemeinsam der Trainingsverlauf aus den unterschiedlichen Perspektiven (Schüler, Eltern, Trainer) reflektiert, ein Vergleich der Vor- und Nachtestung angestellt und eine Rückmeldung zum Training eingeholt. Bezogen auf das Einzeltraining entspricht dieser Baustein der Anamnese und Förderdiagnostik vor Beginn und nach Abschluss. *(Randnotiz: Standardisierter Ablauf: Anfangs- und Abschlussgespräch)*

In der Einzelförderung können Termine passend zum Zeitplan des Schülers und seiner Familie vereinbart werden. Das ist für das Gruppentraining nicht möglich. Die einzelnen Trainingseinheiten sollen zwar in der Schule, nicht aber während des Unterrichtes stattfinden. Diese Entscheidung wird getroffen, um die teilnehmenden Schüler nicht noch mehr Schulzeit versäumen zu lassen. Ein zusätzliches Versäumen von Unterrichtszeit von Schülern, die bereits Schwierigkeiten in der Schule aufweisen, führt erfahrungsgemäß bei den unterrichtenden Lehrkräften zu negativen Reaktionen.[29] Aus diesem Grund wird die Trainingszeit je nach Schule und entsprechendem Stundenplan auf die 7./8./9. Stunde gelegt, auch wenn dies gegebenenfalls Gefahren hinsichtlich der Konzentrationsfähigkeit und Motivation mit sich bringt. Die Dauer einer Trainingseinheit wird auf 1.5 Stunden festgelegt. Die Trainingseinheiten sollen im Abstand von ca. zwei Wochen stattfinden (durch Ferien/Feiertage sind Verschiebungen möglich). Auf diese Weise erstreckt sich die Intervention im ersten Durchgang über einen Zeitraum von vor den Herbstferien (Diagnostik) bis zum Halbjahreszeugnis (Abschlussgespräche). Der zweite Durchgang findet vom Halbjahr bis zum Schuljahresende statt. *(Randnotiz: Standardisierter Ablauf: Zeiten)*

Die Materialien für die Einzelförderung stellt Fischer-Ontrup (2011) als Open-Source zur Verfügung. Dieses Angebot wird angenommen und die bestehenden Arbeitsmaterialien werden adaptiert. Dabei werden folgende Veränderungen zur Anpassung an die Arbeit in Gruppen vorgenommen: *(Randnotiz: Materialien)*

Allgemeine Angelegenheiten

◊ Zu Beginn jeder Sitzung wird ein Blatt an die Schüler mit der Auflistung **„Das erwartet dich heute**…" verteilt, um das Ziel der Trainingseinheit transparent zu gestalten und inhaltliche Klarheit herzustellen (Meyer, 2014, S. 25–38).

---

29 Eine Ausnahme bildet die Durchführung des MoSt an einer Gesamtschule in Münster. Hier wurde im Schuljahr 2013/14 in Absprache mit der Schulleitung die Durchführung im Rahmen der sogenannten Lernbüro-Stunden durchgeführt, in denen alle Schüler individuell arbeiten und ihre Stammgruppe verlassen.

◊   Weiterhin wird zu Beginn jeder Sitzung ein sogenanntes **Blitz-licht** durchgeführt. Dies wird mit Hilfe einer vorab spontan aus-gewählten Motivkarte (Weidenmann & Weidenmann, 2013) und den folgenden Impulsfragen strukturiert: *1. Wie geht es dir auf ei-ner Skala von 1 bis 10 (1 = sehr schlecht; 10 = sehr gut)? 2. Ist etwas seit unserem letzten Treffen passiert, was dich gefreut hat? 3. Ist etwas seit unserem letzten Treffen passiert, was dich geär-gert hat?* Diese Fragen und besonders die subjektiven Skalen eig-nen sich dazu, Gefühlszustände und Veränderungen aufzuzeigen (Shazer, 2004, S. 179).

◊   Jede Einheit endet damit, dass die Schüler gebeten werden, einen **Rückmeldebogen** (siehe Anhang A4, S. 221) auszufüllen. Dies geschieht aus zweierlei Gründen: Zum einen sollen die teilneh-menden Schüler in ihren Meinungen und Ideen zur (Weiter-)Ent-wicklung des MoSt hinsichtlich einer summativen Evaluation bei-tragen und zum anderen sollen die Schüler dadurch das Gefühl erhalten, ernstgenommen zu werden.

◊   Nach Abschluss des MoSt werden die Schüler nach ca. drei Mo-naten zu einem **Folgetreffen** eingeladen. Dies soll den Transfer in den Alltag erleichtern und erarbeitete Inhalte auffrischen.

◊   Die Inhalte der fünf Trainingseinheiten werden wie folgt festge-legt.

Abbildung 13: Beispiel eines *Alltagsmonsters*

Trainingseinheit 1: Handlungssteuerung

◊   Zu Beginn der ersten Trainingseinheit wird eine Vorstellungs-runde anhand verschiedener **Impulsfragen** angeleitet (z. B. *Am* *liebsten esse ich…* oder *Mein ungewöhnlichstes Ereignis bei einem Unwetter war…*) (Inspiration z. B. Kylskapspoesi, o. J.)

◊ Anschließend werden die Schüler aufgefordert, ein sogenanntes **Alltagsmonster** zu benennen. Ein Alltagsmonster in dem Sinne, dass es bei alltäglichen Aufgaben im Weg steht und behindert. Um dies bildhaft anzugehen, werden den Schülern insgesamt zehn, von einer Künstlerin angefertigte, verschiedene Monster mit leerem Steckbrief und ein Steckbrief ohne vorgegebenes Monster zur Auswahl gegeben (siehe Abbildung 13). Die ausgefüllten Steckbriefe dienen als Gesprächsanlass, zum gegenseitigen Kennenlernen und in folgenden Trainingseinheiten zur Zielfindung.

◊ Die vier Arbeitsblätter aus der Einzelförderung zum **Handlungssteuerungsmodell** (Fischer-Ontrup, 2011 Anhang, S. 3–6) werden auf ein Arbeitsblatt mit einem farbigen Modell reduziert (siehe Abbildung 14).

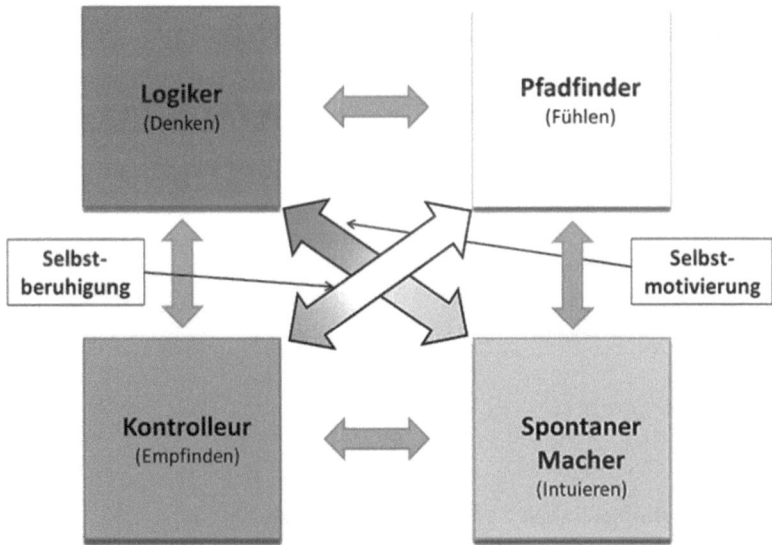

Abbildung 14: Adaptiertes Handlungssteuerungsmodell

Trainingseinheit 2: Ziele und Motive

◊ In der zweiten Trainingseinheit werden **Motive** und **Ziele** mit Hilfe eines aus der Einzelförderung angepassten Arbeitsblattes eingeführt, um anschließend mit den Schülern ihre eigene Motivlage (bewusst und unbewusst) zu besprechen. Hier wird nicht auf die von der Testfirma Impart zur Verfügung gestellte Grafik zurückgegriffen, sondern die Schüler zeichnen eigene Grafiken, auf der Grundlage der durch den Berater zur Verfügung gestellten Testwerte (Zeichenvorlage siehe Abbildung 15). Auf diese Weise sollen die Schüler einen bildhaften Umgang mit Testwerten erhalten.

◊ Im zweiten Teil erarbeiten sich die Schüler unter Hilfestellung der Mitschüler und des Beraters ein eigenes Ziel für einen selbst festgelegten Zeitraum. Um die Qualität der Ziele und ihre Formulierung zu überprüfen, stellen alle Schüler ihr jeweiliges Ziel in der Gruppe vor und geben sich gegenseitig Hinweise, sollten die geplanten Schritte Gefahren/Schwierigkeiten mit sich bringen können.

◊ Abschließend wird ein **Logbuch** zur Zielüberwachung in ähnlicher Form, wie es auch in der Einzelförderung eingesetzt wird, verteilt.

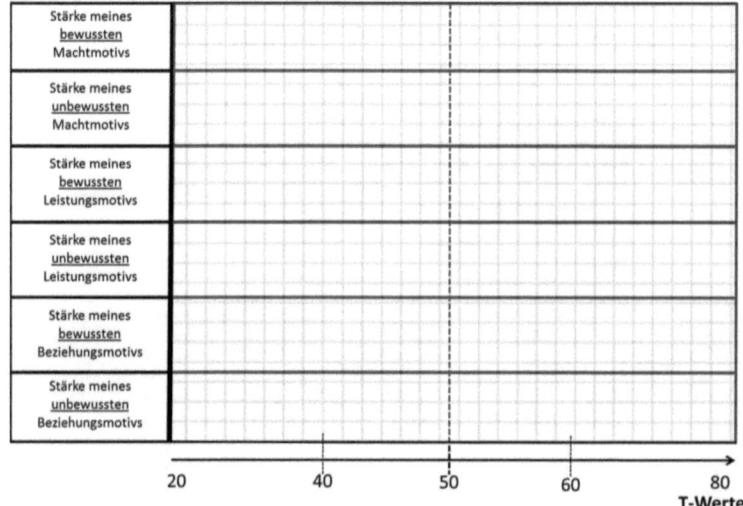

Abbildung 15: Zeichenvorlage für bewusste und unbewusste Motivlagen

Trainingseinheit 3: Selbstmotivierung

◊ In der dritten Trainingseinheit werden die Schüler zunächst gebeten, ihre Entwicklung bezüglich des selbstgesetzten Zieles mit Hilfe von Leitfragen zu reflektieren. In einer kurzen Blitzlichtrunde stellt anschließend jeder seinen Fortschritt vor.

◊ Um den Schülern ein individuelles Arbeiten zu ermöglichen, werden die Inhalte (**Definition von Selbstmotivierung, Herstellen positiver Fantasien/Energien, Erinnerungshilfen**) in Form des Stationenlernens mit selbstbestimmter Reihenfolge erarbeitet.

◊ Zusätzlich wird eine Station eingerichtet, an welcher die Schüler das **Stroop-Experiment** (Stroop, 1935) am Computer durchführen und so die Wirkung von positiven Energien auf die Handlungsausführung selbst erleben können (siehe Abbildung 16). Die

Aufgabenstellung beim Stroop-Experiment lautet, möglichst schnell die Farbe, in der das Wort geschrieben ist, zu benennen (und nicht das Wort vorzulesen). Das erste schnelle Vorlesen geschieht aus dem Stegreif. Beim zweiten Ausprobieren führen die Schüler sich die Erfüllung ihres gesetzten Zieles vor Augen, motivieren sich auf diese Art selbst und können als Folge dessen die Farben der Wörter deutlich schneller benennen.

◊ Abschließend setzen sich die Teilnehmer erneut ein Ziel, bzw. verändern das bestehende, welches sie verfolgen wollen.

Abbildung 16: Beispiel Stroop-Experiment, Farbwörter jeweils zufällig in den Farben lila, grün, gelb, orange, blau und rot geschrieben.

Trainingseinheit 4: Selbstberuhigung

◊ Genau wie in der dritten Trainingseinheit wird das selbstbestimmte Ziel zu Beginn reflektiert und zum Abschluss ein neues erarbeitet.

◊ Und auch die vierte Trainingseinheit beinhaltet ein Stationenlernen, wobei hier verschiedene **Entspannungs- und Konzentrationsübungen** (Konrad & Wagner, 1999; Hesse, 2002) von den Schülern individuell erarbeitet werden. Nur eine Anleitung zur **progressiven Muskelentspannung** erfolgt in der Gruppe (Reeker-Lange, Aden & Seyffert, 2010; AOK Rheinland/Hamburg, o. J.)

Trainingseinheit 5: Selbstbestimmung & Bewährtes sichern

◊ In der letzten Trainingseinheit werden nach der Zielreflexion mit Hilfe der Materialien aus der Einzelförderung eine **Erfolgs-Mindmap** erstellt sowie eigene **Stärken und Talente** notiert.

Die Trainingseinheiten in der Gruppe schließen mit einer Reflexion der vergangenen Monate ab. Diese kann entweder leitfragengestützt in Form einer Lernlandkarte oder mit Hilfe eines schriftlichen Fragebogens erfolgen – je nach individueller Präferenz.

4.5 Kosten

Bei der Teilnahme am MoSt in der Einzelförderung werden den teilnehmenden Familien Kosten für die Diagnostik (einmalig), Beratung und Förderung vor Ort (stundenweise) in Rechnung gestellt. Da das MoSt im schulischen Kontext zum einen für alle Schüler geöffnet sein soll, aber zum anderen gilt, „Was nichts kostet, ist auch nichts wert", werden den Familien die Test- und Materialkosten in Rechnung gestellt werden. Dies summiert sich auf einen Betrag von 50 € zzgl. Mehrwertsteuer für einen teilnehmenden Schüler. Sollte der Betrag nicht von der Familie (gänzlich) finanziert werden können, ist es möglich, auf Gelder Dritter (z. B. Stadt oder Förderverein) zurückzugreifen.

Im nächsten Schritt kann nun die Untersuchungsplanung aus forschungsmethodischer Sicht vorgenommen werden.

5 Methoden

5.1 Untersuchungsplanung

Die vorliegende Arbeit soll überprüfen, ob das bestehende Motivations- und Selbststeuerungstraining aus der Einzelförderung von Fischer-Ontrup (2011) auf den schulischen Kontext zur Arbeit in Kleingruppen übertragbar ist und nach der Adaption positive Effekte erzielt. Im Rahmen dieser Studie soll dabei vor allem geklärt werden, welche Wirkung die Maßnahme auf die Selbststeuerungsfähigkeiten der teilnehmenden Schüler hat. Die Anlage weist demnach sowohl einen **interventiven** und als auch einen **evaluativen** Ansatz auf.

Zielsetzung & Anlage

Klassischerweise wird in der Literatur zwischen Interventions- und Evaluationsforschung unterschieden (Mittag & Bieg, 2010, S. 31). Interventionsmaßnahmen zielen darauf ab, aufgetretene Probleme oder Störungen zu beseitigen oder zumindest eine Besserung zu erzielen (Berger & Schneider, 2011, S. 16). Im Bereich pädagogischer Interventionsmaßnahmen ist eine Unterscheidung zwischen diesen beiden Disziplinen nach Mittag und Bieg (2010) kaum aufrechtzuerhalten, da Entwicklung, Implementation und Evaluation meist in einer Hand liegen (S. 31). Mittag und Bieg (2010) fordern darum, pädagogische Interventionsforschung

Evaluations- und Interventionsforschung

> ... als einen umfassenden Prozess im zeitlichen Verlauf zu verstehen, bei dem sowohl die Entwicklung und Konzeption pädagogischer Interventionen als auch ihre Umsetzung und Implementation sowie die Wirksamkeit der Interventionsmaßnahme mit empirischen wissenschaftlichen Methoden zu bewerten [ist]. (S. 31)

Die Kombination aus Praxisbezug und methodischem Anspruch stellt für die pädagogische Interventionsforschung eine besondere Herausforderung dar (Souvignier & Dignath-von Ewijk, 2010, S. 27).

Im Rahmen dieser Arbeit wird angestrebt, Perspektiven aus der Evaluationsforschung und der pädagogischen Interventionsforschung zu verbinden. Der erste Schritt besteht darin, die zur Untersuchungsplanung von Bortz und Döring (2006) aufgestellten Planungsfragen zu thematisieren, um diese im Sinne intersubjektiver Nachvollziehbarkeit als Kriterium der Wissenschaftlichkeit transparent zu machen.

Die Wirksamkeit der Interventionsstudie soll vornehmlich **summativ** erfolgen, also nachdem die Maßnahme abgeschlossen ist. Zusätzlich soll zeitgleich zur Intervention eine kleine formative Evaluation des Programms insofern ablaufen, als die Schüler im Rahmen jeder Sitzung zu einer Beurteilung der Trainingseinheit über einen Rückmeldebogen aufgefordert werden. Die Antworten auf die offenen Fragen können dann auch qualitativ ausgewertet werden.

Wahl der Untersuchungsart: summative vs. formative Evaluation

Evaluation von
Interventionen
durch Hypo-
thesenprüfung

Nach Bortz und Döring (2006) sind summative Evaluationsstudien Evaluationen durch **Hypothesenprüfung**. Sie erfordern also die Aufstellung von Hypothesen sowie das Bemühen um ein adäquates Untersuchungsdesign unter besonderer Berücksichtigung des 4. Qualitätsstandards der Gesellschaft für Evaluation e.V. (DeGEval), der Genauigkeit (Hypothesen, siehe Kapitel 5.2; Evaluationsstandards siehe Kapitel 5.4).

Stichprobenart

Die Stichprobenauswahl erfolgt nicht nach einem statistischen Zufallsverfahren, vielmehr werden Lehrer aufgefordert, geeignete Schüler für eine Teilnahme vorzuschlagen (siehe Kapitel 4.2). Es handelt sich also um eine Gelegenheitsstichprobe (auch Ad-hoc oder anfallende Stichprobe) (Döring & Bortz, 2016, S. 306). Dies grenzt die generelle Aussagekraft der Studie ein.

Kontrolle

Zur Überprüfung von Effekten im Rahmen von Evaluationsstudien ist neben der Experimentalgruppe eine **Kontrollgruppe** unabdingbar (Bortz & Döring, 2006, S. 113). Für Maßnahmen im schulischen Kontext werden sogar nicht nur Kontroll- sondern Vergleichsgruppen gefordert, um programmunspezifische Veränderungen valide abschätzen zu können (Mittag & Bieg, 2010, S. 42).[30] Das harmoniert nicht mit dem 2. Standard der Deutschen Gesellschaft für Evaluation, der Durchführbarkeit. Für die Planung eines Projektes im schulischen Kontext bringt die Forderung nach einer Kontroll- und/oder Vergleichsgruppe Schwierigkeiten mit sich. Das alleinige Teilnehmen von Schülern an Testungen ohne anschließende Fördermaßnahme widerspricht ethischen Grundlagen (Kontrollgruppe); ebenso die Teilnahme an einer Intervention, welche nicht die eigentlichen Schwierigkeiten behandelt (Vergleichsgruppe).[31] Weiterhin bringt diese Forderung nach Kontroll- und Vergleichsgruppe Probleme mit sich, da der Einsatz von Testungen nicht nur organisatorischen Aufwand, sondern auch zusätzlich Kosten mit sich bringt. Ein Mittelweg scheint die Einrichtung einer Wartegruppe zu sein. Das bedeutet, dass ausgewählte Schüler die Vor- und Nachtestung zu den gleichen Testzeitpunkten wie die Experimentalgruppe absolvieren. Nach Abschluss des Experimentalgruppentrainings nehmen die Schüler der Wartegruppe am gleichen Trainingsprogramm wie die Schüler der Experimentalgruppe teil. Dies ist zwar für die Forschung in

---

30 Mittag und Bieg (2010) verstehen unter einer Vergleichsgruppe, eine Gruppe die mit „…Interventionsmaßnahmen, die jedoch nicht die gleichen, sondern andere Ziele verfolgt" (S. 42). Oft wird eine solche Vergleichsgruppe als auch Placebo-Gruppe bezeichnet (z.B. Döring & Bortz, 2016).

31 Die Deutsche Gesellschaft für Erziehungswissenschaft (DGfE) (2010) fordert für jede wissenschaftliche Erkenntnis oder Lösung eine ethische Reflexion ihres Wertes und ihrer Folgewirkungen. Der Kodex umfasst Richtlinien zur Forschung (§1), zu Publikationen (§2) zu Rechten von Probanden (§3) sowie zum Umgang mit Kollegen, Mitarbeitern, Studierenden und Praxispartnern (§4). Die Forderungen werden in der vorliegenden Arbeit berücksichtigt.

erster Linie irrelevant, aber nur auf diese Weise erscheint es der Autorin ein faires Vorgehen zu sein.

Hinsichtlich der Einteilung der Stichprobe von Experimental- und War-tegruppe wird zwischen einer Randomisierung und einer natürlichen Grup-peneinteilung unterschieden (Bortz & Döring, 2006, S. 54). Bei der vorlie-genden Studie soll eine Randomisierung angestrebt werden. Um die Ak-zeptanz der Beteiligten bezüglich der Einteilung zu erhöhen, soll zu diesem Zweck den potenziellen Teilnehmern das Forschungsdesign im Rahmen des Informationsabends erklärt werden. Einschränkungen müssen jedoch hinsichtlich der Randomisierung gemacht werden, wenn z. B. bestehende (schulische) Termine eine Teilnahme nur im ersten oder zweiten Halbjahr erlauben. Auch gibt es Einschränkungen dahingehend, dass nicht sicherge-stellt werden kann, dass Teilnehmer aus der Wartegruppe nicht an alterna-tiven Förderprogrammen teilnehmen.

Randomisierung

Durch die Randomisierung wird die Untersuchung zu einer **experimen-tellen Untersuchung**. Das ist insofern günstig, da „... experimentelle Un-tersuchungen... eine höhere interne Validität als quasiexperimentelle Un-tersuchungen [haben]" (Bortz & Döring, 2006, S. 56).

Experimentelle vs. quasi-experimentelle Untersuchung

Zusammengefasst handelt es sich bei der geplanten Untersuchung also um eine **experimentelle, vornehmlich summative Evaluation einer pä-dagogischen Interventionsmaßnahme durch Hypothesenprüfung mit Wartegruppe**.

Zusammen-fassung der Planungsfragen

Im nächsten Schritt werden Forschungsfragen konkretisiert und Hypo-thesen aufgestellt.

5.2 Forschungsfragen und Hypothesen

Im Folgenden werden konkrete Forschungsfragen und Hypothesen für die Untersuchung der Trainingswirkung (summativ) hergeleitet. In einem wei-teren Teilkapitel wird knapp die formative Evaluation der Studie beschrie-ben.

5.2.1 Summative Evaluation

Die Hauptuntersuchungsfrage dieser Arbeit lautet:

> *F1:   Welche Wirkung erzielt ein Motivations- und Selbststeue-rungstraining für besonders begabte Underachiever, wenn es in Kleingruppen im schulischen Kontext durchgeführt wird?*

Das Trainingsprogramm MoSt setzt primär bei den Selbststeuerungsfähig-keiten der teilnehmenden Schüler an (siehe Kapitel 4). Es ist darum zu ver-muten, dass Entwicklungen in diesem Bereich zu erkennen sind. Es lässt sich das erste Hypothesenpaar ableiten:

1   H_1 Die Interventionsmaßnahme MoSt in Kleingruppen im
schulischen Kontext führt zu einer verbesserten Einschätzung
der **Selbststeuerung.**

H_0 Die Interventionsmaßnahme MoSt in Kleingruppen im
schulischen Kontext führt nicht zu einer verbesserten Einschätzung der **Selbststeuerung**.

Konkret behandelt das MoSt Strategien zur Selbstmotivierung, zur Selbstberuhigung, zur Selbstbestimmung und ferner zur Handlungsorientierung
(prospektiv und nach Misserfolg). Entwicklungen sollten sich darum in all
diesen Bereichen bemerkbar machen. Die thematischen Trainingsschwer-
punkte führen zur Aufstellung folgender Subhypothesen:

1.1 H_1 Die Interventionsmaßnahme MoSt in Kleingruppen im
schulischen Kontext führt zu einer verbesserten Einschätzung
der **prospektiven Handlungsorientierung.**

H_0 Die Interventionsmaßnahme MoSt in Kleingruppen im
schulischen Kontext führt nicht zu einer verbesserten Einschätzung der **prospektiven Handlungsorientierung**.

1.2 H_1 Die Interventionsmaßnahme MoSt in Kleingruppen im
schulischen Kontext führt zu einer verbesserten Einschätzung
der **Handlungsorientierung nach Misserfolg.**

H_0 Die Interventionsmaßnahme MoSt in Kleingruppen im
schulischen Kontext führt nicht zu einer verbesserten Einschätzung der **Handlungsorientierung nach Misserfolg**.

1.3 H_1 Die Interventionsmaßnahme MoSt in Kleingruppen im schulischen Kontext führt zu einer verbesserten Einschätzung der
Selbstberuhigung.

H_0 Die Interventionsmaßnahme MoSt in Kleingruppen im
schulischen Kontext führt nicht zu einer verbesserten Einschätzung der **Selbstberuhigung**.

1.4 H_1 Die Interventionsmaßnahme MoSt in Kleingruppen im
schulischen Kontext führt zu einer verbesserten Einschätzung
der **Selbstmotivierung.**

H_0 Die Interventionsmaßnahme MoSt in Kleingruppen im
schulischen Kontext führt nicht zu einer verbesserten Einschätzung der **Selbstmotivierung**.

1.5 H_1 Die Interventionsmaßnahme MoSt in Kleingruppen im
schulischen Kontext führt zu einer verbesserten Einschätzung
der **Selbstbestimmung.**

H_0 Die Interventionsmaßnahme MoSt in Kleingruppen im
schulischen Kontext führt nicht zu einer verbesserten Einschätzung der **Selbstbestimmung**.

Schulschwierigkeiten können zur Steigerung der empfundenen Belastung und Bedrohung führen. Eine erfolgreiche Intervention sollte darum langfristig dazu führen, dass empfundene Belastung und Bedrohung sinken, bzw. die Selbststeuerungsfähigkeiten stark genug zum Umgang mit der empfundenen Belastung und Bedrohung trainiert werden. Es soll darum mit dem folgenden Hypothesenpaar untersucht werden, ob, und wenn ja wie sich die Teilnahme an der Intervention MoSt auf die empfundene Belastung und Bedrohung auswirkt:

> 2 H_1 Die Interventionsmaßnahme MoSt in Kleingruppen im schulischen Kontext führt zu einer Verringerung der **empfundenen Belastung und Bedrohung**.
>
> H_0 Die Interventionsmaßnahme MoSt in Kleingruppen im schulischen Kontext führt nicht zu einer Verringerung der **empfundenen Belastung und Bedrohung**.

Neben den konkreten Strategien zur Selbststeuerung thematisiert das MoSt Theorien zu unbewussten und bewussten Motiven. Da davon ausgegangen wird, dass unbewusste Motivlagen stabil sind (siehe Kapitel 3.2.1), werden nur Veränderungen hinsichtlich der bewussten Motivlagen untersucht. Es ist von Interesse, ob diese thematische Auseinandersetzung in der 2. Trainingseinheit sowie die Durchführung der Interventionsmaßnahme an sich zu einer Veränderung in der expliziten Motivlage führen. Daraus ergeben sich folgende Hypothesenpaare:[32]

> 3.1 H_1 Die Interventionsmaßnahme MoSt in Kleingruppen im schulischen Kontext hat Einfluss auf das **bewusste Anschlussmotiv**.
>
> H_0 Die Interventionsmaßnahme MoSt in Kleingruppen im schulischen Kontext hat keinen Einfluss auf das **bewusste Anschlussmotiv**.
>
> 3.2 H_1 Die Interventionsmaßnahme MoSt in Kleingruppen im schulischen Kontext hat Einfluss auf das **bewusste Leistungsmotiv**.
>
> H_0 Die Interventionsmaßnahme MoSt in Kleingruppen im schulischen Kontext hat keinen Einfluss auf das **bewusste Leistungsmotiv**.
>
> 3.3 H_1 Die Interventionsmaßnahme MoSt in Kleingruppen im schulischen Kontext hat Einfluss auf das **bewusste Machtmotiv**.

---

32   Auf die Aufstellung einer allgemeinen Hypothese zum Einfluss der Interventionsmaßnahme MoSt in Kleingruppen auf die bewussten Motivlagen, welche einer Stringenz folgend erforderlich wäre, wird an dieser Stelle verzichtet. Eine Hypothese dieser Form *3) H_1 Die Interventionsmaßnahme MoSt in Kleingruppen im schulischen Kontext hat Einfluss auf die bewussten Motivlagen* könnte zwar aufgestellt, aber nicht sachlogisch begründet und geprüft werden, da es vor dem theoretischen Hintergrund dieser Arbeit nicht sinnvoll erscheint, eine neue Variable aus bewussten Anschluss-, Leistungs- und Machtmotiv zu mitteln und Veränderungen dieser von Messzeitpunkt t1 zu t2 zu berechnen.

H_0 Die Interventionsmaßnahme MoSt in Kleingruppen im schulischen Kontext hat keinen Einfluss auf das **bewusste Machtmotiv**.

Langfristig soll die Interventionsmaßnahme ein Underachievement beheben. Da das Konstrukt des Underachievements auf einer negativen Diskrepanz zwischen Intelligenz und Schulleistung basiert, sollte folglich das Ziel
einer Fördermaßnahme für Underachiever lauten, diese Diskrepanz zu verringern. Auf Grundlage der bereits im Theorieteil thematisierten Schwierigkeiten bei Bestimmung von Underachievement über Schulnoten (siehe
Kapitel 2.5), bringt dies Herausforderungen mit sich. Zudem sind große
Effekte bei einer so kurzzeitig angelegten Intervention auf die Schulnoten
kaum zu erwarten, da sich die eigentliche Leistung erst im langfristigen
Vergleich zeigt. Trotzdem soll ein Vor- Nachtest-Vergleich mögliche Veränderungen der Schulleistung aufzeigen. Die dazugehörigen Hypothesen
sollen lauten:

4 H_1 Die Interventionsmaßnahme MoSt in Kleingruppen im
schulischen Kontext führt zu einer **Verbesserung der Schulleistung**.

H_0 Die Interventionsmaßnahme MoSt in Kleingruppen im
schulischen Kontext führt zu keiner **Verbesserung der Schulleistung**.

Die Hypothesenpaare 1–4 beziehen sich auf allgemeine Effekte der teilnehmenden Schüler am MoSt. Da die Stichprobe durch Lehrernomination zusammengestellt wird, kann nicht davon ausgegangen werden, dass alle nominierten Schüler besonders begabte Underachiever sind. Aus forschungs-
ethischen Gründen (siehe Ethikrichtlinien, S. 90) sollen aber keine Schüler,
die ausgewählt wurden und an der Diagnostik teilgenommen und dabei die
gesetzten Schwellenwerte (für besondere Begabung IQ ≥ 115; für ein Underachievement eine negative Standardabweichung zwischen Intelligenz
und Schulleistung) nicht erreicht haben, von der Teilnahme ausgeschlossen
werden. Dadurch ergibt sich aus forschungsmethodischer Sicht die Möglichkeit, die Experimentalgruppe in zweifacher Weise differenziert zu betrachten. Und zwar insofern differenziert, als untersucht werden kann, ob
in den vorliegenden Daten Unterschiede zwischen Schülern mit besonderer
Begabung im Vergleich zu Schülern mit durchschnittlicher Begabung bzw.
im Vergleich von Underachievern und Achievern hinsichtlich der Entwicklung vom ersten zum zweiten Messzeitpunkt sichtbar werden. Daran anschließend ergibt sich die Frage, ob das MoSt im Vergleich für eine der
Schülergruppen stärkere Effekte zeigt. Die Vermutung, dass die Intervention bei besonders begabten Schülern stärkere Effekte zeigen sollte, lässt
sich mit den stärker ausgeprägten metakognitiven Fähigkeiten besonders
begabter Schüler begründen. Die Vermutung, dass die Intervention bei Un-

derachievern stärkere Effekte als bei Achievern zeigen wird, wird hinsichtlich des höheren Bedrohungs-und Belastungsempfindens bei Underachievern auf Basis der aktuellen Schulsituation vermutet.

Daraus ergeben sich diese beiden weiteren Fragestellungen:

> *F2: Erzielt das MoSt größere Effekte bei besonders begabten*
> *Schülern als bei durchschnittlich begabten Schülern?*

> *F3: Erzielt das MoSt größere Effekte bei Underachievern als*
> *bei Achievern?*

Diese Fragestellungen sollen die Basis zur Untersuchung der Entwicklung
der an der Intervention teilnehmenden Schüler bilden. Zusätzlich soll die
Interventionsmaßnahme formativ ausgewertet werden.

5.2.2 Formative Evaluation

Neben der Untersuchung der summativen Ergebnisse im Prä-Post-Test-
Vergleich erscheint die Untersuchung der subjektiven Beurteilung des
MoSt in Kleingruppen durch die teilnehmenden Schüler von Bedeutung.
Es soll folgende Forschungsfrage beleuchtet werden:

> *F4: Wie beurteilen die teilnehmenden Schüler die Interventions-*
> *maßnahme MoSt in Kleingruppen?*

Um die Resonanz des MoSt in Kleingruppen bei den Schülern zu erheben,
werden jeweils Rückmeldebögen zum Abschluss der einzelnen Trainingseinheiten eingesetzt (siehe S. 84 und Kapitel 5.5.5). Es ist hierbei nicht nur
die generelle Zufriedenheit mit dem MoSt, sondern vielmehr auch die Beurteilung der einzelnen Trainingseinheiten sowie einzelner Teilbereiche
(Lerngruppe, Betreuer, Aktivitäten) von Interesse. Auf diese Weise können
zum einen über gezielte Rückmeldungen kleine Änderungen, z.B. die Gestaltung der Aktivitäten, oder aber zum anderen generelle Änderungen für
weitere Projektdurchgänge, z.B. hinsichtlich der Gruppengröße, initiiert
werden. Vor diesem Hintergrund erscheint eine Mischung von Skalen- sowie offenen Fragen in Form eines Rückmeldebogen sinnvoll. Die Skalenfragen können deskriptiv ausgewertet und die offenen Fragen mit Hilfe eines qualitativen Kategoriensystems zusammengefasst werden.

Weiterhin ist es durch die Rückmeldungen der teilnehmenden Schüler
möglich, Ergebnisse der summativen Evaluation im Diskussionsteil dieser
Arbeit in Relation zu setzen. Es sollte spannend zu untersuchen sein, ob
sich signifikante Veränderungen der Berechnungen auch in den qualitativen Äußerungen der teilnehmenden Schüler widerspiegeln. Es könnte mit
Hilfe der qualitativen Auswertung möglich sein, unerwartete statistische
Veränderungen zu begründen.

5.3 Signifikanzniveaus, Teststärke, zu erwartende Effekte und optimaler Stichprobenumfang

Signifikanz-
niveau: α=0.05

Teststärke:
1-β=.80

Zu erwartender
Effekt

Effektgröße

Vor der Hypothesenprüfung muss das Signifikanzniveau a priori festgelegt werden (Döring & Bortz, 2016, S. 666). Es wird konventionell auf α=.05 festgelegt.

Die Teststärke (1-β) wird ebenfalls konventionell festgelegt und zwar auf 1-β=.80

Bei der Aufstellung des Untersuchungsdesigns bei (pädagogischen) Interventions-/Evaluationsstudien wird das Abschätzen des zu erwartenden Effekts gefordert (Döring & Bortz, 2016; Flanagan, 2005). Das Maß der Effektstärke ermöglicht es, die Wirksamkeit unbeeinflusst von der zugrunde liegenden Stichprobengröße zu beurteilen (Berger & Schneider, 2011, S. 40).

Die Hypothesenüberprüfung erfolgt mit Hilfe eines t-Tests für verbundene Stichproben bei parametrischen Daten bzw. bei nichtparametrischen Daten mit dem Wilcoxon-Test, wobei für die Effektgröße bei t-Tests gilt: $\delta = \frac{\mu A - \mu B}{\sigma}$ (Döring & Bortz, 2016, S. 821). Die Klassifikation der Effektgrößen ist in Tabelle 1 dargestellt.

Tabelle 1: *Klassifikation der Effektgröße für t-Tests (Döring & Bortz, 2016, S. 821)*

klein	mittel	groß
.20	.50	.80

Bei der Festlegung von Effektgrößen für den Wilcoxon-Test muss die Orientierung an den Konventionen für t-Tests erfolgen, auch wenn die Übertragung fraglich ist (Rasch, Friese, Hofmann & Naumann, 2004).

Der zu erwartende Effekt soll auf Basis von anderen/früheren/ähnlichen Studien abgeschätzt werden (Döring & Bortz, 2016). Die Vorstudien zu diesem Forschungsvorhaben sind die Entwicklung des MoSt durch Fischer-Ontrup (2011) in Form dreier qualitativer Einzelfallstudien sowie die explorative Übertragung auf die zeitgleiche Förderung zweier Schüler durch Vohrmann (2012). In beiden Studien wurde der Effekt qualitativ erfasst. Beide Autorinnen kommen zu dem Schluss, dass der gewählte Ansatz vielversprechend ist. Abschließend sollen aus praktischen Überlegungen (z. B. Aufwand der Teilnahme am Training für die Schüler, Bereitstellung von Ressourcen seitens der Schule, ...) mindestens **kleine bis mittlere Effekte** erzielt werden, so dass sich das Training als lohnend erweist.

Optimaler
Stichprobenum-
fang

Auf Basis der angestellten Überlegungen kann nun der optimale Stichprobenumfang bei einer Effektgröße von δ=0.2–0.5, einer Teststärke von mindestens 1-β=.80 und einem Signifikanzniveau von α=0.05 bestimmt werden. Die Berechnung des optimalen Stichprobenumfangs erfolgt mit Hilfe des Programms G*Power (Faul, Erdfelder, Lang & Buchner, 2007).

Tabelle 2: *G*Power-Berechnung des optimalen Stichprobenumfangs*

t tests	t tests
Means: Difference between two dependent means (matched pairs)	Means: Wilcoxon signed-rank test (matched pairs)
	Options: A.R.E. method
Analysis: A priori: Compute required sample size	Analysis: A priori: Compute required sample size
Input: Tail(s) = One	Input: Tail(s) = One
	Parent distribution = Normal
Effect size dz = 0.5	Effect size dz = 0.5
α err prob = 0.05	α err prob = 0.05
Power (1-β err prob) = 0.8	Power (1-β err prob) = 0.8
Output: Noncentrality parameter $\delta = 2.5980762$	Output: Noncentrality parameter $\delta = 2.5854415$
Critical t = 1.7056179	Critical t = 1.7062592
Df = 26	Df = 25.7380304
Total sample size = 27	Total sample size = 28
Actual power = 0.8118316	Actual power = 0.8083058

Je nachdem, ob die Daten parametrisch oder nichtparametrisch verteilt sind, ergibt sich bei Anwendung eines t-Tests für verbundene Stichproben ein optimaler Stichprobenumfang von je $n = 27$ für die Experimentalgruppe (EG) und die Wartegruppe (WG) und bei Anwendung des Wilcoxon-Tests von je $n = 28$ für die EG und die WG (siehe Tabelle 2). Sicherheitshalber soll aber versucht werden, die Stichprobe noch etwas größer anzusetzen, da bei der speziellen Gruppe der Underachiever ein Abbrechen, z. B. aufgrund eines Schulwechsels, nicht auszuschließen ist.

Als letzter Planungsschritt werden im nächsten Abschnitt der Arbeit die Standards der Deutschen Gesellschaft für Evaluation berücksichtigt.

5.4   Evaluationsstandards

Die Deutsche Gesellschaft für Evaluation (2002) stellt vier Qualitätsdimensionen mit insgesamt 30 Einzelstandards zu grundlegenden Eigenschaften von Evaluationen auf. Diese sollen nach Möglichkeit bereits vor Projektstart und bei Bedarf nach Abschluss des Projektes bewertet werden. Dieser Forderung wird im Rahmen dieser Arbeit zur Herstellung von Transparenz Rechnung getragen, wobei die detaillierte, schriftliche Auseinandersetzung mit den Substandards aus Gründen der Übersichtlichkeit im Anhang (siehe A5, S. 222) zu finden ist. Die vier Qualitätsstandards lauten: **Nützlichkeit**, **Durchführbarkeit**, **Fairness** und **Genauigkeit** (DeGEval, 2002).

Evaluationsstandards

Nützlichkeit   „Die Nützlichkeitsstandards sollen sicherstellen, dass die Evaluation
sich an den geklärten Evaluationszwecken sowie am Informationsbedarf
der vorgesehenen Nutzer und Nutzerinnen ausrichtet." (DeGEval, 2002,
S. 10) Zweck **dieses Evaluationsvorhabens** ist die Effektüberprüfung eines Motivations- und Selbststeuerungstrainings. Das bedeutet für das vorliegende Forschungsvorhaben, dass die Interessen und Bedürfnisse der teilnehmenden Schüler und ihrer Familien berücksichtigt werden müssen.

Durchführbarkeit   „Die Durchführbarkeitsstandards sollen sicherstellen, dass eine Evaluation realistisch, gut durchdacht, diplomatisch und kostenbewusst geplant
und ausgeführt wird." (DeGEval, 2002, S. 11). Dieses Forschungsvorhaben
soll im schulischen Kontext umgesetzt werden, darum hat das zweite Qua-
litätskriterium der DeGEval besondere Bedeutung. So müssen die schulischen Rahmenbedingungen, wie finanzielle und zeitliche Ressourcen, besonders berücksichtigt werden. Gegebenenfalls müssen aus Gründen der
Durchführbarkeit Einschränkungen im Untersuchungsdesign, z. B. hinsichtlich der randomisierten Gruppeneinteilung, vorgenommen werden.

Fairness   „Die Fairnessstandards sollen sicherstellen, dass in einer Evaluation
respektvoll und fair mit den betroffenen Personen und Gruppen umgegan-
gen wird." (DeGEval, 2002, S. 11). Der faire Umgang mit am Programm
teilnehmenden Schülern und ihren Familien ist unabdingbar. Dazu gehört
auch der Umgang mit Probanden für mögliche Vergleichs- und/oder Kon-
trollgruppen. Von der Einrichtung einer Placebo-Gruppe wird aus ebendie-
sen Gründen abgesehen.

Genauigkeit   „Die Genauigkeitsstandards sollen sicherstellen, dass eine Evaluation
gültige Informationen und Ergebnisse zu dem jeweiligen Evaluationsge-
genstand und den Evaluationsfragestellungen hervorbringt und vermittelt."
(DeGEval, 2002, S. 12). Dies bringt die Forderung nach der korrekten Do-
kumentation, der Angabe der genutzten Informationsquellen und der sys-
tematischen Aufbereitung dieser sowie eine faire Berichterstattung mit
sich. Die vorliegende Arbeit bemüht sich, dem nachzukommen.

An dieser Stelle ist die Untersuchungsplanung soweit ausreichend beschrieben, dass im nächsten Teil die Instrumentenbeschreibung vorgenommen werden kann.

5.5 Instrumente

Zur Beforschung und Evaluation des Projektes kommen entsprechende Instrumente zum Einsatz. Diese werden in diesem Kapitel aus unterschiedlichen Gesichtspunkten betrachtet.

Der Einsatz standardisierter Testinstrumente ist i. d. R. kostenpflichtig.
Die Entwicklung eigener Testinstrumente überschreitet den Rahmen dieser
Arbeit. Deswegen wird auf eingekaufte Testungen zurückgegriffen. Um
die Kosten besser rechtfertigen zu können, wird ein doppelter Nutzen aus
den erhobenen Testkennwerten gezogen: So sollen die Daten nicht nur zur

Evaluation der Intervention herangezogen werden, vielmehr sollen die erhobenen Daten in das Training an sich einfließen (siehe Kapitel 4.4). Hier-
durch sollen die Akzeptanz und auch die Qualität der erhobenen Daten gesteigert werden.

Folgende Instrumente kommen zum Einsatz:

◊ Grundintelligenztest Skala 2 (CFT 20-R) mit Wortschatz- und
  Zahlenfolgentest – Revision (WS/ZF-R)
◊ EOS Potenzialanalyse
    o Selbststeuerungsinventar (LKSSI)
    o Handlungs- und Lageorientierung (HAKLK)
    o Operanter Motivtest (OMT)
    o Motiv-Umsetzungstest (LKMUT)
◊ Anamnesebogen
◊ Schulnoten
◊ Rückmeldebögen für die Teilnehmenden

Im Folgenden werden die Instrumente skizziert.

5.5.1 Grundintelligenztest Skala 2 – Revision (CFT 20-R) mit Wortschatztest und Zahlenfolgentest – Revision (WS/ZF-R)

Der revidierte Grundintelligenztest (Weiß, 2006) dient der sprachfreien Erfassung der Intelligenz von Personen zwischen 8.5 und 19 Jahren sowie für
Erwachsene zwischen 20 und 60 Jahren. Es stellt ein ökonomisch psycho-
logisches Verfahren zur Diagnose der grundlegenden geistigen Leistungs-
fähigkeit dar. Die Testbatterie erfasst die fluide Intelligenz im Sinne Cattells (siehe Kapitel 1.2) und misst Aspekte der Verarbeitungskapazität
(Gruber & Tausch, 2015). Der CFT 20-R besteht aus zwei gleichartig auf-
gebauten Testteilen mit den vier Untertests „Reihenfortsetzen", „Klassifikation", „Matrizen" und „topologische Schlussfolgerungen" (siehe Beispielitems). Er kann in Einzel- oder Gruppenuntersuchungen in Lang-
(beide Testteile) oder Kurzform (1. Testteil) durchgeführt werden.

Beispielitems   Beispiele

Abbildung 17: Beispielitem CFT 20-R Reihenfortsetzen (Weiß, 2006)

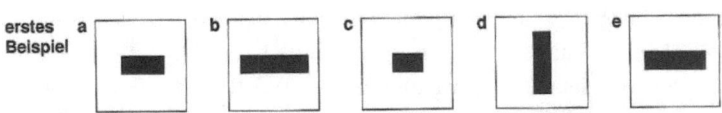

Abbildung 18: Beispielitem CFT 20-R Klassifikationen (Weiß, 2006)

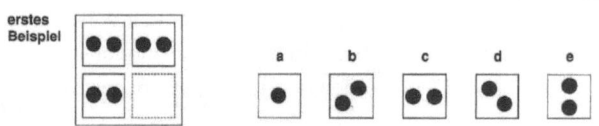

Abbildung 19: Beispielitem CFT 20-R Matrizen (Weiß, 2006)

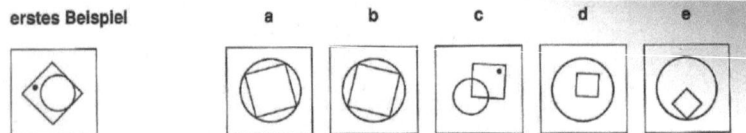

Abbildung 20: Beispielitem CFT 20-R Topologien (Weiß, 2006)

Tabelle 3 fasst wichtige Informationen zu diesem Test zusammen. Der CFT 20-R wurde 2003 für die Altersgruppe 8.5 bis 19 Jahre neu geeicht ($N=4.400$ Schüler) (Weiß, 2006). Die Testgütekriterien werden erfüllt (mittlere Trennschärfe zwischen $r=.46$ und $.47$, Testreliabilität gesamt $r=.96$, Konstruktvalidität $r=.78$ bis $r=.83$).

Tabelle 3: *Testinformation zum CFT 20-R*

Thema	Grundintelligenz
Subtests	4
Items	101
Namen der Subtests (Items)	Reihenfortsetzen (27)
	Klassifikationen (27)
	Matrizen (27)
	Topologien (20)
Antwortmöglichkeiten je Item	5
Bearbeitungsdauer	62 Minuten (kurze Testzeit)/
	65 Minuten (verlängerte Testzeit)
Rohwertebereich	0–101
Auswertung der Skalen	Ermittlung von Alters- und/oder Klassennormen

Die revidierten Wortschatz- und Zahlenfolgentests (WS/ZF) (Weiß, 2007) können in Ergänzung zum CFT 20-R eingesetzt werden. Der WS misst den über den Grundwortschatz der deutschen Sprache hinausgehenden Wortschatz aus der Umgangssprache und liefert damit Anhaltspunkte zum Status der Allgemeinbildung und der verbalen Verarbeitungskapazität und somit zu Ausprägungen der kristallinen Intelligenz. Der ZF diagnostiziert das Erkennen von Regeln und Gesetzmäßigkeiten bei einfachen bis komplexen numerischen Aufgabenstellungen. Beide Teile sind in Einzel- und Gruppentestungen einsetzbar. Informationen zum WS-R/ZF-R können Tabelle 4 entnommen werden.

Beispielitem ZF

| 1 | 3 | | 5 | | 7 | | 9 | | 11 | | ? |

Antwortmöglichkeiten: | 12 | | 15 | | 13 | | 14 | | 16 |

Beispielitem WS

rein
a) gelb
b) sauber
c) kalt
d) durchsichtig
e) sparsam

Normiert wurde die Revision 2003/2004 (Weiß, 2007). Die Gütekriterien werden erfüllt (Trennschärfenanalyse WS $r=.83$, Trennschärfenanalyse ZF $r=.88$ bis .89, Reliabilität für den WS um $r=.87$, für den ZF um $r=.91$.).

Tabelle 4: *Testinformation zum WS/ZF-R*

	WS-R	ZF-R
Thema	Grundwortschatz	Regeln und Gesetzmäßigkeiten numerischer Aufgabenstellungen
Items	30	21
Antwortmöglichkeiten je Item	5	5
Bearbeitungsdauer	12 Minuten	16–20 Minuten
Rohwertebereich	0–30	0–21
Auswertung der Skalen	Ermittlung von Alters- und/ oder Klassennormen	Ermittlung von Alters- und/oder Klassennormen
Normierung (Jahr)	2003	2003

Dem Testkuratorium der Föderation deutscher Psychologenvereinigungen zufolge erfüllt der CFT 20-R die Anforderungen des Testbeurteilungssystems in allen Bereichen (Allgemeine Information; Beschreibung und diagnostische Zielsetzung; Objektivität; Zuverlässigkeit; Validität) weitestgehend (Gruber & Tausch, 2015). Heller und Perleth (2000, S. 156) beurteilen den CFT 20-R als gutes Instrument zur Erfassung allgemeiner Intelligenz, kritisieren jedoch, dass es sich nicht um einen kulturunabhängigen Test handelt. Auch Deckeneffekte werden hinsichtlich des CFT 20-R diskutiert. Der Test wurde nicht explizit zur (Hoch-)Begabungsdiagnostik entwickelt und eignet sich nach Jacobs und Petermann (2007) eher für eine Intelligenzdiagnostik im oberen bis mittleren Bereich. Kuhn et al. (2008)

empfehlen den Test darum zu einer ersten Messung und raten, zur Diagnostik von Hochbegabung den Einsatz zusätzlicher, komplexerer Verfahren einzusetzen. Zu beachten ist, dass eine Normierung zuletzt 2003 vorgenommen wurde und aus diesem Grunde ein Flynn-Effekt[33] nicht auszuschließen ist.

Aber auch wenn der CFT 20-R aufgrund der eingeschränkten Normierung und möglicher Deckeneffekte kritisiert wird, besteht in der Literatur
Konsens, dass es sich (mit Einschränkungen) bei dem CFT 20-R um ein
effizientes Verfahren zur Bestimmung der Grundintelligenz handelt. Die
kurze Durchführungsdauer, die schnelle Auswertung und der kostengüns-
tige Einsatz sprechen klar für die Wahl des CFT 20-R mit seinen beiden
Ergänzungstests WS-R/ZF-R, so dass dieser in der vorliegenden Studie
eingesetzt wird.

5.5.2 Potenzialanalyse

Die Erfassung der Persönlichkeitsmerkmale soll mit Hilfe eines psycho-
metrischen Persönlichkeitstests erfolgen. Da im MoSt mit den Schülern auf
Basis der PSI-Theorie nach Kuhl (2001a) gearbeitet wird, erscheint es
günstig, die von Kuhl dazu passend entwickelten Testverfahren, die Trai-
ningsbegleitende Osnabrücker Persönlichkeitsdiagnostik (TOP) bzw. das
Entwicklungsorientierte Scanning (EOS) einzusetzen (Kaschel & Kuhl,
2004; Kuhl & Henseler, 2007). Beiden Testbatterien liegen die gleichen
Instrumente zugrunde; sie werden nur optisch unterschiedlich aufbereitet
(Ritz-Schulte, o.J.). In diesen Verfahren kommt sowohl der Motivation und
der Selbstregulation als auch der dynamischen Wechselwirkung zwischen
affektiven und kognitiven Prozessen besondere Bedeutung zu (Kuhl &
Henseler, 2007, S. 559). Es besteht die Möglichkeit, online beim Institut
für Motivations- und Persönlichkeitsentwicklung (Impart), einem privat-
wirtschaftlichen Forschungs- und Transferinstitut, individuell Testmodule
aus der EOS/TOP Diagnostik zusammenzuschalten. Für die Potenzialanalyse bei Schülern liegen speziell entwickelte Module vor, die alle einem
sogenannten Lern- und Leistungsscan (LK) zugeordnet werden. Das ursprünglich für Erwachsene entwickelte Scanverfahren bedient die Anforderungen an Reliabilität und Ökonomie und die interne Konsistenz (Cron-
bach's α) liegt zwischen 0.8 und 0.95 (Kuhl & Henseler, 2007, S. 557). Die
Wiederholungsreliabilität liegt bei $r_{tt} > 0{,}50$, die Validität ist dokumentiert
(Kuhl & Henseler, 2007, S. 557).

---

33 1981 wies Flynn einen generellen Anstieg von IQ-Werten im Generationenver-
    gleich nach (Flynn, 2009). Dies bedingt, dass Intelligenztestungen immer wie-
    der aktuell normiert werden müssen.

Im Rahmen der vorliegenden Studie werden folgende Testteile gewählt:

Der **Fragebogen zur Handlungs- vs. Lageorientierung (HAKLK)** erfasst die Skalen prospektive Handlungsorientierung (HOP) und Handlungsorientierung nach Misserfolg (HOM). Im Fragebogen haben die Probanden jeweils zwei Antwortmöglichkeiten (Kuhl & Beckmann, 1994).

Fragebogen zur Handlungs- vs. Lageorientierung (HAKLK)

Beispielitem

Beispiel

Was machst du, wenn dir ein teures Gerät kaputtgegangen ist?
◊ Davon kann ich mich schlecht wieder erholen.
◊ Darüber komme ich schnell hinweg.

Aus Tabelle 5 kann der Aufbau des HAKLK entnommen werden.

Tabelle 5: *Testinformation zum HAKLK*

Thema	Handlungs- vs. Lageorientierung
Skalen	2
Items	24
Antwortmöglichkeiten	2 Alternativen pro Item
	HOP bzw. HOM
	LOP bzw. LOM
Rohwertebereich je Skala	0–12
Auswertung der Skalen	Summierung der Rohwerte

Anmerkungen. HOP=prospektive Handlungsorientierung, HOM=Handlungsorientierung nach Misserfolg, LOP=prospektive Lageorientierung, LOM=Lageorientierung nach Misserfolg

Das **Selbststeuerungsinventar (LKSSI)** (Kuhl & Fuhrmann, 1998) dient der Erfassung volitionaler Kompetenzen. Die Selbststeuerung wird hier operationalisiert in die Skalen Selbstberuhigung, Selbstbestimmung, Selbstmotivierung. Zusätzlich kommen zwei Skalen zur Erfassung des subjektiven Stresses hinzu (Belastung und Bedrohung).

Selbststeuerungsinventar (LKSSI)

Beispielitem Selbstberuhigung

Beispiel

Wenn ich angespannt bin, schaffe ich es schnell, mich wieder zu entspannen.
◊ trifft gar nicht zu
◊ trifft etwas zu
◊ trifft überwiegend zu
◊ trifft ausgesprochen zu

Beispielitem Selbstbestimmung

Bei fast allem, was ich im Alltag tue, spüre ich, dass ich es freiwillig tue.
◊ trifft gar nicht zu
◊ trifft etwas zu
◊ trifft überwiegend zu
◊ trifft ausgesprochen zu

Beispielitem Selbstmotivierung

Wenn ich keine Lust mehr an einer Aufgabe habe, weiß ich meist ganz genau, was ich tun muss, damit ich weiter durchalte. ◊   trifft gar nicht zu ◊   trifft etwas zu ◊   trifft überwiegend zu ◊   trifft ausgesprochen zu

Beispielitem Belastung

Schule ist zurzeit sehr anstrengend für mich. ◊   trifft gar nicht zu ◊   trifft etwas zu ◊   trifft überwiegend zu ◊   trifft ausgesprochen zu

Beispielitem Bedrohung

In meinem Leben hat sich vieles verändert, mit dem ich klarkommen muss. ◊   trifft gar nicht zu ◊   trifft etwas zu ◊   trifft überwiegend zu ◊   trifft ausgesprochen zu

Eine Übersicht kann Tabelle 6 entnommen werden.

Tabelle 6: *Testinformationen zum LKSSI*

Thema	Selbststeuerung
Skalen	5
Items	20
Antwortmöglichkeiten	4
Rohwertebereich je Skala	0–12
Auswertung der Skalen	Summierung der Rohwerte

Motiv-Umsetzungs-Test (LKMUT)

Mit Hilfe des **Motiv-Umsetzungs-Tests (LKMUT)** werden die Ausprägung bewusster Motivlagen sowie die Umsetzung des Leistungsmotivs durch die vier persönlichkeitsrelevanten Systeme (siehe Kapitel 3.3.2) erfasst (Kuhl, 2001b). Die Skalen lauten für die bewussten Motivlagen: bewusstes Anschlussmotiv, bewusstes Leistungsmotiv und bewusstes Machtmotiv. Für die Umsetzung des Leistungsmotivs lauten die Skalen: Leistung – Fühlen: Umsichtiges Leistungsstreben; Leistung – Denken: Strategisches

Leistungsstreben; Leistung – Intuieren: Intuitives Leistungsstreben; Leistung – Empfinden: Sensitive Leistungsmotivation.[34] Die genauen Testinformationen können Tabelle 7 entnommen werden. Für die Untersuchung der Wirkung des MoSt sind nur die Skalen zu den bewussten Motiven relevant.

Beispielitem bewusstes Leistungsmotiv

| Am liebsten löse ich die ganz schwierigen Aufgaben. |
| ◊   trifft gar nicht zu |
| ◊   trifft etwas zu |
| ◊   trifft überwiegend zu |
| ◊   trifft ausgesprochen zu |

Beispielitem bewusstes Anschlussmotiv

| Es macht mir Freude, anderen zuzuhören und mich mit ihnen auszutauschen. |
| ◊   trifft gar nicht zu |
| ◊   trifft etwas zu |
| ◊   trifft überwiegend zu |
| ◊   trifft ausgesprochen zu |

Beispielitem bewusstes Machtmotiv

| In der Gruppe bestimmte ich gerne, was gemacht werden soll. |
| ◊   trifft gar nicht zu |
| ◊   trifft etwas zu |
| ◊   trifft überwiegend zu |
| ◊   trifft ausgesprochen zu |

Tabelle 7: *Testinformation zum LKMUT*

Thema	Bewusste Motivausprägung und Umsetzung des Leistungsmotivs
Skalen	7
Items	28
Antwortmöglichkeiten	4
Rohwertebereich je Skala	0–12
Auswertung der Skalen	Summierung der Rohwerte

---

34 Die Skalen sind den vier Systemen der PSI-Theorie zugeordnet. „Leistung – Fühlen: Umsichtiges Leistungsstreben" steht im Zusammenhang mit dem Extensionsgedächtnis; „Leistung – Denken: Strategisches Leistungsstreben" wird dem Intentionsgedächtnis zugeordnet; „Leistung: Intuieren: Intuitives Leistungsstreben" entspricht der Herangehensweise aus der Intuitiven Verhaltenssteuerung und „Leistung – Empfinden: Sensitive Leistungsmotivation" steht in Verbindung mit dem Objekterkennungssystem. Für dieses Forschungsvorhaben werden diese Skalen nicht näher betrachtet.

Operanter
Motivtest (OMT)

Der **Operante Motivtest (OMT)** dient der Motiverfassung durch freie Assoziationen anhand von 15 vorgegebenen, mehrdeutig interpretierbaren Bildergeschichten (Kapitel 3.4) (Kuhl, 2013a; Kuhl & Scheffer, 2013). Das Ziel ist es, affektive und volitionale Dispositionen hervortreten zu lassen. Stichwörter zu den Bildern werden durch geschulte Personen ausgewertet. Über eine Auswertung der Häufigkeitsverteilung lässt sich die Ausprägung der unbewussten Motive bestimmen.

Beispielanweisung OMT

> Erfinde eine kurze Geschichte zu diesem Bild. Klicke zunächst die Person an, die die Hauptrolle in deiner Geschichte spielen soll. Stichwörter reichen! Beantworte die Fragen bitte mit Bezug auf die von dir gewählte Hauptperson.

Beispielbild siehe Abbildung 11, S. 73. Tabelle 8 fasst die Testinformationen zum OMT zusammen.

Tabelle 8: *Testinformation zum OMT*

Untersu-chungsthema	Unbewusste Motivausprägungen und affektive/volitionale Dispositionen
Skalen	3 bzw. 4[35]
Items	28
Antwortmög-lichkeiten	Freie Assoziation zu den Fragen: Was ist für die Person in dieser Situation wichtig und was tut sie? Wie fühlt sich die Person? Warum fühlt sich die Person so?
Auswertung der Skalen	Summierung der Häufigkeiten, Ermittlung von Altersnormen

Kritik

Die Literaturrecherche zur Testkritik an der EOS/TOP-Diagnostik erbrachte kaum Ergebnisse. Im Rahmen eines Projektes an der Universität zu Köln „get involved – persönliche Kompetenzen erkennen und fördern" wird zur inhaltlichen Arbeit mit teilnehmenden Schülern und Lehrkräften sowie zur quantitativen Auswertung eine EOS-Diagnostik eingesetzt (Aschermann & Armbrüster, 2011). Die Evaluatoren der Studie bemängeln die sehr kleine Normstichprobe der Firma Impart ($N = 66$) und fehlende Unterlagen zur Skalenkonsistenz beim Kurztest; sie fordern von der Firma Impart empirische Belege mit hinreichend großen Stichproben zur Beantwor-

---

35 Bis vor kurzem (Frühjahr 2016) wurden nur die drei Motivklassen Anschluss, Leistung und Macht ausgewertet. Inzwischen ist das Freiheitsmotiv hinzugekommen (siehe auch Kapitel 3.2.1).

tung der Frage, „inwieweit der Fragebogen die theoretisch dargestellten in-nerpsychischen Prozesse und Strukturen valide abbildet" (Aschermann & Armbrüster, 2011, S. 17). Eine Anfrage der Verfasserin dieser Arbeit bei der Testfirma selbst zu Forschungsbelegen der speziellen Kurztestskalen für Kinder und Jugendliche erbrachte nur die Antwort, dass die Skalen noch nicht tiefergehend untersucht wurden.[36] Eine eigenständige Untersuchung der Skalenkonsistenz übersteigt jedoch den Auftrag dieser Arbeit.

Die Wahl der EOS-Potenzialanalyse/TOP-Diagnostik zur Erfassung der Persönlichkeitsmerkmale der am MoSt teilnehmenden Schüler erfolgt aus verschiedenen Gründen. Da das MoSt unter anderem auf den Erkennt-nissen der PSI-Theorie basiert, bietet sich die Wahl der EOS-Potenzialana-lyse/TOP-Diagnostik generell an. Des Weiteren ist es sehr hilfreich, dass die einzelnen Testmodule flexibel kombiniert und online zugeteilt werden können. Auf diese Weise muss eine Diagnostik nicht in der Schule erfol-gen, sondern kann, sofern die technischen Möglichkeiten es erlauben, im häuslichen Umfeld absolviert werden. So können die Schüler selbst den Zeitpunkt der Testung bestimmen. Die Arbeit mit der Online-Testung er-möglicht zudem eine schnelle Bereitstellung der Ergebnisse in digitaler Form.

5.5.3 Anamnese

Vor Trainingsbeginn soll bereits eine erste Befragung der teilnehmenden Schüler und ihrer Familien zur Anamnese erfolgen. Die Beschreibung des Anamnesebogens kann in Kapitel 4.3 und der Anamnesebogen selbst im Anhang unter A2 und A3 (siehe S. 216 und S. 219) eingesehen werden.

5.5.4 Schulleistung

Das MoSt richtet sich an begabte Underachiever. In Kapitel 2.2 wurde ein Underachievement über die Diskrepanz zwischen Intelligenz und Schul-leistung bestimmt. Eine Erhebung der aktuellen Schulleistung ist also not-wendig. Der Einsatz von standardisierten Testverfahren[37] zur Erhebung der Schulleistung übersteigt allerdings den Rahmen der vorliegenden Arbeit, sowohl in finanzieller als auch organisatorischer Sicht, so dass in diesem Falle auf Zeugnisnoten zurückgegriffen werden muss, unabhängig davon, ob Schulnoten überhaupt ein guter Indikator für tatsächliche Schulleistun-gen sind (siehe Kapitel 2.5).

---

36 Mailkontakt Mai 2014.

37 Ein allgemeiner standardisierter Test zur Erfassung der Schulleistung über mehrere Schulbereiche hinweg, existiert im deutschsprachigen Raum nur für Schüler der Grundschule (z. B. KLASSE 4 – Kombiniertes Leistungsinventar zu allgemeinen Schulleistung und für Schullaufbahnempfehlungen in der vier-ten Klasse (Lenhard et al. 2011). Im Falle der vorliegenden Arbeit müsste je ein Test pro Schulleistungsbereich (Deutsch, Mathematik, Fremdsprachen) einge-setzt werden, wobei es für die in Rede stehende Zielgruppe keine geeignete Auswahl dieser fachspezifischen Tests gibt.

Eine Einsichtnahme in die Zeugnislisten der Schulen ist aus datenschutzrechtlichen Gründen nicht ohne weiteres zu realisieren (Schick, 2008, S. 74).[38] Ein ökonomisches Vorgehen ist daher, die Schüler zum Selbstbericht ihrer Schulnoten aufzufordern. In einer Studie (N = 866) überprüften Dickhäuser und Plenter (2005) die Akkuratesse selbstberichteter Schulnoten und bestätigen Korrelationen zwischen selbst berichteten Noten und Lehrerangabe von .92. Gegen die Erhebung der Schulleistung mit Hilfe von Selbstberichten ist also nichts einzuwenden. Der Selbstbericht erfolgt innerhalb des Anamnesebogens. Es werden die Noten der Fächer Deutsch, Mathematik, Englisch und der zweiten Fremdsprache erhoben.

5.5.5 Rückmeldebögen

In jeder Trainingseinheit werden die Schüler zu einer Rückmeldung aufgefordert. Dies geschieht aus zweierlei Gründen: Zum einen kann auf diese Weise das Training formativ evaluiert werden und bei Bedarf können kurzfristige Änderungen umgesetzt werden. Zum anderen sollen die Schüler so in ihrer Selbstbestimmung gefördert werden, indem sie zur kritischen Reflektion aufgefordert werden.

Der Rückmeldebogen beinhaltet vier 5-stufige Ratingskalen (Schulnoten von sehr gut bis mangelhaft) zu der Trainingseinheit insgesamt, den Aktivitäten, der Lerngruppe und den Betreuern. Die fünfte Frage thematisiert den Gewinn aus der Trainingseinheit („Hat sich die Trainingseinheit aus deiner Sicht gelohnt?" – ja, teilweise, nein, weiß nicht) und je eine offene Frage zu Höhepunkten und möglichen Veränderungen. Der Rückmeldebogen kann im Anhang der Arbeit eingesehen werden (siehe A4, S. 221).

5.6 Datenerhebung

Die Datenerhebung findet an zwei, bzw. drei Messzeitpunkten (t1, t2, t3) statt, verteilt über die Schuljahre 2013/14 und 2014/15, um die benötigte Stichprobenanzahl zu erreichen. Der erste Messzeitpunkt liegt zeitlich kurz nach Beginn des neuen Schuljahres (ungefähr Oktober). Die Intervention umfasst dann die Zeit bis zu den Halbjahreszeugnissen, so dass kurz nach Vergabe der Halbjahreszeugnisse die zweite Erhebung stattfinden kann. Der (optionale) dritte Messzeitpunkt für Schüler der WG liegt kurz vor den Sommerferien. Abbildung 21 illustriert den Einsatz der Instrumente zu den verschiedenen Zeitpunkten.

Insgesamt wird im Rahmen dieser Studie mit vier verschiedenen Schulen zusammengearbeitet: Das Arnold-Janssen-Gymnasium Neuenkirchen (G8-Gymnasium, ländlich), das Schillergymnasium Münster (G8-Gymnasium, städtisch), das Johann-Conrad-Schlaun-Gymnasium Münster (G8-

---

38 Auch im Falle dieses Projektes wurde versucht, die Zeugnislisten an den Schulen einzusehen. An keiner der vier Schulen konnte eine Erlaubnis erwirkt werden.

Gymnasium, städtisch), die Gesamtschule Münster Mitte (Gesamtschule, städtisch) und das Geschwister Scholl Gymnasium Münster (G9-Gymnasium, städtisch). Die Auswahl dieser Schulen erfolgt nach folgenden Kriterien: Art der Schule, Lage, sowie Interesse an der Zusammenarbeit. Das MoSt wird in zwei Durchgängen erprobt: Im Schuljahr 2013/14 sowie im Schuljahr 2014/15.

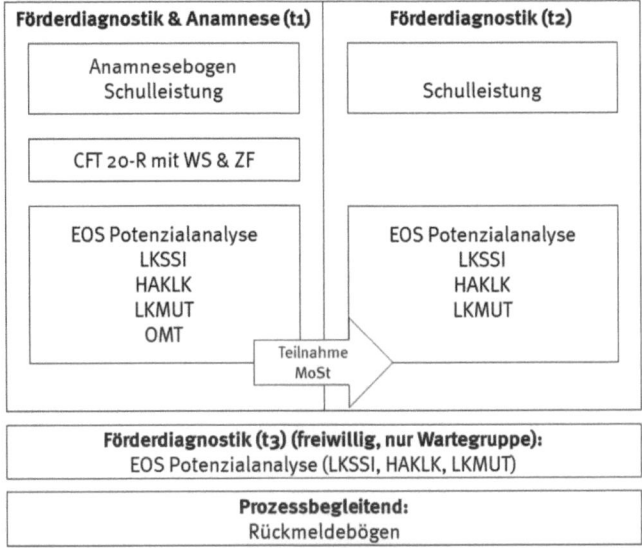

Abbildung 21: Grafische Zusammenfassung des Einsatzes der Testinstrumente

5.6.1 Auffüllen der Experimentalgruppe

Bei der Stichprobe der Studie gibt es eine Besonderheit. Wie beschrieben werden die Trainingseffekte einer Experimentalgruppe (EG) im Vergleich zu einer Wartegruppe (WG) erhoben. Das Aufstellen einer „reinen" Kontrollgruppe erscheint als ethisch nicht vertretbar und es soll auch keine verkürzte Trainingsform o.Ä. als Ersatz eingesetzt werden (siehe auch Evaluationsstandards, Kapitel 5.4). Da die Schüler aus der WG exakt das gleiche MoSt, nur zu einem anderen Zeitpunkt, erhalten, entsteht eine zweite EG. Vor dem Hintergrund der kleinen Stichprobe dieser Studie wird den teilnehmenden Schülern aus forschungsökonomischen Aspekten darum optional ein dritter Messzeitpunkt (t3) angeboten. Wenn der Schüler auch für sich selbst die Trainingseffekte mit Hilfe der Potenzialanalyse „schwarz auf weiß" im Vergleich betrachten will, steht ihm offen, diese zum dritten Mal nach Abschluss der Intervention durchzuführen. So ist dann ein Vergleich der Messwerte vom zweiten (t2) zum dritten Messzeitpunkt (t3) möglich. Abbildung 22 visualisiert das geplante Vorgehen.

Forschungsmethodisch ergibt sich daraus die Möglichkeit, Schüler der WG, die am dritten Messzeitpunkt teilgenommen haben, zusätzlich der ursprünglichen EG zuzuordnen. Dies ist natürlich nur möglich, sofern zwischen den beiden Gruppen keine bedeutenden Unterschiede, z. B. hinsichtlich der Intelligenz, vorliegen. Vorteil des Auffüllens ist die Erhöhung der Teststärke durch weitere Fälle.

Kritisch ist dabei in Frage zu stellen, ob sich bei dem vorliegenden Instrument der EOS Potenzialanalyse Wiederholungseffekte bei einer zweiten oder dritten Durchführung zeigen. Eine Literaturrecherche konnte zu möglichen Wiederholungseffekten jedoch keine Ergebnisse hervorbringen.

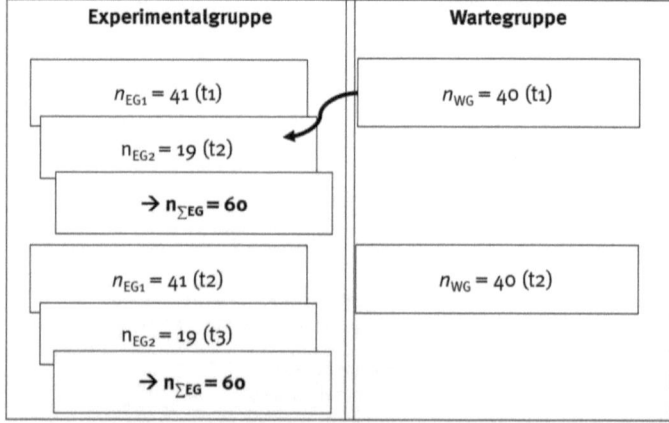

Anmerkungen. n_{EG1} = ursprüngliche Experimentalgruppe; n_{EG2} = Schüler der Wartegruppe, die freiweillig nach Beendigung ihres Trainingsdurchgangs die Testung zu t3 wiederholen (Teilmenge von n_{WG}); $n_{\Sigma EG}$ = Gesamtmenge von $n_{EG1} + n_{EG2}$; n_{WG} = Wartegruppe.

Abbildung 22: Visualisierung der Auffüllung der Experimentalgruppe

Im nächsten Schritt wird die geplante Datenaufbereitung und -transformation für die vorliegende Studie beschrieben.

5.7 Datenaufbereitung und -transformation

Um eine hohe Qualität des vorliegenden Datensatzes zu gewährleisten, muss eine exakte Datenaufbereitung erfolgen. Zunächst werden alle Skalen und Subskalen hinsichtlich der Wertebereiche und Häufigkeitsverteilungen betrachtet, um Eingabefehler aufzudecken.

Im Rahmen der Datenaufbereitung müssen zudem verschiedene Datentransformationen erfolgen. Zielwerte sind hier in der Regel t-Werte, da diese einen Vergleich ermöglichen. Mit Hilfe der folgenden Formel werden t-Werte bestimmt:

$$t = \frac{x - \bar{x}}{\sigma} \times 10 + 50 \text{ (Holling \& Gediga, 2011, S. 131–135)}$$

(1)

Die Tabelle 9 gibt Aufschluss darüber, für welchen Wert welche Mittelwerte und Standardabweichungen auf Basis welcher Berechnung oder aus
welcher Quelle herangezogen wurden.

Tabelle 9: *Angaben und Quellen zur Datentransformation*

Übertragung ...	M, SD	Berechnung oder Quelle
...von IQ-Wert in t-Wert	$M=100$, $SD=15$	z. B. Weiß (2006)
... von Schulnoten in t-Werte	$M=3$, $SD=1.263$	Durchschnittswert der Fächer Deutsch, Englisch, Mathematik und der zweiten Fremdsprache. Berechnung mithilfe einer 5-stufigen Notenskala, anschließende Umpolung
... von OMT Rohwerten in t-Werte[39]	Anschlussmotiv A1-A4: $M_m=1.993$, $SD_m=1.205$ $M_w=2.214$, $SD_w=1.043$ Leistungsmotiv L1-L4: $M_m=2.224$, $SD_m=1.193$ $M_w=2.124$, $SD_w=1.146$ Machtmotiv M1-M4: $M_m=3.963$, $SD_m=2.132$ $M_w=4.146$, $SD_w=2.076$ Freiheitmotiv F1-F4: $M_m=1.966$, $SD_m=1.526$ $M_w=1.754$, $SD_w=1.526$	Anhand einer vorliegenden Stichprobe von $n=134$ Jungen und $n=89$ Mädchen der Altersgruppe 10-14 Jahre wurden jeweils Mittelwerte und Standardabweichungen bestimmt, um die Normierung vorzunehmen.

Anmerkungen. M_m = Mittelwert Jungen, SD_m = Standardabweichung Jungen,
M_w = Mittelwert Mädchen, SD_w = Standardabweichung Mädchen.

Die einzelnen Rohwerte der LKSSI-Skalen (HOM, HOP, Selbstberuhigung, Selbstbestimmung und Selbstmotivierung) werden zu einem übergreifenden Wert der Selbststeuerung gemittelt und bilden eine neue Variable. Eine weitere Variable wird hinsichtlich der Intelligenzwerte gebildet: Jeweils der höchste erreichte Testwert aus den Untertests des CFT 20-R

Weitere Transformationen

---

39 Die zur Verfügung gestellten t-Werte des OMT durch die Testfirma wiesen Unstimmigkeiten auf, so dass eine nachträgliche „Neu-Normierung" erfolgte.

mit Wortschatz- und Zahlenfolgentest eines Schülers wird ausgewählt und bildet den Wert der Variable *Höchster Intelligenzwert*[40].

Im Folgenden wird der Umgang mit fehlenden Werten in dieser Arbeit beschrieben.

5.8   Behandlung fehlender Werte

Fehlende Werte durch einen fall- oder paarweisen Ausschluss zu behandeln, wird heute von verschiedenen Forschern als methodisch defizitär angesehen (Lüdtke, Robitzsch, Trautwein & Köller, 2007; Schafer & Graham, 2002). Werden fehlende Werte dagegen durch einen möglichst sinnvollen Wert ersetzt, nennt man dies eine Imputation, wobei hier noch eine Unterscheidung zwischen einer einfachen (Single Imputation) oder mehrfachen Ersetzung (Multiple Imputation (MI)) vorgenommen wird (Lüdtke et al., 2007). Dies verfälscht den Datensatz nicht (unbedingt), sondern versucht im Gegenteil den Einfluss und eine verfälschende Wirkung fehlender Werte zu reduzieren (Döring & Bortz, 2016, S. 591).

Es gibt viele Argumente dafür, eine MI durchzuführen: Pampaka et al. (2016) weisen z. B. in ihrer Studie nach, dass es sogar möglich ist, große Mengen fehlender Daten über die MI zu ergänzen. Die Ergänzung fehlender Werte sei keine Manipulation, sondern „... does the opposite, by using what information is available to simulate the missing data so as to minimize the bias in results due to 'missingness'"(Pampaka et al., 2016, S. 21). Gleichermaßen gibt es auch Forschungen, die gegen die MI sprechen und es werden Dispute darüber ausgefochten (z. B. Wuttke, 2008 und Lüdtke, Robitzsch, Trautwein & Köller, 2008). Rost (2007a) bezeichnet die MI sogar als „multiple Datenerfindung" (S. 146).

Das folgende Zitat beschreibt den aktuellen Stand in der Forschung:
> Trotz des in der methodischen Literatur bestehenden Konsenses hinsichtlich der Überlegenheit der neueren Verfahren zur Behandlung von fehlenden Werten werden in der empirischen Forschung diese Verfahren bisher nur äußerst zurückhaltend eingesetzt...Dieser Zustand lässt sich zum Teil auf eine immer noch unter vielen Forschern vorhandene Skepsis...zurückführen..., der möglicherweise unzureichende Kenntnisse zu Grunde liegen. (Lüdtke et al., 2007, S. 115)

Fehlende Werte in dieser Arbeit

Auch in dem vorliegenden Datensatz dieser Arbeit fehlen Werte. Tabelle 10 gibt eine Übersicht über die Häufigkeit. Aus Gründen der Übersichtlichkeit wurden die einzelnen Skalen der Testbatterien zusammengefasst. Der Rücklauf bei der Erhebung der Schulleistung über Notendurchschnitte in den Fächer Mathematik, Deutsch, Englisch und der 2. Fremdsprache weist

---

40 Es ist kritisch anzumerken, dass die beiden Untertests des CFT 20-R, der Wortschatz und Zahlenfolgentest, auf diese Weise gleiche Gewichtung erhalten wie der Hauptteil des CFT 20-R an sich. Kritische Auseinandersetzungen diesbezüglich sind sowohl in der Stichprobenbeschreibung (Kapitel 5.10.1) als auch in der Methodenkritik (Kapitel 7.4) dieser Arbeit nachzulesen.

vor allem beim zweiten Erhebungszeitpunkt fehlende Werte in Höhe von 70 % auf. Bei der Durchführung des CFT 20-R mit den Ergänzungstests fehlten vier Schüler; ein fünfter kam zu spät, so dass er nur den WS/ZF durchführen konnte. Vier Schüler bearbeiteten den Lern- und Leistungsscan bei der Vortestung und 16 Schüler bei der Nachtestung nicht oder nur unzureichend.[41, 42]

Tabelle 10: *Übersicht über Häufigkeiten fehlender Werte*

	Fehlend	
	n	%
Schulleistung (t1)	20	20
Schulleistung (t2)	70	70
CFT 20-R (Teil 1, Teil 2, Gesamt)	5	5.0
CFT 20-R WS/ZF	4	4.0
Potenzialanalyse (t1)	4	4.0
Potenzialanalyse (t2)	16	16

Um den vorliegenden Datensatz nicht durch ein Ausschließen von Fällen zu verfälschen, wurde das Verfahren der MI in Betracht gezogen, da dies laut Dickhäuser und Plenter (2005) das am besten geeignete statistische Verfahren für den Umgang mit fehlenden Werten ist. Die MI steht jedoch nach Wuttke (2008) im Konflikt mit Mittelbarkeit und Nachvollziehbarkeit und der Entschluss auf die letzte „Verfeinerung der Datenauswertung" (S. 179) zu verzichten, erscheint durchaus sinnvoll, da die Imputation die „...mathematische Komplexität statistischer Auswertungen auf... eine bisher unübliche Ebene" (S. 179) hebt.[43]

---

41 Wenn ein Test nicht beendet, sondern in der Mitte abgebrochen wurde, ist es nicht möglich, die bereits ausgefüllten Testteile ausgewertet von der Testfirma zur Verfügung gestellt zu bekommen.

42 Um den Typ der fehlenden Daten zu bestimmen (Missing at random (MAR), Missing completely at random (MCAR), Missing not at random (MNAR)) wird der MCAR Test nach Little (1988) durchgeführt. Es ergibt sich Chi-Quadrat $= 108,45$, $df = 99$, $p = .243$ so dass die Hypothese auf abhängige Verteilung abgelehnt werden und die fehlenden Werte als MCAR angenommen werden können.

43 Im schriftlich fortgeführten Streitgespräch nehmen Lüdtke et al. (2008) hierzu folgendermaßen Stellung: Als generelle Regel tauge die Empfehlung von Wuttke (2008) nicht. Sei die Transparenz wichtiger als der Einsatz adäquater Verfahren? Um eine drastische Analogie zu verwenden: Würde jemand von Ärzten verlangen, auf moderne Operationsmethoden nur deshalb zu verzichten, weil bei vielen traditionellen Operationsmethoden etwaige Kunstfehler besser erkennbar sind?

MI in dieser Arbeit

In der vorliegenden Arbeit wird von einer MI abgesehen. Die Anzahl der fehlenden Werte im Datensatz dieser Arbeit ist auf der einen Seite, ausgenommen die Schulleistung, nicht sehr hoch. Auf der anderen Seite erscheint es im Falle dieses Forschungsvorhabens kritisch, die Daten aufzufüllen, da jeweils nicht nur einzelne Items, sondern ganze Skalen fehlen. (Anders als z. B. in einem Fragebogen, in dem einzelne Kreuze nicht gesetzt wurden.) Es muss in Frage gestellt werden, ob es wirklich sinnvoll sein kann, z. B. fehlende IQ-Werte mit Hilfe des MI Algorithmus auf Basis der IQ-Werte der restlichen Stichprobe zu ergänzen. Darum wurde die MI zwar versuchsweise angewendet, um zu erfahren, welche Werte sich auf diese Weise verändern; die sich durch die MI ergebenden Veränderungen waren nur marginal, der damit verbundene Aufwand in der Auswertung im Gegensatz dazu aber außergewöhnlich hoch. Die Ergebnisse im Resultatteil basieren folglich auf dem Originaldatensatz.

5.9 Datenauswertung

Die quantitativen Analysen erfolgen mittels Standardverfahren der deskriptiven und Interferenzstatistik (u. a. Wirtz & Nachtigall, 2013). Für interferenzstatistische Verfahren werden Effektstärken angegeben. Alle Datenanalysen werden mit SPSS 22 bzw. SPSS 23 durchgeführt. Alle den Berechnungen zugrundeliegenden Syntaxen können digital bei der Autorin eingesehen werden.

Die wenigen qualitativen Daten aus den Rückmeldebögen werden in Anlehnung an Mayring (2010) kategorisiert und zur Auswertung mit Hilfe eines Programms zur qualitativen Inhaltsanalyse (MAXQDA) aufbereitet.

Nachdem nun die grundlegenden Fragen hinsichtlich des Designs der Arbeit thematisiert wurden, erfolgt nun die Stichprobenbeschreibung.

5.10 Stichprobenbeschreibung

Zur Stichprobenbeschreibung werden zunächst allgemeine Kennwerte berichtet. Daran anschließend werden die Probanden anhand ihres höchsten erzielten Testwertes in der Intelligenzdiagnostik (siehe Kapitel 5.7) den beiden Teilgruppen besonders begabte Schüler und durchschnittlich begabte Schüler zugeordnet (siehe Kapitel 5.10.1). Nachdem daran anschließend die erhobenen Daten zur Schulleistung (siehe Kapitel 5.10.2) berichtet werden, wird anhand dessen erneut eine Klassifizierung vorgenommen: Anhand des Kriteriums *Diskrepanz zwischen Intelligenz und Schulleistung* werden sie der Gruppe *Underachiever* oder *Achiever* zugeordnet (siehe Kapitel 5.10.3). Die Stichprobenbeschreibung schließt mit den deskriptiven Werten zu unbewussten Motivlagen (siehe Kapitel 5.10.4).

Neben der rein deskriptiven Beschreibung wird die Stichprobe an dieser Stelle bereits auf mögliche Unterschiede zwischen EG und WG untersucht.

Zu untersuchende Merkmale sind *Alter, Klasse, Intelligenz, Schulleistung* und die *Unbewussten Motivlagen.* Auf diese Weise wird überprüft, ob sich beide Gruppen hinreichend ähneln und die WG als Kontrollgruppe passend ist. Die Überprüfung erfolgt mit einer einfaktoriellen Varianzanalyse, wofür die Werte zunächst hinsichtlich der Voraussetzung (Normalverteilung und Varianzhomogenität) überprüft werden.

An der MoSt-Intervention nehmen im Experimental-Wartegruppen-Design insgesamt $N = 81$ Schüler teil. Im Schuljahr 2013/14 sind es $n = 28$ Schüler und im Schuljahr 2014/15 $n = 53$ Schüler.

Aus der WG führen $n = 19$ Schüler auf freiwilliger Basis erneut eine Potenzialanalyse nach Abschluss ihres MoSt-Durchgangs durch und bilden damit eine zweite Experimentalgruppe (EG2) (siehe Kapitel 5.6.1). Auf diese Weise ist es möglich, die EG1 um 19 weitere Schüler (EG2) aufzufüllen. Um zu gewährleisten, dass EG1 und EG2 sich hinreichend ähneln, wurden mit Hilfe einer einfaktoriellen Varianzanalyse Anfangsunterschiede in den Variablen *Alter, Schulleistung* (t1) und *Intelligenz* überprüft sowie alle Skalen der Potenzialanalyse (t1). Es liegen keine signifikanten Unterschiede zwischen der ursprünglichen EG und den 19 zusätzlichen Datensätzen vor, so dass die EG1 um diese 19 Schüler[44] erweitert wird. Diese 19 Fälle sind in der Auswertung sowohl in der WG (mit den Testwerten t1 zu t2) als auch in der EG (mit den Testwerten t1 zu t2), mit unterschiedlichen Codes, vorzufinden. Der interessierte Leser kann die Ergebnisse der einfaktoriellen Varianzanalysen in Teil A6 des Anhangs (siehe S. 226) nachvollziehen. Die neuen Fallzahlen, auf denen die folgenden Auswertungen basieren, verschieben sich demnach wie folgt: EG: $n = 60$, WG: $n = 40$.

Auffüllen der EG

Die EG ist zu 78 % männlich ($n = 47$) und 22 % weiblich ($n = 13$), besucht im Durchschnitt die 7.35 Klasse ($SD = 1.15$) und ist im Durchschnitt 12.43 ($SD = 1.29$) Jahre alt. Die WG ist zu 85 % männlich ($n = 34$) und 15 % weiblich ($n = 6$), besucht im Durchschnitt die 7.30 Klasse ($SD = 1.31$) und ist im Durchschnitt 12.27 ($SD = 1.20$) Jahre alt. Weder die Variable *Alter* noch die Variable *Klasse* ist in einer der Gruppen normalverteilt (*Alter*: EG: $W(60) = .93$, $p = .002$, WG: $W(40) = .88$, $p = .000$; *Klasse*: EG: $W(60) = .88$, $p = .000$, WG: $W(40) = .77$, $p = .000$). Die Varianzen sind homogen (*Alter*: $F(1,98) = 3.39$, $p = .069$; *Klasse*: $F(1,98) = 0.11$, $p = .737$). Die beiden Gruppen unterscheiden sich in diesen beiden Merkmalen nicht signifikant (*Klasse*: $U = 1110.50$, $p = .518$; *Alter*: $U = 1150.50$, $p = .718$).

Deskriptive Beschreibung der beiden Gruppen

---

44 Geschlecht: $n = 16$ Jungen, $n = 3$ Mädchen.

Vom Arnold-Janssen-Gymnasium Neuenkirchen[45] stammen $n = 22$ Schüler (22 %), $n = 29$ Schüler vom Schillergymnasium Münster[46] (29 %), $n = 30$ Schüler vom Johann-Conrad-Schlaun-Gymnasium Münster[47] (30 %), $n = 13$ Schüler von der Gesamtschule Münster Mitte[48] (13 %) und $n = 6$ Schüler vom Geschwister Scholl Gymnasium Münster[49] (6 %).

Eine detaillierte Stichprobenbeschreibung mit gleichzeitiger Untersuchung der Daten auf Unterschiede zum ersten Messzeitpunkt t1 erfolgt im Vergleich von EG zu WG.

5.10.1 Intelligenz (EG vs. WG)

Es liegen für 95 % der Schüler Werte aus dem CFT 20-R und für 96 % aus dem WS/ZF vor. Die Kennwerte können Tabelle 11 und Tabelle 12 entnommen werden. Bei der Untersuchung der Daten fällt auf, dass in der EG folgende Testwerte nicht normalverteilt sind: *CFT Teil 1 (IQ-Wert)* $(W(57) = .95,\ p = .030)$, *CFT Gesamt (IQ-Wert)* $(W(57) = .96,\ p = .044)$ und *ZF (IQ-Wert)* $(W(57) = .96, p = .037)$. In der WG sind alle Ergebnisse des Shapiro-Wilk-Tests nicht signifikant, so dass eine Normalverteilung angenommen wird. Die Varianzen zwischen den Gruppen sind homogen.[50] Eine einfaktorielle Varianzanalyse ergibt keine signifikanten Unterschiede zwischen EG und WG hinsichtlich der Werte aus dem CFT (siehe Tabelle 11 und Tabelle 12).

---

45 Das Arnold-Janssen-Gymnasium ist eine katholische Privatschule in Neuenkirchen/St. Arnold mit ca. 1000 Schülern (Arnold-Janssen-Gymnasium, n. D.). Das MoSt fand hier 2014/15 statt.

46 Das Schillergymnasium ist ein städtisches Gymnasium in Münster mit ca. 800 Schülern (Schillergymnasium Münster, n. D.). Das MoSt fand dort 2013/14 und 2014/15 statt.

47 Das Johann-Conrad-Schlaun Gymnasium ist ein städtisches Gymnasium in Münster mit ca. 570 Schülern (Johann-Conrad-Schlaun-Gymnasium, n. D.). Das MoSt fand hier 2014/15 statt.

48 Die Gesamtschule Münster Mitte ist eine sich seit 2012 im Aufbau befindende städtische Gesamtschule in Münster (Gesamtschule Münster-Mitte, n. D.). Hier hat das MoSt im Durchgang 2013/14 stattgefunden.

49 Das Geschwister-Scholl-Gymnasium Münster ist eine Modellschule im Schulversuch G9 NRW mit ca. 700 Schülern (Geschwister-Scholl-Gymnasium Münster, n. D.). Das MoSt hat hier im Durchgang 2013/14 stattgefunden.

50 *CFT Teil 1 (IQ-Wert):* $F(1,93) = 0.78$, $p = .380$; *CFT 2 (IQ-Wert):* $F(1.93) = 0.49, p = .484$; *CFT Gesamt (IQ-Wert):* $F(1,93) = 0.62, p = .435$); *WS (IQ-Wert):* $F(1,94) = 0.20$, $p = .652$; *ZF (IQ-Wert):* $F(1,94) = 0.11, p = .743$; *Höchster Intelligenzwert (IQ-Wert):* $F(1,94) = 1.07, p = .304$.

Tabelle 11: *Unterschiede zwischen EG und WG hinsichtlich der Werte des CFT (Einfaktorielle Varianzanalyse)*

	EG			WG				p (2-seitig)
	n	M	SD	N	M	SD	F	
CFT Teil 2 (IQ-Wert)	57	110.44	15.71	38	112.58	12.61	0.49	.484
WS (IQ-Wert)	58	110.59	11.79	38	109.53	10.33	0.20	.652
Höchster Intelligenz-wert (IQ-Wert)[51]	58	120.53	11.73	38	122.84	8.88	1.07	.304

Anmerkungen. EG = Experimentalgruppe, WG = Wartegruppe

Tabelle 12: *Zu Kennwerten zusammengefasste Daten der Intelligenzdiagnostik (Welch-Test)*

	EG			WG				p (2-seitig)
	n	M	SD	N	M	SD	z	
CFT Teil 1 (IQ-Wert)	57	107.58	13.36	38	109.92	11.56	-1.13	.257
CFT Ge-samt (IQ-Wert)	57	110.37	15.27	38	112.68	12.10	-0.93	.473
ZF (IQ-Wert)	58	109.48	14.76	38	110.55	16.82	-0.47	.636

Anmerkungen. EG = Experimentalgruppe, WG = Wartegruppe

In der EG liegt der Mittelwert des höchsten erzielten Testwertes (IQ) bei 120.53 ($SD = 11.73$) und in der WG bei 122.84 ($SD = 8.88$). Der im Theorieteil dieser Arbeit hergeleitete Schwellenwert für besondere Begabung ist ein IQ-Wert ≥ 115. Zur Einteilung der Schüler in die Gruppen *besonders begabt* und *durchschnittlich begabt* wird der jeweils höchste erzielte Testwert im CFT 20-R des Schülers herangezogen (Teil 1, Teil 2, Gesamt, ZF oder WS).[52] Schüler mit einem IQ ≥ 115 werden der Gruppe *besonders begabt* zugeordnet, die restlichen Schüler der Gruppe *durchschnittlich be-*

Höchster Intelligenzwert & Klassifizierung

---

51 Diese Variable entspricht dem jeweils höchsten erzielten Wert in der Intelligenztestung durch den CFT 20-R (siehe auch Kapitel 5.7).
52 Zur Kritik an diesem Vorgehen der Klassifizierung siehe Kapitel 7.4.3.

gabt. In der EG befinden sich daraus folgernd 41 besonders begabte Schüler (68.3 %) und 17 durchschnittlich begabte Schüler (28.3 %).[53] In der WG
sind es 33 Schüler mit besonderer Begabung (82.5 %) und fünf Schüler mit
durchschnittlicher Begabung (12.5 %).[54]

Stichproben-
beschreibung
besonders be-
gabte vs. durch-
schnittlich be-
gabte Schüler

In der **Teilgruppe der besonders begabten Schüler der EG** ($n = 41$)
befinden sich 35 Jungen (85.4%) und sechs Mädchen (14.6%). Sie sind im
Durchschnitt 12.54 Jahre alt ($SD = 1.19$) und gehen durchschnittlich in die
7.44 Klasse ($SD = 1.05$). Der durchschnittliche IQ-Wert liegt bei 126.29
($SD = 8.33$).

Die **Teilgruppe der besonders begabten Schüler in der WG** ($n = 33$)
besteht aus 29 Jungen (87.9%) und vier Mädchen (12.1%). Das durchschnittliche Alter liegt bei 12.18 Jahren ($SD = 1.16$) und die Schüler besuchen im Durchschnitt die 7.24 Klasse ($SD = 1.28$). Der durchschnittliche
IQ-Wert liegt bei 125.18 ($SD = 6.62$).

Die **Teilgruppe der durchschnittlich begabten Schüler der EG**
($n = 17$) setzt sich aus elf Jungen (64.7 %) und sechs Mädchen (35.3 %)
zusammen, ist im Durchschnitt 12.00 Jahre ($SD = 1.46$) alt und geht durchschnittlich in die 7.00 Klasse ($SD = 1.32$). Der Mittelwert des IQ der durchschnittlich begabten Schüler liegt bei 106.65 ($SD = 5.20$).

Die **Teilgruppe der durchschnittlich begabten Schüler in der WG**
($n = 5$) setzt sich aus drei Jungen (60.0%) und zwei Mädchen (40.0%) zusammen. Das durchschnittliche Alter liegt bei 12.20 ($SD = 1.56$) und sie
besuchen im Durchschnitt die 7.00 Klasse ($SD = 1.41$). Der durchschnittliche IQ-Wert in der Teilgruppe liegt bei 107.40 ($SD = 6.02$).

5.10.2 Schulleistung (EG vs. WG)

Zum ersten Messzeitpunkt liegen von 80 % der Schüler Angaben zur
Schulleistung vor. Es wurden die Zeugnisnoten der Fächer Deutsch, Mathematik, Englisch sowie der 2. Fremdsprache erhoben und anschließend
der Mittelwert berechnet (siehe Kapitel 5.7). Die Werte der Skala *Schulleistung* sind normalverteilt und die Varianzen homogen ($F(1,78) = 0.07$,
$p = .798$). In der EG liegt die durchschnittliche Schulleistung auf einer
fünf-stufigen Notenskala bei 3.10 ($SD = 0.68$), in der WG bei 2.92
($SD = 0.71$). Das Ergebnis einer einfaktoriellen Varianzanalyse der Werte
zwischen EG und WG erbringt kein signifikantes Ergebnis ($F(1,78) = 1.21$,
$p = .274$), beide Gruppen ähneln sich demnach hinreichend.

---

53 Zwei Schüler (3.3 %) aus der EG können aufgrund fehlender IQ-Werte keiner
    der beiden Teilgruppen zugeordnet werden.
54 Zwei Schüler (5.0 %) aus der WG können aufgrund fehlender IQ-Werte keiner
    der beiden Teilgruppen zugeordnet werden.

5.10.3 Bestimmung der Underachiever (EG vs. WG)

Die durch Lehrkräfte nominierte Stichprobe soll auch dahingehend untersucht werden, ob, und wenn ja zu welchen Anteilen, Underachiever vorzufinden sind. Zur Klassifikation wird dazu, wie im Theorieteil hergeleitet,
das Diskrepanzkriterium herangezogen (siehe Kapitel 2.4). Dazu werden
die Variablen *Höchster Intelligenzwert (IQ-Wert)* und *Schulleistung* zum
ersten Messzeitpunkt t1 in t-Werte transformiert (siehe Kapitel 5.7) und
die Differenz gebildet. Entspricht die negative Diskrepanz $\geq$+10 t-Punkten
(eine Standardabweichung), dann wird die Person der Gruppe der Underachiever zugeordnet, die übrigen Personen werden als Achiever klassifiziert. Daraus ergibt sich, dass in der EG 33 Schüler als Underachiever
(55 %) und 17 Schüler als Achiever (28.3 %) bestimmt werden können.[55]
In der WG befinden sich 18 Underachiever (45 %) und neun Achiever
(22.5 %).[56]

In der **Teilgruppe der Underachiever in der EG** (*n* = 33) befinden
sich 28 Jungen (84.8 %) und fünf Mädchen (15.2 %). Sie sind im Durchschnitt 12.52 Jahre alt (*SD* = 1.28), gehen in die 7.39 Klasse (*SD* = 1.03)
und haben einen Zeugnisdurchschnitt von 3.23 (*SD* = 0.72). Die Teilgruppe
setzt sich aus 32 besonders begabten Schülern (97.0 %) und einem durchschnittlich begabten Schüler (3.0 %) zusammen. Der durchschnittliche IQ
in der Teilgruppe der Underachiever liegt bei 125.18 (*SD* = 8.35).

Die **Teilgruppe der Underachiever** in der WG (n = 18) setzt sich aus
17 Jungen (94.4 %) und einem Mädchen (5.6 %) zusammen. Das durchschnittliche Alter in dieser Teilgruppe liegt bei 11.94 Jahren (*SD* = 1.26),
die Schüler gehen mit einem Zeugnisdurchschnitt von 3.05 (*SD* = 0.74) im
Durchschnitt in die 6.94 Klasse (SD = 1.16). Alle 18 Schüler sind besonders begabte Schüler (100.0 %). Der durchschnittliche IQ liegt bei 126.56
(*SD* = 5.76).

Die **Teilgruppe der Achiever der EG** (*n* = 17) setzt sich aus elf Jungen
(64.7 %) und sechs Mädchen (35.3 %) zusammen, die durchschnittlich
12.06 Jahre (*SD* = 1.39) alt sind und in die 7.00 Klasse (*SD* = 1.28) gehen.
Schüler dieser Teilgruppe haben einen Zeugnisdurchschnitt von 2.80
(*SD* = 0.18). In dieser Teilgruppe befinden sich drei besonders begabte
Schüler (17.6 %) und 14 durchschnittlich begabte Schüler (82.4 %). Der
durchschnittliche IQ in der Teilgruppe der Achiever liegt bei 109.24
(*SD* = 7.64).

In der **Teilgruppe der Achiever in der WG** (*n* = 9) befinden sich sechs
Jungen (66.7 %) und drei Mädchen (33.3 %). Das durchschnittliche Alter
liegt bei 12.00 Jahren (*SD* = 1.12), die Schüler dieser Gruppe gehen im

*Stichproben-
beschreibung
Underachiever
vs. Achiever*

---

55 Für 10 Schüler (16.7 %) liegt entweder kein Wert für die Schulleistung oder
kein IQ-Wert vor.
56 Für 13 Schüler der WG (32.5 %) liegt entweder keine Durchschnittsnote der
Schulleistung oder kein IQ-Wert vor.

Durchschnitt in die 6.78 Klasse (*SD* = 1.20) und weisen einen Zeugnis-durchschnitt von 2.60 (*SD* = 0.74) auf. Diese Teilgruppe setzt sich aus vier besonders begabten Schülern (44.4 %) und fünf durchschnittlich begabten Schülern zusammen (55.6 %). Der durchschnittliche IQ liegt bei 112.22 (*SD* = 7.22).

5.10.4 Unbewusste Motivlage (EG vs. WG)

An dieser Stelle werden die erhobenen Daten zur unbewussten Motivlage der Schüler aufgeführt. Da hier kein Vor-Nachtest-Vergleich angestellt wird, basiert die Auswertung zum Zweck der Interpretierbarkeit auf t-Wer-ten.

Die Normalverteilung der Werte der unbewussten Motivlagen ist nur im *unbewussten Machtmotiv* in der WG erfüllt. Die weiteren Skalen zu den unbewussten Motiven sind nicht normalverteilt.[57] Die Varianzen sind auf der Skala des *unbewussten Leistungsmotivs* heterogen ($F(1,94) = 5.68$, $p = .019$), in den anderen drei Skalen homogen.[58]

Tabelle 13: *Gruppenvergleich (EG vs. WG): Unbewusste Motivlagen (Anschluss-, Macht- und Freiheitsmotiv) (Mann-Whitney-U-Test)*

	EG			WG			*U*	*p* (2-seitig)
	n	*M*	*SD*	*n*	*M*	*SD*		
Unbewusstes Anschlussmo-tiv	58	43.10	8.32	38	43.91	10.22	1045.50	.665
Unbewusstes Machtmotiv	58	47.12	9.75	38	47.95	9.19	1060.00	.751
Unbewusstes Freiheitsmotiv	58	43.01	8.06	38	44.86	8.78	936.50	.196

Anmerkungen. EG = Experimentalgruppe, WG = Wartegruppe

---

57 *Unbewusstes Anschlussmotiv:* EG: $W(58) = .91$, $p = .000$; WG: $W(38) = .92$, $p = .007$; *Unbewusstes Leistungsmotiv:* EG: $W(58) = .92$, $p = .001$; WG: $W(38) = .92$, $p = .008$; *Unbewusstes Machtmotiv:* EG: $W(58) = .95$, $p = .022$; *Unbewusstes Freiheitsmotiv:* EG: $W(58) = .73$, $p = .000$; WG: $W(38) = .82$, $p = .000$.

58 *Unbewusstes Anschlussmotiv:* $F(1,94) = 2.36$, $p = .128$; *Unbewusstes Macht-motiv:* $F(1,94) = 5.78$, $p = .450$; *Unbewusstes Freiheitsmotiv:* $F(1,94) = 0.64$, $p = .425$.

Tabelle 14: *Gruppenvergleich (EG vs. WG): Unbewusstes Leistungsmotiv (Welch-Test)*

	EG			WG			Sta-tistik	p (2-sei-tig)
	n	M	SD	n	M	SD		
Unbewusstes Leistungsmotiv	58	48.14	10.86	38	48.00	8.35	-0.01	.944

Anmerkungen. EG = Experimentalgruppe, WG = Wartegruppe

In beiden Gruppen liegt der Mittelwert der unbewussten Motivlagen im unteren Durchschnittsbereich im Vergleich zur Altersnorm.[59] EG und WG unterscheiden sich nicht hinsichtlich ihrer unbewussten Motivlagen (siehe Tabelle 13 und Tabelle 14).

---

59 Hierbei gilt: t-Werte < 40 werden als unterdurchschnittlich, t-Werte zwischen 40 und 60 als durchschnittlich und t-Wert < 60 als überdurchschnittlich eingestuft.

6   Resultate

Dieser Teil der Arbeit berichtet die Resultate der Datenerhebung. Er ist in mehrere Kapitel untergliedert. Es werden Entwicklungen in Skalen und Subskalen der Potenzialanalyse und Schulleistung von Messzeitpunkt t1 zu t2 untersucht (Hypothesen 1–3). Dazu werden jeweils Kennwerte der EG in Vergleich zu Kennwerten der WG gesetzt. Die Überprüfung von Entwicklungen von Messzeitpunkt t1 zu t2 im Vergleich der (Teil-)Gruppen wird in diesem Drei-Schritt-Verfahren durchgeführt:

1. Untersuchung der Skalen und Subskalen auf **Normalverteilung** (Shapiro-Wilk-Test (Shapiro, Wilk & Chen, 1968)) und **Varianzhomogenität** (Levene-Test (Levene, 1960)).

2. Überprüfung von **Unterschieden** zwischen den beiden Gruppen zum ersten Messzeitpunkt t1 über **einfaktorielle Varianzanalysen** (ggf. bei Verletzung der Varianzhomogenität Korrektur der Werte nach Welch (1947) bzw. bei Verletzung der Normalverteilung Anwendung des Mann-Whitney-U-Tests (Mann & Whitney, 1947)).

3. Die **Untersuchung der Entwicklung** von Messzeitpunkt t1 zu t2 erfolgt wahlweise bei vorliegender Normalverteilung mit einem **t-Test für verbundene Stichproben** (auch bei Verletzung der Varianzhomogenität, da der t-Test dieser Verletzung gegenüber robust ist (Wirtz & Nachtigall, 2013, S. 141)) oder bei Verletzung der Normalverteilung durch einen **Wilcoxon-Test** für verbundene Stichproben (Rasch, Friese, Hofmann & Naumann, 2010).

Die beiden anschließenden Kapitel (6.2 und 6.3) sind analog zu Kapitel 6.1 aufgebaut. Hier wird jedoch eine Unterteilung der EG zunächst in die Teilgruppen „besonders begabte Schüler" und „durchschnittlich begabte Schüler" (Kapitel 6.2) und anschließend in die Teilgruppen „Underachiever" und „Achiever" (Kapitel 6.3) vorgenommen. Der Vollständigkeit halber und für eine bessere Nachvollziehbarkeit für den Leser werden alle Ergebnisse, nicht nur die signifikanten, rapportiert. Im letzten Kapitel des Resultatteils werden die Rückmeldebögen der Trainingssitzungen untersucht und die offenen Fragen der Rückmeldebögen qualitativ ausgewertet.

6.1   Vergleich von EG und WG

Hier werden zur Beantwortung der ersten Forschungsfrage (*F1: Welche Wirkung erzielt ein Motivations- und Selbststeuerungstraining, wenn es in Kleingruppen im schulischen Kontext durchgeführt wird?*) Effekte der Intervention beschrieben, indem Vergleiche der Testwerte der Messzeitpunkte t1 und t2 der EG und WG angestellt werden. Zunächst wird die

Entwicklung in den Selbststeuerungsfähigkeiten (Kapitel 6.1.1), daran anschließend die Entwicklung des Bedrohungs- und Belastungsempfinden (Kapitel 6.1.2), dann die der bewussten Motivlagen (Kapitel 6.1.3) und abschließend die Entwicklung der Schulleistung (Kapitel 6.1.4) beschrieben. Für die Untersuchung der Skalen und Subskalen aus der Potenzialanalyse liegen in der EG 48 und in der WG 33 vollständige Testpaare (also vollständige Werte von Messzeitpunkt t1 und Messzeitpunkt t2) vor. Für die Skala der Schulleistung sind es 20 Testpaare in der EG und 9 Testpaare in der WG. Fälle, bei denen nur ein Testwert (t1 oder t2) vorliegt, werden aus der Untersuchung ausgeschlossen.

6.1.1 Entwicklung der Selbststeuerungsfähigkeiten (EG vs. WG)

Die Werte der Skala *Selbststeuerung* sind zu den Messzeitpunkten t1 und t2 normalverteilt, die Varianzen homogen (t1: $F(1,94) = 1.52$, $p = .220$; t2: $F(1,82) = 0.37$, $p = .546$). Eine einfaktorielle Varianzanalyse zur Überprüfung von Anfangsunterschieden hinsichtlich der Skala *Selbststeuerung* zwischen beiden Gruppen ergibt keinen signifikanten Effekt ($F(1,94) = 0.04$, $p = .841$).

Skala Selbststeuerung

Tabelle 15: *Gruppenvergleich (EG vs. WG): Entwicklung der Skala Selbststeuerung (t-Test)*

	MZP	n	M	SD	r	t	df	p (1-seitig)	d
EG	t1	48	5.29	1.72	.516	-2.66	47	.006*	0.39*
	t2	48	5.96	1.80					
WG	t1	33	5.35	1.93	.588	0.57	32	.287	
	t2	33	5.18	1.84					

Anmerkungen. MZP = Messzeitpunkt, EG = Experimentalgruppe, WG = Wartegruppe
*$p < .05$, * $d \geq .20$

Im Vergleich der Werte der Skala *Selbststeuerung* von Messzeitpunkt t1 zu t2 ist festzustellen, dass der Mittelwert in der EG signifikant steigt (siehe Tabelle 15). Der negative Trend (-.17) in der WG ist nicht signifikant.

In den folgenden Schritten werden die Subskalen der Selbststeuerungsfähigkeiten der Gruppen untersucht.

Die Werte der Subskala *Handlungsorientierung nach Misserfolg* (t1, t2) sind in beiden Gruppen normalverteilt, die Varianzhomogenität ist gegeben (t1: $F(1,94) = 0.46$, $p = .501$; t2: $F(1,82) = 0.18$, $p = .670$). Die beiden Gruppen haben zum ersten Messzeitpunkt vergleichbare Kompetenzen in der *Handlungsorientierung nach Misserfolg* ($F(1,94) = 1.95$, $p = .166$).

Subskala Handlungsorientierung nach Misserfolg

Tabelle 16: *Gruppenvergleich (EG vs. WG): Entwicklung der Subskala Hand-lungsorientierung nach Misserfolg (t-Test)*

	MZP	n	M	SD	r	t	df	p (1-seitig)	d
EG	t1	48	6.10	2.91	.545	-1.47	47	.074[+]	0.21*
	t2	48	6.69	2.85					
WG	t1	33	5.52	2.68	.665	-.66	32	.257	
	t2	33	5.79	3.06					

Anmerkungen. MZP = Messzeitpunkt, EG = Experimentalgruppe, WG = Warte-gruppe
[+]$p < .1$, * $d \geq .20$

Tabelle 16 zeigt die Entwicklung der Subskala *Handlungsorientierung nach Misserfolg* in beiden Gruppen. In der EG ist eine Tendenz zu erkennen, dass Schüler dieser Gruppe nach Abschluss der Intervention besser nach einem Misserfolg zurück ins Handeln kommen. In der WG ist der positive Trend (.27) hinsichtlich des Umgangs mit Misserfolg nicht signifikant.

Subskala *prospektive Handlungsorientierung*

Die Werte der Subskala *prospektive Handlungsorientierung* sind zum ersten Messzeitpunkt in beiden Gruppen normalverteilt, nicht aber zum zweiten Messzeitpunkt in der EG (EG: $W(48) = 0.95$, $p = .025$; WG: $W(33) = 0.95$, $p = .092$), die Varianzen sind homogen (t1: $F(1,94) = 0.00$, $p = .971$; t2: $F(1,82) = 0.34$, $p = .563$). Beide Gruppen haben zum ersten Messzeitpunkt vergleichbare Kompetenzen in der *prospektiven Handlungsorientierung* ($U = -1091.00$, $p = .934$).

Tabelle 17: *Gruppenvergleich (EG vs. WG): Entwicklung der Subskala prospektive Handlungsorientierung (Wilcoxon-Test)*

	MZP	n	M	SD	r	z	p (1-seitig)
EG	t1	48	5.52	2.75	.466	-0.38[b]	.353
	t2	48	5.56	2.77			
WG	t1	33	5.00	2.62	.140	-0.18[c]	.430
	t2	33	4.97	3.07			

Anmerkungen. MZP = Messzeitpunkt, EG = Experimentalgruppe, WG = Warte-gruppe, b. basiert auf negativen Rängen, c. basiert auf positiven Rängen

In Tabelle 17 ist zu sehen, dass der Mittelwert der Subskala *prospektive Handlungsorientierung* in der EG steigt und in der WG sinkt. Beide Trends (EG: 0.04, WG: -0.03) sind nicht signifikant.

Subskala *Selbstberuhigung*

Die Subskala *Selbstberuhigung* ist in der EG nicht normalverteilt (t1: $W(48) = .95$, $p = .038$; t2: $W(48) = .94$, $p = .023$). Die Varianzhomogenität ist gegeben (t1: $F(1,94) = 0.86$, $p = .355$; t2: $F(1,82) = 1.79$, $p = .185$). Schüler aus beiden Gruppen weisen vor Beginn des MoSt vergleichbare

Fähigkeiten hinsichtlich ihrer Selbstberuhigung auf und können ähnlich gut ihre eigene Anspannung regulieren ($U = -990.50$, $p = .401$).

Tabelle 18: *Gruppenvergleich (EG vs. WG): Entwicklung der Subskala Selbstberuhigung (Wilcoxon-Test)*

	MZP	n	M	SD	R	z	p (1-seitig)	d
EG	t1	48	4.96	2.95	.540	-3.79[b]	.000**	.60**
	t2	48	6.73	3.18				
WG	t1	33	5.85	3.43	.732	-2.01[c]	.022*	.27*
	t2	33	5.21	2.98				

Anmerkungen. MZP = Messzeitpunkt, EG = Experimentalgruppe, WG = Wartegruppe, b. basiert auf negativen Rängen, c. basiert auf positiven Rängen
*$p < .05$, **$p < .001$; * $d \geq .20$, ** $d \geq .50$

Tabelle 18 ist die Entwicklung der Subskala *Selbstberuhigung* in beiden Gruppen zu entnehmen. In der EG wird eine signifikante Veränderung festgestellt: Schüler aus dieser Gruppe schätzen ihre Fähigkeiten, sich selbst zu beruhigen, zum zweiten Messzeitpunkt signifikant besser ein, als zum ersten Messzeitpunkt. In der WG ist die Entwicklung konträr: Schüler dieser Gruppe schätzen ihre eigenen Selbstberuhigungsfähigkeiten zum zweiten Messzeitpunkt signifikant schlechter ein.

Die Subskala *Selbstmotivierung* ist in beiden Gruppen zu beiden Messzeitpunkten normalverteilt, die Varianzen sind homogen (t1: $F(1,94) = 3.30$, $p = .073$; t2: $F(1,82) = 0.67$, $p = .415$). Beide Gruppen ähneln sich zum ersten Messzeitpunkt hinreichend in ihren Fähigkeiten, sich selbst für unangenehme Aufgaben zu motivieren ($F(1,94) = 0.33$, $p = .569$). Subskala *Selbstmotivierung*

Tabelle 19: *Gruppenvergleich (EG vs. WG): Entwicklung der Subskala Selbstmotivierung (t-Test)*

	MZP	n	M	SD	r	t	df	p (1-seitig)
EG	t1	48	4.35	2.01	.148	-0.63	47	.267
	t2	48	4.63	2.53				
WG	t1	33	4.42	2.78	.487	-0.71	32	.243
	t2	33	4.09	2.55				

Anmerkungen. MZP = Messzeitpunkt, EG = Experimentalgruppe, WG = Wartegruppe

Weder der positive Trend (.28) der Entwicklung der Subskala *Selbstmotivierung* in der EG noch der negative Trend (-.33) in der WG sind signifikant (siehe Tabelle 19). Wartegruppe

Subskala *Selbst-bestimmung*

Die Werte der Subskala *Selbstbestimmung* sind in beiden Gruppen zu beiden Messzeitpunkten normalverteilt, die Varianzhomogenität ist gegeben *(t1:* $F(1,94) = 0.02$, $p = .899$; t2: $F(1,82) = 0.04$, $p = .842$). Beide Gruppen ähneln sich zum ersten Messzeitpunkt in ihrer Fähigkeit der Selbstbestimmung $(F(1,94) = 0.71, p = .403)$.

Tabelle 20: *Gruppenvergleich (EG vs. WG): Entwicklung der Subskala Selbstbestimmung (t-Test)*

	MZP	n	M	SD	r	t	df	p (1-seitig)	d
EG	t1	48	5.52	2.02	.454	-2.12	47	.020*	0.31*
	t2	48	6.19	2.14					
WG	t1	33	5.97	2.34	.498	0.29	32	.387	
	t2	33	5.85	2.46					

Anmerkungen. MZP = Messzeitpunkt, EG = Experimentalgruppe, WG = Wartegruppe
*$p < .05$, * $d \geq .20$

Die Entwicklung der Subskala *Selbstbestimmung* ist Tabelle 20 zu entnehmen. Es zeigt sich, dass Schüler der EG sich zum zweiten Messzeitpunkt als signifikant selbstbestimmter einschätzen als noch zum ersten Messzeitpunkt. Der negative Trend (-.12) der Subskala *Selbstbestimmung* in der WG ist nicht signifikant.

6.1.2 Entwicklung des Belastungs- und Bedrohungsempfindens (EG vs. WG)

Hinsichtlich der Selbststeuerung spielt das individuelle Belastungs- und Bedrohungsempfinden jeweils eine entscheidende Rolle. An dieser Stelle wird überprüft, ob die Intervention MoSt Einfluss auf diese beiden Skalen zeigt.

Subskala
Belastung

Die Werte der Subskala *Belastung* sind zu beiden Messzeitpunkten in der EG und zum Messzeitpunkt t2 in der WG nicht normalverteilt (EG: t1: $W(48) = .94$, $p = .016$, t2: $W(48) = .95$, $p = .028$; WG: t1: $W(33) = .92$, $p = .024$), die Varianzen sind homogen (t1: $F(1,94) = 1.05$, $p = .308$; t2: $F(1,82) = 3.50$, $p = .065$). Schüler beider Gruppen empfinden zum ersten Messzeitpunkt eine vergleichbare Belastung ($z = 0.61, p = .539$).

Kennwerte zur Entwicklung des Belastungsempfindens beider Gruppen können Tabelle 21 entnommen werden. Die negativen Trends (EG: -.37, WG: -.30) in beiden Gruppen im Vergleich der beiden Messzeitpunkte sind nicht signifikant.

Tabelle 21: *Gruppenvergleich (EG vs. WG): Entwicklung der Subskala Belastungsempfinden (Wilcoxon-Test)*

	MZP	n	M	SD	r	Z	p (1-seitig)
EG	t1	48	4.81	2.92	.507	-0.86[b]	.195
	t2	48	4.44	3.02			
WG	t1	33	6.06	3.67	.609	-0.51[b]	.305
	t2	33	5.76	3.57			

Anmerkungen. MZP = Messzeitpunkt, EG = Experimentalgruppe, WG = Wartegruppe, b. basiert auf positiven Rängen

Subskala
Bedrohung

Die Werte der Subskala *Bedrohung* sind zu beiden Messzeitpunkten in EG und WG nicht normalverteilt (t1: $W(48) = .95$, $p = .049$; t2: $W(48) = .94$, $p = .016$), die Varianzen der Werte beider Gruppen sind homogen (t1: $F(1, 94) = 0.95$, $p = .331$; t2: $W(1,82) = .27$, $p = .602$). Die Untersuchung der Subskala zum Messzeitpunkt t1 über eine einfaktorielle Varianzanalyse ergibt keine signifikanten Ergebnisse ($U = 885.50$, $p = .103$).

Tabelle 22: *Gruppenvergleich (EG vs. WG): Entwicklung der Subskala Bedrohungsempfinden (Wilcoxon-Test)*

	MZP	N	M	SD	r	Z	p (1-seitig)	d
EG	t1	48	4.46	3.18	.358	-0.22[b]	.414	
	t2	48	4.42	3.38				
WG	t1	33	6.18	3.64	.598	-1.52[b]	.064[+]	.31**
	t2	33	5.18	3.47				

Anmerkungen. MZP = Messzeitpunkt, EG = Experimentalgruppe, WG = Wartegruppe, b. basiert auf positiven Rängen
[+]$p < 1$, ** $d \geq .50$

Der Mittelwert für die Subskala *Bedrohung* sinkt sowohl in der EG als auch in der WG (siehe Tabelle 22). Der negative Trend (-0.04) in der EG ist nicht signifikant. In der WG ist eine Tendenz erkennbar.

6.1.3 Entwicklung der bewussten Motivlagen (EG vs. WG)

In diesem Teil der Auswertung wird untersucht, ob die Intervention Wirkung hinsichtlich der bewussten Motivlagen im Vergleich von Messzeitpunkt t1 und t2 zeigt. Es werden 2-seitige Signifikanzen berichtet, da hier keine Wertung der Richtungsentwicklung der Motivlagen vorgenommen wird.

Skalen der
bewussten
Motivlagen

Die Normalverteilung der Werte ist in der EG zum Messzeitpunkt t1 in den Skalen *Bewusstes Leistungsmotiv* ($W(48) = .92$, $p = .002$) und *Bewusstes Machtmotiv* ($W(48) = .91$, $p = .002$) verletzt. Bei den übrigen Skalen ist eine Normalverteilung gegeben. Die Varianzen sind homogen (*Bewusstes*

Anschlussmotiv: t1: $F(1,94) = 0.34$, $p = .564$, t2: $F(1,82) = 0.21$, $p = .650$; *Bewusstes Leistungsmotiv:* t1: $F(1,94) = 0.46$, $p = .498$, t2: $F(1,82) = 0.35$, $p = .556$; *Bewusstes Machtmotiv:* t1: $F(1,94) = 0.21$, $p = .649$, t2: $F(1,82) = 0.10$, $p = .750$).

In der Skala *Bewusstes Machtmotiv* liegen Anfangsunterschiede zwischen EG und WG vor: Im Vergleich beginnt die WG mit einem signifikant stärker ausgeprägten Machtmotiv als die EG ($F(1,81.09) = 7.20$, $p = .009$ (Welch-Test)). In den beiden weiteren Skalen (*Bewusstes Anschlussmotiv* und *Bewusstes Leistungsmotiv*) ähneln sich EG und WG.[60]

Tabelle 23: *Gruppenvergleich (EG vs. WG): Entwicklung der Skalen bewusstes Machtmotiv und bewusstes Leistungsmotiv (Wilcoxon-Test)*

		MZP	n	M	SD	r	z	p (2-seitig)	d
Bewusstes Leistungsmotiv	EG	t1	48	4.35	2.12	.303	-0.49^c	.626	
		t2	48	4.21	2.33				
	WG	t1	33	4.85	2.15	.420	-1.34^c	.182	
		t2	33	4.30	2.23				
Bewusstes Machtmotiv	EG	t1	48	3.88	2.48	.602	-1.15^b	.251	
		t2	48	4.22	2.37				
	WG	t1	33	5.58	2.46	.532	-1.71^c	.088$^+$	0.33*
		t2	33	4.82	2.23				

Anmerkungen. MZP = Messzeitpunkt, EG = Experimentalgruppe, WG = Wartegruppe, b. basiert auf negativen Rängen, c. basiert auf positiven Rängen
$^+p < .10$, $*d \geq .20$

Tabelle 24: *Gruppenvergleich (EG vs. WG): Entwicklung der Skala bewusstes Anschlussmotiv (t-Test)*

		MZP	n	M	SD	R	t	df	p (2-seitig)	d
bewusstes Anschlussmotiv	EG	t1	48	7.31	2.93	.571	-1.98	47	.053$^+$	.29*
		t2	48	8.06	2.71					
	WG	t1	33	8.21	2.63	.585	1.80	32	.082$^+$	.31*
		t2	33	7.39	3.05					

Anmerkungen. MZP = Messzeitpunkt, EG = Experimentalgruppe, WG = Wartegruppe
$^+p < 1$, $*d \geq .20$

---

60 Anfangsunterschiede *Bewusstes Anschlussmotiv:* $F(1,94) = 0.90$, $p = .346$; Anfangsunterschiede *Bewusstes Leistungsmotiv:* $z = -1.78$, $p = .075$.

Die Kennwerte hinsichtlich der Entwicklung der bewussten Motivlagen können Tabelle 23 und Tabelle 24 entnommen werden. In der EG kann die Tendenz eines Anstieges des bewussten Anschlussmotivs beobachtet werden, in der WG zeigt sich eine entgegengesetzte Tendenz. Weiterhin ist ein negativer Trend (-0.76) der Skala *Bewusstes Machtmotiv* zu sehen.

Neben der reinen Beschreibung der unbewussten Motivlagen (siehe Kapitel 5.10.4) und der Entwicklung in den bewussten Motivlagen wird in diesem folgenden Schritt das Verhältnis der bewussten und unbewussten Motivlagen betrachtet werden. Um den Vergleich anzustellen, werden sowohl die Skalen der bewussten als auch der unbewussten Motivlagen auf Grundlage der Altersnorm in t-Werte transformiert. Hierfür stellt die Testfirma Impart die Normen zur Verfügung. Im Anschluss daran wird in einem ersten Schritt die Diskrepanz zwischen der entsprechenden Skala *Bewusstes Motiv* und *Unbewusstes Motiv* berechnet und in eine weitere Skala, der Motivdiskrepanz, codiert. Das Freiheitsmotiv muss jedoch hierbei ausgeschlossen werde, da es zwar mit OMT, nicht aber mit dem MUT erfasst wird.[61]

Skalen der Motiv- diskrepanzen

Die Normalverteilung der Werte in den Skalen zu den Motivdiskrepanzen kann angenommen werden. Die Varianzen sind zum zweiten Messzeitpunkt in der Skala *Diskrepanz Anschlussmotiv* heterogen (t1: $F(1,94) = 0.73$, $p = .394$; t2: $F(1,79) = 4.29$, $p = .042$). Die Werte in den anderen beiden Skalen sind homogen (*Diskrepanz Leistungsmotiv*: t1: $F(1,94) = 0.05$, $p = .822$M t2: $F(1,79) = 0.51$, $p = .477$; *Diskrepanz Machtmotiv* t1: $F(1,94) = 0.27$, $p = .607$; t2: $F(1,79) = 1.18$, $p = .281$). Die Überprüfung von Anfangsunterschieden mit Hilfe der einfaktoriellen Varianzanalyse, ergibt keine signifikanten Unterschiede. Es ist folglich davon auszugehen, dass EG und WG zu Beginn der Intervention ähnliche Diskrepanzen zwischen ihren bewussten und unbewussten Motivausprägungen aufweisen (*Diskrepanz Machtmotiv*: $F(1,94) = 2.56$, $p = .113$; *Diskrepanz Leistungsmotiv*: $F(1,94) = 1.21$, $p = .274$; *Diskrepanz Anschlussmotiv*: $F(1,94) = 0.30$, $p = .584$).

---

61 Die Erfassung des bewussten Freiheitsmotives mit dem MUT befindet sich laut Testvertreiber Impart in der Entwicklung. Es ist bereits möglich, entsprechende Fragen auf der Webseite des Testherstellers zu beantworten, allerdings liegen nach Aussage von Impart noch keine ausreichenden Fallzahlen vor, um eine Normierung vorzunehmen (Informationen stammen aus einem Telefonat vom 22.01.2016). Folglich kann keine Diskrepanzskala zum Freiheitsmotiv bestimmt werden.

Tabelle 25: *Gruppenvergleich (EG vs. WG): Entwicklung der Skalen Diskrepanz Machtmotiv und Diskrepanz Leistungsmotiv (t-Test)*

		MZP	n	M	SD	R	t	df	p (2-seitig)	d
DM	EG	t1	48	-5.68	13.38	.790	-1.18	47	.243	
		t2	48	-4.24	12.54					
	WG	t1	33	1.07	13.60	.764	1.96	32	.059$^+$	0.34*
		t2	33	-1.93	10.96					
DL	EG	t1	48	-1.48	13.20	.687	0.39	47	.701	
		t2	48	-2.07	13.78					
	WG	t1	33	0.29	11.85	.662	1.38	32	.176	
		t2	33	-2.02	11.51					
DA	EG	t1	48	7.31	12.40	.630	-1.96	47	.056$^+$	0.29*
		t2	48	10.31	11.77					
	WG	t1	33	10.40	12.63	.726	1.91	32	.066$^+$	0.33*
		t2	33	6.93	14.99					

Anmerkungen. DM = Diskrepanz Machtmotiv, DL = Diskrepanz Leistungsmotiv, DA = Diskrepanz Anschlussmotiv, MZP = Messzeitpunkt, EG = Experimental-gruppe, WG = Wartegruppe
$^+p < .05$, * $d \geq .20$

In der WG ist eine Tendenz hinsichtlich der Diskrepanz im Machtmotiv zu erkennen – das Machtmotiv kehrt sich um: Zu Messzeitpunkt t1 lag das bewusste Machtmotiv höher als das unbewusste; zum Messzeitpunkt t2 ist es umgekehrt. Zwei weitere Veränderungen sind hinsichtlich der Diskre-panz im Anschlussmotiv zu beobachten: In der EG wird die Diskrepanz von bewusstem und unbewusstem Anschlussmotiv von Messzeitpunkt t1 zu t2 tendenziell stärker; das zu Messzeitpunkt 1 schon stärker als das un-bewusste ausgeprägte bewusste Anschlussmotiv wird noch größer. In der WG dagegen ist die Tendenz zu erkennen, dass sich die Diskrepanz zwi-schen bewusstem und unbewusstem Anschlussmotiv verkleinert (hier liegt jeweils auch das bewusste Anschlussmotiv über dem unbewussten).

6.1.4 Entwicklung der Schulleistung (EG vs. WG)

In einem letzten Schritt des Kapitels wird die Entwicklung der Schulleis-tung betrachtet. Die Werte der Skala sind zu beiden Messzeitpunkten in beiden Gruppen normalverteilt, die Varianzen sind homogen (t1: $F(1,78) = 0.07, p = .798$; t2: $F(1,28) = 0.02, p = .894$). Beide Gruppen wei-sen zum ersten Messzeitpunkt vergleichbare Schulleistungen auf ($F(1,78) = 1.21, p = .274$).

Tabelle 26: *Gruppenvergleich (EG vs. WG): Entwicklung der Skala Schulleistung (t-Test)*

	MZP	n	M	SD	r	t	df	p (1-seitig)
EG	t1	20	3.13	0.72	.712	0.23	19	.409
	t2	20	3.10	0.66				
WG	t1	9	3.08	0.33	.509	-0.68	8	.258
	t2	9	3.22	0.71				

Anmerkungen. MZP = Messzeitpunkt, EG = Experimentalgruppe, WG = Wartegruppe

Weder der Trend (-.03) der Zeugnisnoten in der EG noch der Trend (.14) in der WG sind signifikant (siehe Tabelle 26).

6.2 Vergleich der Teilgruppen besonders begabte und durchschnittlich begabte Schüler

Zur Beantwortung der zweiten Forschungsfrage (F2: *Erzielt das MoSt größere Effekte bei besonders begabten Schülern?*) ist im Folgenden, wie in Kapitel 5.10.1 beschrieben, die EG in besonders begabte und durchschnittlich begabte Schüler unterteilt. Nach einer Stichprobenbeschreibung werden erneut Veränderungen in den Skalen von Messzeitpunkt t1 zu t2 überprüft. Das Vorgehen ist analog zum Vorgehen in Kapitel 6.1. In der EG liegen jeweils 35 vollständige Testpaare (t1 und t2) von besonders begabten Schülern und 11 von durchschnittlich begabten Schülern für den Vergleich der Entwicklungen in Skalen der Potenzialanalyse vor. Es liegen noch je zwei weitere vollständige Testpaare von Schülern vor, die aber aufgrund fehlender Intelligenzdiagnostikwerte keiner der beiden Teilgruppen eindeutig zugeordnet werden können. Diese beiden Testpaare werden von der Auswertung ausgeschlossen. Für die Schulleistung sind es je 15 Testpaare aus der Gruppe der besonders begabten Schüler und vier Testpaare aus der Gruppe der durchschnittlich begabten Schüler, die ausgewertet werden können.

Gleiche Berechnungen werden mit den Daten der WG durchgeführt und sind der Vollständigkeit halber in den Fußnoten zu finden. Aus Gründen der Lesbarkeit werden diese nicht im Text aufgeführt, es sei denn, sie weisen signifikante Werte auf. Ausführliche Berechnungen sowie Tabellen mit Kennwerten zu Berechnungen in der WG befinden sich in einem digitalen Anhang, welcher bei der Autorin angefragt werden kann.[62]

62 Es liegen 27 vollständige Testpaare für besonders begabte Schüler der WG aus der Potenzialanalyse und sieben Testpaare zur Schulleistung vor. Für durchschnittlich begabte Schüler der WG sind es fünf vollständige Testpaare aus der Potenzialanalyse und keine Testpaare zur Schulleistung.

6.2.1 Entwicklung der Selbststeuerungsfähigkeiten (besonders begabte vs. durchschnittlich begabte Schüler)

Skala
Selbststeuerung

Zunächst wird die Skala *Selbststeuerung* betrachtet. Die Werte dieser Skala sind zu beiden Messzeitpunkten in beiden Teilgruppen normalverteilt und die Varianzhomogenität ist gegeben (t1: $F(1,54) = 0.11$, $p = .737$; t2: $F(1,46) = 0.01$, $p = .931$). Die Schüler beider Teilgruppen (besondere vs. durchschnittliche Begabung) der EG schätzen ihre Fähigkeiten in der Selbststeuerung zum Messzeitpunkt t1 vergleichbar ein ($F(1,54) = 0.93$, $p = .338$).

Tabelle 27: *Teilgruppenvergleich (besonders begabte vs. durchschnittlich begabte Schüler (EG)): Entwicklung der Skala Selbststeuerung (t-Test)*

	MZP	n	M	SD	r	T	df	p (1-seitig)	d
bb	t1	35	5.32	1.56	.728	-4.72	34	.000**	0.79**
	t2	35	6.27	1.67					
db	t1	11	5.11	2.19	.297	0.48	10	.323	
	t2	11	4.76	1.85					

Anmerkungen. MZP = Messzeitpunkt, bb = besonders begabt, db = durchschnittlich begabt
**$p < .001$, **$d \geq .50$

In der Teilgruppe der besonders begabten Schüler ist ein signifikanter Anstieg der Skala *Selbststeuerung* zu beobachten, während der negative Trend (-.35) in der Teilgruppe der durchschnittlich begabten Schüler nicht signifikant ist (siehe Tabelle 27).

Wartegruppe

In der WG lässt sich bei der Untersuchung der Skala *Selbststeuerung* ein positiver, signifikanter Effekt in der Teilgruppe der durchschnittlich begabten Schüler beobachten.[63]

Subskala
*prospektive
Handlungsorien-
tierung*

Die Werte der Subskalen *Handlungsorientierung nach Misserfolg* und *prospektive Handlungsorientierung* sind in beiden Teilgruppen normalverteilt und die Varianzen sind homogen (*prospektive Handlungsorientierung:* t1: $F(1,54) = 1.26$, $p = .266$, t2: $F(1,46) = 0.38$, $p = .542$; *Handlungsorientierung nach Misserfolg:* t1: $F(1,54) = 1.57$, $p = .215$, t2: $F(1,46) = 2.14$, $p = .150$). Die Schüler beider Teilgruppen schätzen zu t1 ihre Kompetenzen in der Handlungsorientierung vergleichbar ein (*Handlungsorientierung nach Misserfolg:* $F(1,54) = 1.29$, $p = .262$; *prospektive Handlungsorientierung:* $F(1,54) = 0.01$, $p = .918$).

---

63 Skala *Selbststeuerung* in der WG:
Anfangsunterschiede: $F(1,35) = 2.02$, $p = .164$;
Entwicklung: Besonders begabte Schüler: $t(26) = 1.19$, $p = .123$;
durchschnittlich begabte Schüler: $t(4) = -2.67$, $p = .028$, $d = 1.20$.

Tabelle 28: *Teilgruppenvergleich (besonders begabte vs. durchschnittlich begabte Schüler (EG)): Entwicklung der Subskala zur Handlungsorientierung (t-Test)*

		MZP	n	M	SD	r	t	df	p (1-sei-tig)	d
HOM	bb	t1	35	6.43	2.77	.513	-1.42	34	.083[+]	0.24*
		t2	35	7.06	2.53					
	db	t1	11	5.09	3.39	.523	0.00	10	.500	
		t2	11	5.09	3.21					
HOP	bb	t1	35	5.20	2.52	.673	-1.80	34	.040*	0.31*
		t2	35	5.86	2.78					
	db	t1	11	6.36	3.38	.327	1.88	10	.045*	0.57**
		t2	11	4.36	2.58					

Anmerkungen. MZP= Messzeitpunkt, bb= besonders begabt, db= durchschnittlich begabt, HOM= *Handlungsorientierung nach Misserfolg*, HOP = *prospektive Handlungsorientierung*
$^{+}p < .1$, $^{*}p < 05$, $^{*}d \geq .20$, $^{**}d \geq .50$

Die Kennwerte können Tabelle 28 entnommen werden. Hinsichtlich der Entwicklung der Subskala zur *Handlungsorientierung nach Misserfolg* zeigt sich in der Teilgruppe der besonders begabten Schüler der EG im Vergleich der Werte beider Messzeitpunkte ein tendenziell signifikanter, positiver Trend (.63). In der Teilgruppe der durchschnittlich begabten Schüler ist kein Trend zu beobachten.

Bezogen auf die *prospektive Handlungsorientierung* ist eine konträre Entwicklung zwischen den untersuchten Teilgruppen zu erkennen: Die besonders begabten Schüler der EG schätzen ihre prospektive Handlungsorientierung zum Messzeitpunkt t2 signifikant besser ein, während durchschnittlich begabte Schüler der Teilgruppe diese Fähigkeit signifikant schlechter einschätzen.

Bei Überprüfung der Effekte in der WG wird ein signifikanter Anstieg der Subskala *Handlungsorientierung nach Misserfolg* in der Teilgruppe der durchschnittlich begabten Schüler der Stichprobe sichtbar.[64]   Wartegruppe

Die Werte der Subskala *Selbstberuhigung* sind zu den Messzeitpunkten t1 und t2 in beiden Teilgruppen normalverteilt. Die Varianzen sind zu den   Subskala *Selbstberuhigung*

---

64 Subskala *Handlungsorientierung nach Misserfolg* in der WG:
   Anfangsunterschiede: $F(1,4.38) = 0.28$, $p = .621$ (Welch-Test);
   Entwicklung: Besonders begabte Schüler: $t(26) = 0.08$, $p = .469$;
   durchschnittlich begabte Schüler: t(4) = -3.21, $p = .017$, $d = 1.43$.
   Subskala *prospektive Handlungsorientierung* in der WG:
   Anfangsunterschiede: $U = 66.00$, $p = .531$;
   Entwicklung: Besonders begabte Schüler: $z = -0.33$, $p = .370$;
   durchschnittlich begabte Schüler: $z = -0.54$, $p = .297$.

beiden Messzeitpunkten t1 und t2 homogen (t1: $F(1,54) = 0.09$, $p = .760$; t2: $F(1,46) = 0.33$, $p = .568$). Schüler beider Teilgruppen verfügen nach eigener Einschätzung zum Messzeitpunkt t1 über vergleichbare Fähigkeiten, sich selbst zu beruhigen ($F(1,54) = 1.98$, $p = .166$).

Tabelle 29: *Teilgruppenvergleich (besonders begabte vs. durchschnittlich begabte Schüler (EG)): Entwicklung der Subskala Selbstberuhigung (t-Test)*

	MZP	n	M	SD	r	t	df	p	d
								(1-seitig)	
bb	t1	35	5.23	2.84	.741	-5.31	34	.000**	0.90***
	t2	35	7.14	3.06					
db	t1	11	4.27	3.44	.002	-0.68	10	.257	
	t2	11	5.27	3.50					

Anmerkungen. MZP = Messzeitpunkt, bb = besonders begabt, db = durchschnittlich begabt
$p < .001$, *$d \geq .20$, *$d \geq .80$

Im Teilgruppenvergleich der Entwicklung zeigt sich bei der Teilgruppe der besonders begabten Schüler von Messzeitpunkt t1 zu t2 ein signifikanter Anstieg der Selbstberuhigungssubskala, wohingegen der positive Trend (1.00) in der Teilgruppe der durchschnittlich begabten Schüler nicht signifikant ist (siehe Tabelle 29).

Bei Überprüfung der Effekte in der Wartegruppe ist ein signifikantes Absinken der Werte auf der Selbstberuhigungssubskala in der Teilgruppe der besonders begabten Schüler zu erkennen.[65]

Subskala *Selbst-bestimmung*

Die Werte der Subskala *Selbstbestimmung* sind in beiden Teilgruppen zu den Messzeitpunkten t1 und t2 normalverteilt. Die Varianzen sind homogen (t1: $F(1,54) = 0.80$, $p = .374$; t2: $F(1,46) = 0.78$, $p = .381$). Die beiden Teilgruppen der besonders begabten und durchschnittlich begabten Schüler haben zum Zeitpunkt t1 vergleichbare Fähigkeiten in der Selbstbestimmung ($F(1,54) = 0.02$, $p = .903$).

---

65 Subskala *Selbstberuhigung* in der WG:
Anfangsunterschiede: $F(1,4.43) = 0.69$, $p = .447$ (Welch-Test);
Entwicklung: Besonders begabte Schüler: $t(26) = 2.05$, $p = .026$, $d = 1.53$; durchschnittlich begabte Schüler: $t(4) = -.89$, $p = .213$.

Tabelle 30: *Teilgruppenvergleich (besonders begabte vs. durchschnittlich begabte Schüler (EG)): Entwicklung der Subskala Selbstbestimmung (t-Test)*

	MZP	n	M	SD	r	t	df	p (1-seitig)	d
bb	t1	35	5.49	2.13	.613	-3.07	34	.002*	0.52**
	t2	35	6.46	2.12					
db	t1	11	5.27	1.27	.289	0.00	10	.500	
	t2	11	5.27	1.95					

Anmerkungen. MZP = Messzeitpunkt, bb = besonders begabt, db = durchschnittlich begabt
*p <.01, **$d \geq$ .50

Der positive Trend (0.97) in der Subskala *Selbstbestimmung* (siehe Tabelle 30) ist in der Teilgruppe der besonders begabten Schüler signifikant. In der Teilgruppe der durchschnittlich begabten Schüler zeigt sich keine Veränderung.[66]

Die letzte zu untersuchende Subskala zur Selbststeuerung ist die der *Selbstmotivierung*. Die Normalverteilung ist erfüllt, die Varianzen sind homogen (t1: $F(1,54) = 0.00$, $p = .975$; t2: $F(1,46) = 0.276$, $p = .602$). Unterschiede zum Messzeitpunkt t1 in der Subskala *Selbstmotivierung* liegen zwischen den beiden Teilgruppen nicht vor ($F(1,54) = 0.34$, $p = .561$).

Subskala *Selbstmotivierung*

Tabelle 31: *Teilgruppenvergleich (besonders begabte vs. durchschnittlich begabte Schüler (EG)): Entwicklung der Subskala Selbstmotivierung (t-Test)*

	MZP	N	M	SD	r	t	df	p (1-seitig)	d
bb	t1	35	4.26	1.82	.302	-1.41	34	.084+	0.24*
	t2	35	4.86	2.37					
db	t1	11	4.55	1.57	.508	0.97	10	.178	
	t2	11	3.82	2.89					

Anmerkungen. MZP = Messzeitpunkt, bb = besonders begabt, db = durchschnittlich begabt
+p <.1, *$d \geq$ .20

---

66 Subskala *Selbstbestimmung* in der WG:
    Anfangsunterschiede: $F(1,35) = 1.00$, $p = .324$;
    Entwicklung: Besonders begabte Schüler: $t(26) = 0.77$, $p = .225$;
    durchschnittlich begabte Schüler: t(8) = -0.82, $p = .229$.

Im Vergleich der Werte vom Messzeitpunkt t1 zu t2 lässt sich bei der Teil-gruppe der besonders begabten Schüler eine positive Tendenz (0.60) be-obachten, während der negative Trend (-0.73) in der Teilgruppe der durch-schnittlich begabten Schüler nicht signifikant ist (siehe Tabelle 31).[67]

6.2.2 Entwicklung des Belastungs- und Bedrohungsempfindens (besonders begabte vs. durchschnittlich begabte Schüler)

Wie schon zuvor im allgemeinen Vergleich von EG und WG sollen an die-ser Stelle Entwicklungen der Subskalen *Belastung* und *Bedrohung*, nun in den Teilgruppen der besonders begabten und durchschnittlich begabten Schüler, untersucht werden.

Die Werte beider Subskalen (*Belastung* und *Bedrohung*) sind jeweils zu t2 in der Teilgruppe der besonders begabten Schüler nicht normalverteilt (*Belastung*: $W(35) = .92, p = .018$; *Bedrohung*: $W(35) = .93, p = .028$). Die Varianzen sind zu beiden Messzeitpunkten t1 und t2 homogen (*Belastung*: t1: $F(1,54) = 1.12, p = .294$, t2: $F(1,46) = 0.39, p = .537$; *Bedrohung*: t1: $F(1,54) = 0.35, p = .555$, t2: $F(1,46) = 2.21, p = .144$). Schüler beider Teil-gruppen empfinden zum Messzeitpunkt t1 eine vergleichbare Belastung und Bedrohung (*Belastung*: $F(1,54) = 0.02$, $p = .878$; *Bedrohung*: $F(1,54) = 0.47, p = .496$).

Tabelle 32: *Teilgruppenvergleich (besonders begabte vs. durchschnittlich begabte Schüler (EG)): Entwicklung Subskalen Bedrohung und Belastung (Wilcoxon-Test)*

		MZP	n	M	SD	r	z	p (1-sei-tig)	d
Belas-tung	bb	t1	35	5.09	3.09	.550	-1.79b	.037*	0.28*
		t2	35	4.26	3.12				
	db	t1	11	4.36	2.46	.409	-1.59c	.056+	0.44*
		t2	11	5.55	2.46				
Bedro-hung	bb	t1	35	4.88	3.31	.396	-0.88b	.189	
		t2	35	4.54	3.57				
	db	t1	11	3.82	2.40	.026	-0.72c	.237	
		t2	11	4.46	3.01				

Anmerkungen. MZP = Messzeitpunkt, bb = besonders begabt, db = durchschnittlich begabt, b. basiert auf positiven Rängen, c. basiert auf negativen Rängen
$^+p < .1$, $^*p < .05$ $^*d \geq .20$

---

67 Subskala *Selbstmotivierung* in der WG:
   Anfangsunterschiede: $F(1,35) = 1.56, p = .220$;
   Entwicklung: Besonders begabte Schüler: $t(26) = 0.82, p = .211$;
   durchschnittlich begabte Schüler: $t(4) = -0.61, p = .287$.

Die Entwicklung der Subskala *Belastung* vom Messzeitpunkt t1 zu t2 zeigt in der Teilgruppe der besonders begabten Schüler einen signifikanten Effekt hinsichtlich der Verringerung des Belastungsempfindens. In der Teilgruppe der durchschnittlich begabten Schüler zeigt sich eine Tendenz insofern, als das Belastungsempfinden steigt (siehe Tabelle 32).

Subskala Belastung

Erneut zeigt sich ein signifikanter Effekt in der Wartegruppe. In der Teilgruppe der durchschnittlich begabten Schüler der WG ist eine Tendenz zur Verringerung der Belastung festzustellen.[68]

Wartegruppe

Hinsichtlich der Subskala *Bedrohung* sind keine signifikanten Entwicklungen zu erkennen.

Subskala Bedrohung

In der WG zeigt sich eine signifikante Entwicklung im Rückgang des Bedrohungsempfindens (-2.20) in der Teilgruppe der durchschnittlich begabten Schüler.[69]

Wartegruppe

6.2.3 Entwicklung der bewussten Motivlagen (besonders begabte vs. durchschnittlich begabte Schüler)

Wie zuvor werden auch an dieser Stelle zunächst Unterschiede und Entwicklungen in den bewussten Motivlagen und in diesem Zusammenhang die Entwicklung der Diskrepanzen zwischen bewussten und unbewussten Motiven betrachtet.

Die Normalverteilung der Werte ist in der Teilgruppe der besonders begabten Schüler zu Messzeitpunkt t1 in der Skala *Bewusstes Leistungsmotiv* ($W(35) = .93$, $p = .026$) und zu Messzeitpunkt t2 in der Skala *Bewusstes Machtmotiv* ($W(35) = .93$, $p = .023$) verletzt. Auch bei der Teilgruppe der durchschnittlich begabten Schüler sind die Werte zu t1 in der Skala *Bewusstes Leistungsmotiv* ($W(11) = .76$, $p = .003$) und in der Skala *Bewusstes Machtmotiv* ($W(11) = .79$, $p = .007$) nicht normalverteilt. Die Varianzen zwischen den Teilgruppen sind zu beiden Messzeitpunkten homogen (*Bewusstes Anschlussmotiv*: t1: $F(1,54) = 2.33$, $p = .133$, t2: $F(1,46) = 0.91$, $p = .344$; *Bewusstes Leistungsmotiv*: t1: $F(1,54) = 0.28$, $p = .600$, t2: $F(1,46) = 0.13$, $p = .718$; *Bewusstes Machtmotiv*: t1: $F(1,54) = 1.02$, $p = .317$, t2: $F(1,46) = 0.01$, $p = .928$). Es liegen keine Anfangsunterschiede zwischen den Teilgruppen zum ersten Messzeitpunkt vor (*Bewusstes Anschlussmotiv*: $F(1,54) = 1.03$, $p = .315$; *Bewusstes Leistungsmotiv*: $U = 294.00$, $p = .631$; *Bewusstes Machtmotiv*: $U = 283.50$, $p = .503$).

Skala der bewussten Motivlagen

---

68 Subskala *Belastung* in der WG:
   Anfangsunterschiede: $U = 66.00$, $p = .513$;
   Entwicklung: Besonders begabte Schüler: $z = -0.55$, $p = .293$;
   durchschnittlich begabte Schüler: $z = -1.51$, $p = .066$, $d = 0.75$.
69 Subskala *Bedrohung* in der WG:
   Anfangsunterschiede: $F(1,35) = 0.68$, $p = .145$;
   Entwicklung: Besonders begabte Schüler: $t(26) = 1.02$, $p = .160$;
   durchschnittlich begabte Schüler: $t(4) = 1.83$, $p = .071$, $d = 0.79$.

Tabelle 33: *Teilgruppenvergleich (besonders begabte vs. durchschnittlich begabte Schüler (EG)): Entwicklung der Skalen Bewusstes Anschlussmotiv (t-Test)*

	MZP	n	M	SD	r	t	df	p (2-seitig)	d
BA	bb t1	35	7.00	2.66	.568	-3.86	34	.000**	0.64**
	bb t2	35	8.51	2.42					
	db t1	11	7.55	3.53	.723	1.55	10	.076$^+$	0.47*
	db t2	11	6.36	3.20					

Anmerkungen. BA = Bewusstes Anschlussmotiv, MZP = Messzeitpunkt, bb = besonders begabt, db = durchschnittlich begabt
$^+p < .1$, $**p < .01$, $*d \geq .20 **d \geq .50$

Tabelle 34: *Teilgruppenvergleich (besonders begabte vs. durchschnittlich begabte Schüler (EG)): Entwicklung der Skalen Bewusstes Machtmotiv und Bewusstes Leistungsmotiv (Wilcoxon-Test)*

		MZP	n	M	SD	r	z	p (2-seitig)
Bewusstes Machtmotiv	bb	t1	35	4.00	2.31	.665	-1.41[b]	.157
		t2	35	4.54	2.33			
	db	t1	11	3.82	3.12	.618	-0.94[c]	.348
		t2	11	3.00	2.28			
Bewusstes Leistungsmotiv	bb	t1	35	4.17	2.04	.299	-0.72[b]	.473
		t2	35	4.43	2.34			
	db	t1	11	4.82	2.52	.527	-1.62[c]	.105
		t2	11	3.55	2.34			

Anmerkungen. MZP = Messzeitpunkt, bb = besonders begabt, db = durchschnittlich begabt, b. basiert auf negativen Rängen, c. basiert auf positiven Rängen
$*d \geq .20 **d \geq .50$

Die Kennwerte zu Ausprägungen der bewussten Motivlagen in beiden Teilgruppen können Tabelle 33 und Tabelle 34 entnommen werden. In der Teilgruppe der besonders begabten Schüler ist ein signifikanter Anstieg des *bewussten Anschlussmotivs* zu beobachten. In der Teilgruppe der durchschnittlich begabten Schüler ist eine gegenteilige tendenzielle Verringerung der Skala des *bewussten Anschlussmotivs* von Messzeitpunkt t1 zu t2 zu beobachten. Trends in den anderen Skalen sind nicht signifikant.

In der WG kann im Vergleich der Werte von Messzeitpunkt t1 zu t2 in der Skala *Bewusstes Machtmotiv* bei den besonders begabten Schülern eine negative Tendenz des *Bewussten Machtmotivs* festgestellt werden. Ähnlich sinkt in dieser Teilgruppe das *Bewusste Anschlussmotiv* signifikant.[70]   Wartegruppe

Im Folgenden wird überprüft, ob Veränderungen in den bewussten Motivlagen signifikante Auswirkungen hinsichtlich der Motivdiskrepanzen haben. Zu diesem Zwecke werden die Diskrepanzen zwischen bewussten und unbewussten Motiven untersucht. Die Normalverteilung der Werte kann in den entsprechenden Skalen angenommen werden. Die Varianzhomogenität ist in der Skala *Diskrepanz Leistungsmotiv* zu Messzeitpunkt t2 verletzt (t1: $F(1,54) = 0.04$, $p = .835$; t2: $F(1,44) = 5.59$, $p = .023$), in den anderen Skalen erfüllt (*Diskrepanz Machtmotiv*: t1: $F(1,54) = 0.00$, $p = .959$, t2: $F(1,44) = 0.10$, $p = .758$; *Diskrepanz Anschlussmotiv*: t1: $F(1,54) = 2.60$, $p = .113$, t2: $F(1,44) = 0.99$, $p = .326$).   Skalen zu den Motivdiskrepanzen

Die Teilgruppe der besonders begabten Schüler und die der durchschnittlich begabten Schüler ähneln sich zu Messzeitpunkt t1 hinsichtlich der Motivdiskrepanzen (*Diskrepanz Machtmotiv*: $F(1,54) = 0.70$, $p = .408$; *Diskrepanz Anschlussmotiv*: $F(1,54) = 2.34$, $p = .132$; *Diskrepanz Leistungsmotiv*: $F(1,54) = 0.04$, $p = .835$).

Die Kennwerte zu den Werten in den Skalen der Motivdiskrepanzen können Tabelle 35 entnommen werden. Es zeigt sich eine Tendenz in der Skala *Diskrepanz Machtmotiv* in der Teilgruppe der besonders begabten Schüler. Die Werte in der Skala *Diskrepanz Anschlussmotiv* nehmen in der Teilgruppe der besonders begabten Schüler zwischen den Messzeitpunkten t1 und t2 signifikant zu.

---

70 Skala *Bewusstes Anschlussmotiv* in der WG:
   Anfangsunterschiede: $F(1,35) = 2.30$, $p = .138$;
   Entwicklung: Besonders begabte Schüler: $t(26) = 2.51$, $p = .019$, $d = 0.48$;
   durchschnittlich begabte Schüler $t(4) = -0.30$, $p = .778$.
   Skala *Bewusstes Machtmotiv* in der WG:
   Anfangsunterschiede: $F(1,35) = 1.40$, $p = .245$;
   Entwicklung: Besonders begabte Schüler: $t(26) = 1.89$, $p = .069$. $d = .36$;
   durchschnittlich begabte Schüler: $t(4) = 0.30$, $p = .778$.
   Skala *Bewusstes Leistungsmotiv* in der WG:
   Anfangsunterschiede: $U = 72.00$, $p = .718$;
   Entwicklung: Besonders begabte Schüler: $z = -1.18$, $p = .238$;
   durchschnittlich begabte Schüler: $z = -0.82$, $p = .414$.

Tabelle 35: *Teilgruppenvergleich (besonders begabte vs. durchschnittlich begabte Schüler (EG)): Entwicklung der Skalen Diskrepanz Machtmotiv, Diskrepanz Anschlussmotiv und Diskrepanz Leistungsmotiv (t-Test)*

		MZP	n	M	SD	r	t	df	p (2-seitig)	d
DM	bb	t1	35	-6.03	12.70	.834	-1.76	34	.088[+]	.30*
		t2	35	-3.85	12.89					
	db	t1	11	-1.93	15.25	.790	1.17	10	.270	
		t2	11	-5.24	13.01					
DA	bb	t1	35	5.64	13.07	.744	-3.80	34	.001*	.64**
		t2	35	11.56	12.68					
	db	t1	11	11.08	9.70	.410	1.52	10	.159	
		t2	11	6.42	8.92					
DL	bb	t1	35	-1.19	12.88	.645	-0.58	34	.565	
		t2	35	-0.15	12.13					
	db	t1	11	-3.68	14.91	.845	1.77	10	.107	
		t2	11	-8.83	18.02					

Anmerkungen. DM = Diskrepanz Machtmotiv, DA = Diskrepanz Anschlussmotiv, DL = Diskrepanz Leistungsmotiv, MZP = Messzeitpunkt, bb = besonders begabt, db = durchschnittlich
[+]$p < .1$ *, $p < .05$, *$d \geq .20$, **$d \geq .50$

Wartegruppe

Es lassen sich ebenfalls signifikante Veränderungen in der WG jeweils in der Teilgruppe der besonders begabten Schüler beobachten. In der Skala *Diskrepanz Machtmotiv* lässt sich eine negative Tendenz erkennen, in der Skala *Bewusstes Anschlussmotiv* wird die Diskrepanz zwischen bewusstem und unbewusstem Motiv signifikant kleiner.[71]

---

71 Skala *Diskrepanz Anschlussmotiv* in der WG:
   Anfangsunterschiede: $F(1,35) = 0.08, p = .775$;
   Entwicklung: Besonders begabte Schüler: $t(26) = 2.63, p = .014, d = .51$;
   durchschnittlich begabte Schüler $t(4) = -.22, p = .833$.
   Skala *Diskrepanz Machtmotiv* in der WG:
   Anfangsunterschiede: $F(1,35) = 0.02, p = .904$;
   Entwicklung: Besonders begabte Schüler: $t(26) = 1.97, p = .059. d = .38$;
   durchschnittlich begabte Schüler: $t(4) = 0.25, p = .818$.
   Skala *Diskrepanz Leistungsmotiv* in der WG:
   Anfangsunterschiede: $F(1,35) = 0.11, p = .748$;
   Entwicklung: Besonders begabte Schüler: $t(26) = 1.14, p = .263$;
   durchschnittlich begabte Schüler: $t(4) = 0.73, p = .507$.

6.2.4 Entwicklung der Schulleistung (besonders begabte vs. durchschnittlich begabte Schüler)

In einem letzten Schritt dieses Kapitels werden Entwicklungen der Schulleistungen in den Teilgruppen der besonders begabten und durchschnittlich begabten Schüler betrachtet.

Skala Schulleistung

Die Werte der Skala sind zu beiden Messzeitpunkten in beiden Teilgruppen normalverteilt, die Varianzen sind homogen (t1: $F(1,48) = 0.59$, $p = .447$; t2: $F(1,17) = 0.36, p = .556$). Beide Teilgruppen weisen zum ersten Messzeitpunkt vergleichbare Schulleistungen auf $(F(1,48) = 0.09$; $p = .762$).

Tabelle 36: *Teilgruppenvergleich (besonders begabte vs. durchschnittlich begabte Schüler (EG)): Entwicklung der Schulleistung (t-Test)*

	MZP	n	M	SD	r	t	df	p (1-seitig)
bb	t1	15	3.09	0.82	.727	0.71	14	.247
	t2	15	2.98	.068				
db	t1	4	3.19	0.38	.777	-1.41	3	.126
	t2	4	3.44	0.55				

Anmerkungen. MZP = Messzeitpunkt, bb = besonders begabt, db = durchschnittlich

Weder der Trend (-0.01) in der Skala *Schulleistungen* in der Teilgruppe der besonders begabten Schüler noch der Trend (0.25) in der Teilgruppe der durchschnittlich begabten Schüler ist signifikant (siehe Tabelle 36).[72,73]

Der dritte, sich anschließende Auswertungsteil dient dem Vergleich zweier weiterer Teilgruppen, nämlich der Underachiever und Achiever.

6.3 Vergleich der Teilgruppen Underachiever und Achiever

Zur Beantwortung der dritten Forschungsfrage (F3: *Erzielt das MoSt größere Effekte bei Underachievern als bei Achievern?*) wird die EG im Folgenden erneut in zwei Teilgruppen unterteilt, in diesem Abschnitt in Underachiever und Achiever (siehe Kapitel 5.10.3), und dabei waren differenzielle Effekte hinsichtlich der Selbststeuerung, des Bedrohungs- und Belastungsempfindens, der Motivlagen sowie der Schulleistung untersucht

---

72 Bei Betrachtung der Werte ist zu berücksichtigen, dass eine negative Richtung wünschenswert ist.

73 Es liegen in der WG keine Angaben zu Schulleistungen der durchschnittlich begabten Schüler vor. Der paarige Vergleich in der Teilgruppe der besonders begabten Schüler erbringt folgendes Ergebnis: $t(6) = -0.83$, $p = .220$. Auf alle weiteren Berechnungen muss auf Grund der geringen Fallzahl an dieser Stelle verzichtet werden.

worden. Das Vorgehen entspricht dem der beiden vorherigen Kapitel (6.1 und 6.2). Es liegen in der EG jeweils 28 vollständige Testpaare von Underachievern und 13 von Achievern aus der Potenzialanalyse vor. Beim Schulleistungsvergleich sind es in der Teilgruppe der Underachiever 14 und fünf Testpaare in der Teilgruppe der Achiever. Je weitere sieben Testpaare stammen von Schülern, die entweder mangels vorliegendem IQ-Wert oder mangels vorliegender Schulleistung keiner Teilgruppe eindeutig zugeordnet werden können. Diese Fälle werden in diesem Teil von der Auswertung ausgeschlossen.

Gleiche Berechnungen mit den entsprechenden Teilgruppen der WG sind wie im vorherigen Kapitel der Vollständigkeit halber in den Fußnoten zu finden, es sei denn, diese weisen bedeutende Unterschiede auf, die im Text auszuführen sind. Ausführliche Berechnungen in der WG sowie Tabellen mit Kennwerten befinden sich in einem digitalen Anhang, welcher bei der Autorin angefragt werden kann.[74]

6.3.1 Entwicklung der Selbststeuerungsfähigkeiten (Underachiever vs. Achiever)

Skala
Selbststeuerung

Zunächst wird die Skala *Selbststeuerung* betrachtet. Die Werte der Skala sind in beiden Teilgruppen normalverteilt und eine Varianzhomogenität ist gegeben (t1: $F(1,46) = 0.22$, $p = .644$; t2: $F(1,41) = 0.04$, $p = .840$). Sowohl Underachiever als auch Achiever haben zum Messzeitpunkt t1 vergleichbare Selbststeuerungsfähigkeiten ($F(1,46) = 0.58, p = .449$).

Tabelle 37: *Teilgruppenvergleich (Underachiever vs. Achiever (EG)): Entwicklung der Skala Selbststeuerung (t-Test)*

	MZP	n	M	SD	r	t	df	p (1-seitig)	d
U	t1	28	5.33	1.61	.662	-4.19	27	.000**	0.79**
	t2	28	6.39	1.64					
A	t1	13	5.25	2.07	.428	0.70	12	.249	
	t2	13	4.85	1.75					

Anmerkungen. MZP = Messzeitpunkt, U = Underachiever, A = Achiever
$**p < .001$, $*d \geq .20$, $**d \geq .50$

---

74 In der WG liegen 15 vollständige Testpaare in der Teilgruppe der Underachiever und neun in der Teilgruppe der Achiever aus der Potenzialanalyse vor. Für den Schulleistungsvergleich gibt es sechs Testpaare für Underachiever und zwei vollständige Testpaare Achiever.

Während Underachiever aus der EG sich selbst zum zweiten Messzeitpunkt signifikant stärker selbststeuernd einschätzen, ist der negative Trend in der Teilgruppe der Achiever nicht signifikant (-0.40) (Tabelle 37).[75]

Die Werte der Subskala *Handlungsorientierung nach Misserfolg* und *prospektive Handlungsorientierung* sind in beiden Teilgruppen zu beiden Messzeitpunkten normalverteilt. Die Varianzen sind in der Subskala *Handlungsorientierung nach Misserfolg* zum Messzeitpunkt t1 heterogen (t1: $F(1,46) = 4.71$, $p = .035$; t2: $F(1,41) = 3.15$, $p = .083$). In der Subskala *prospektive Handlungsorientierung* ist die Varianzhomogenität gegeben (t1: $F(1,46) = 0.41$, $p = .528$; t2: $F(1,41) = 1.02$, $p = .319$). Subskala *Handlungsorientierung*

Sowohl Underachiever als auch Achiever der EG haben zum Messzeitpunkt t1 vergleichbare Kompetenzen in der Handlungsorientierung (*Handlungsorientierung nach Misserfolg*: $F(1,21.14) = 0.01$, $p = .909$ (Welch-Test); *prospektive Handlungsorientierung*: $F(1,46) = 0.01$, $p = .946$).

Beim Vergleich der Werte von Messzeitpunkt t1 zu t2 ist eine signifikante Steigerung der Subskala *Handlungsorientierung nach Misserfolg* bei der Teilgruppe der Underachiever zu beobachten (Tabelle 38). Bei Achievern ist der negative Trend (-0.46) nicht signifikant. Bei der Untersuchung der Subskala zeigen Underachiever eine signifikante Verbesserung ihrer prospektiven Handlungsorientierung, während in der Teilgruppe der Achiever ein signifikantes Absinken aufgezeigt werden kann.[76]

---

75 Subskala *Selbststeuerung* in der WG:
Anfangsunterschiede: $F(1,25) = 0.54$, $p = .469$;
Entwicklung: Underachiever: $t(14) = 0.69$, $p = .250$; Achiever: $t(8) = -1.11$, $p = .150$.

76 Subskala *Handlungsorientierung nach Misserfolg* in der WG:
Anfangsunterschiede: $U = 74.50$, $p = .736$;
Entwicklung: Underachiever: $z = -0.05$, $p = .480$; Achiever: $z = -1.00$, $p = .160$.
Subskala *prospektive Handlungsorientierung* in der WG:
Anfangsunterschiede: $F(1,25) = 0.09$, $p = .762$;
Entwicklung: Underachiever: $t(14) = 0.14$, $p = .446$; Achiever: $t(8) = 0.00$, $p = .500$.

Tabelle 38: *Teilgruppenvergleich (Underachiever vs. Achiever (EG)): Entwicklung der Subskalen zur Handlungsorientierung (t-Test)*

		MZP	n	M	SD	r	t	df	p (1-seitig)	d
HOM	U	t1	28	6.00	2.60	.451	-2.06	27	.025*	0.39*
		t2	28	7.00	2.28					
	A	t1	13	5.92	3.82	.648	0.55	12	.296	
		t2	13	5.46	3.28					
HOP	U	t1	28	5.36	2.63	.680	-2.09	27	.023*	0.39*
		t2	28	6.21	2.79					
	A	t1	13	5.92	3.33	.370	1.92	12	.040*	0.53**
		t2	13	4.15	2.44					

Anmerkungen. MZP = Messzeitpunkt, U = Underachiever, A = Achiever, HOM = Handlungsorientierung nach Misserfolg, HOP = prospektive Handlungsorientierung
$*p < 05$, $*d \geq .20$, $**d \geq .50$

Subskala *Selbstberuhigung*

Die Werte der Subskala *Selbstberuhigung* sind sowohl in der Teilgruppe der Underachiever als auch in der Teilgruppe der Achiever normalverteilt, die Varianzen sind homogen (t1: $F(1,46) = 1.04$, $p = .313$; t2: $F(1,41) = 0.02$, $p = .889$). Beide Teilgruppen haben zum ersten Messzeitpunkt vergleichbare Kompetenzen, sich selbst zu beruhigen ($F(1,46) = 0.81$, $p = .373$).

Tabelle 39: *Teilgruppenvergleich (Underachiever vs. Achiever (EG)): Entwicklung der Subskala Selbstberuhigung (t-Test)*

	MZP	n	M	SD	r	t	df	p (1-seitig)	d
U	t1	28	5.04	2.73	.643	-4.59	27	.000**	0.87***
	t2	28	7.21	3.14					
A	t1	13	4.69	3.30	.207	-0.67	12	.258	
	t2	13	5.46	3.28					

Anmerkungen. MZP = Messzeitpunkt, U = Underachiever, A = Achiever
$**p < .001$, $***d \geq .80$

Schüler der Teilgruppe der Underachiever empfinden nach Teilnahme an der Intervention weitaus höhere Kompetenzen, die eigene innere Anspannung zu regulieren, wohingegen der positive Trend (0.77) in der Teilgruppe der Achiever nicht signifikant ist (siehe Tabelle 39).[77]

---

77 Subskala *Selbstberuhigung* in der WG:
Anfangsunterschiede: $F(1,25) = 0.51$, $p = .483$;
Entwicklung: Underachiever: $t(14) = 1.29$, $p = .109$;
Achiever: $t(8) = -1.18$, $p = .136$.

Die Werte der Subskala *Selbstbestimmung* sind in beiden Teilgruppen zu beiden Messzeitpunkten t1 und t2 normalverteilt, die Varianzen sind homogen (t1: $F(1,46) = 2.24$; $p = .142$, t2: $F(1,41) = 3.03$, $p = .089$). Underachiever und Achiever der EG haben zum ersten Messzeitpunkt t1 vergleichbare Fähigkeiten zur Selbstbestimmung ($F(1,46) = 0.46$, $p = .501$).

Subskala Selbstbestimmung

Tabelle 40: *Teilgruppenvergleich (Underachiever vs. Achiever (EG)): Entwicklung der Subskala Selbstbestimmung (t-Test)*

	MZP	n	M	SD	r	t	df	p (1-seitig)	d
U	t1	28	5.64	2.11	.689	-3.06	27	.003*	0.59**
	t2	28	6.61	2.11					
A	t1	13	5.39	1.39	.307	0.32	12	.377	
	t2	13	5.23	1.54					

Anmerkungen. MZP = Messzeitpunkt, U = Underachiever, A = Achiever
*$p < .05$, **$d \geq .50$

Hinsichtlich der Subskala *Selbstbestimmung* sind signifikante Entwicklungen in der Teilgruppe der Underachiever aufzuzeigen (siehe Tabelle 40). Underachiever empfinden zum Messzeitpunkt t2 eine signifikant stärker ausgeprägte Selbstbestimmung als noch zum Messzeitpunkt t1. In der Teilgruppe der Achiever ist der negative Trend (-0.16) nicht signifikant.[78]

Die Werte der Subskala *Selbstmotivierung* sind in beiden Teilgruppen normalverteilt, die Varianzen sind homogen (t1: $F(1,46) = 1.15$, $p = .290$; t2: $F(1,41) = 0.00$, $p = .948$). Anfangsunterschiede liegen nicht vor ($F(1,46) = 1.18$, $p = .282$).

Subskala Selbstmotivierung

Tabelle 41: *Teilgruppenvergleich (Underachiever vs. Achiever (EG)): Entwicklung der Subskala Selbstmotivierung (t-Test)*

	MZP	n	M	SD	r	t	df	p (1-seitig)
U	t1	28	4.61	1.87	.327	-0.59	27	.281
	t2	28	4.89	2.47				
A	t1	13	4.31	1.44	.475	0.58	12	.287
	t2	13	3.92	2.72				

Anmerkungen. MZP = Messzeitpunkt, U = Underachiever, A = Achiever

Im Vergleich der Underachiever und Achiever hinsichtlich der Subskala *Selbstmotivierung* sind weder der positive Trend (0.28) in der Teilgruppe

---

78 Subskala *Selbstbestimmung* in der WG:
Anfangsunterschiede: $F(1,25) = 2.83$, $p = .105$;
Entwicklung: Underachiever: $t(14) = 0.84$, $p = .209$;
Achiever: $t(8) = -0.90$, $p = .197$.

der Underachiever, noch der negative Trend (-0.39) in der Gruppe der Achiever signifikant (siehe Tabelle 41).[79]

6.3.2 Entwicklung des Belastungs- und Bedrohungsempfindens (Underachiever vs. Achiever)

Die Werte der Subskalen *Belastung* und *Bedrohung* sind zu beiden Mess-zeitpunkten t1 und t2 normalverteilt, die Varianzen sind homogen (*Belastung*: t1: $F(1,46) = 1.51, p = .225$, t2: $F(1,41) = 0.23, p = .635$; *Bedrohung*: t1: $F(1,46) = 1.67, p = .203$, t2: $F(1,41) = 2.51, p = .121$). Underachiever und Achiever der EG empfinden zum Messzeitpunkt t1 eine vergleichbare Belastung ($F(1,46) = 1.68, p = .202$). Hinsichtlich der Subskala *Bedrohung* liegt ein tendenzieller Anfangsunterschied zwischen den beiden Teilgruppen vor ($F(1,46) = 3.16, p = .082$): Underachiever der EG empfinden zum Messzeitpunkt t1 eine tendenziell höhere Bedrohung als die Achiever der EG.

Tabelle 42: *Teilgruppenvergleich (Underachiever vs. Achiever (EG)): Entwicklung Subskalen Belastungs- und Bedrohungsempfinden (t-Test)*

		MZP	n	M	SD	r	t	df	p (1-sei-tig)	d
Belas-tung	U	t1	28	4.86	2.89	.436	1.60	27	.061$^+$	0.30*
		t2	28	3.93	2.91					
	A	t1	13	3.54	1.90	.710	-2.74	12	.009*	0.76**
		t2	13	5.08	2.87					
Be-dro-hung	U	t1	28	4.89	3.08	.296	0.42	27	.338	
		t2	28	4.57	3.65					
	A	t1	13	2.85	2.12	.473	-1.62	12	.066$^+$	0.47*
		t2	13	4.08	3.01					

Anmerkungen. MZP = Messzeitpunkt, U = Underachiever, A = Achiever
$^+p < 1$, $^*p < .05$, $^*d \geq .20^{**}d \geq 50$

Subskala
Belastung

In der Teilgruppe der Underachiever zeigt sich in der Subskala *Belastung* eine negative Tendenz (-0.93).[80] In der Teilgruppe der Achiever ist im Vergleich von Messzeitpunkt t1 zu t2 ein signifikanter Anstieg zu beobachten (siehe Tabelle 42).[81]

---

79 Subskala *Selbstmotivierung* in der WG:
   Anfangsunterschiede: $F(1,25) = 0.01, p = .909$;
   Entwicklung: Underachiever: $t(14) = 0.00, p = .500$;
   Achiever: $t(8) = 0.00, p = .500$.
80 Eine Verringerung ist hierbei wünschenswert.
81 Subskala *Belastung* in der WG:
   Anfangsunterschiede: $F(1,25) = 0.31, p = .580$;
   Entwicklung: Underachiever: $t(14) = 0.89, p = .194$;
   Achiever $t(8) = 0.58, p = .290$.

Hinsichtlich der Subskala *Bedrohung* kann in der Teilgruppe der Achiever ein tendenzieller Anstieg der Bedrohung im Vergleich von Messzeitpunkt t1 zu t2 beobachtet werden.[82]

Subskala Bedrohung

An dieser Stelle ist erstmalig eine Entwicklung in der WG beobachtbar: In der Teilgruppe der Underachiever zeigt sich eine Tendenz der Verringerung der Subskala *Bedrohung*.[83]

6.3.3 Entwicklung der bewussten Motivlagen (Underachiever vs. Achiever)

Die Untersuchung der bewussten Motivlagen beginnt wie zuvor mit der Prüfung der Werte auf eine Normalverteilung. Diese ist in beiden Teilgruppen zum Messzeitpunkten t1 in der Skala *bewusstes Leistungsmotiv* (Underachiever: $W(28) = .90$, $p = .013$; Achiever: $W(13) = .76$, $p = .002$) und in der Skala *Bewusstes Machtmotiv* in der Teilgruppe der Achiever zum Messzeitpunkt t1 verletzt ($W(13) = .81$, $p = .009$). Die Varianzen sind zu t2 in der Skala *Bewusstes Anschlussmotiv* heterogen (t1: $F(1,46) = 0.20$, $p = .657$; t2: $F(1,41) = 7.39$, $p = .010$), die weiteren Varianzen sind homogen (*Bewusstes Leistungsmotiv*: t1: $F(1,46) = 0.96$, $p = .332$, t2: $F(1,41) = 0.63$, $p = .433$; *Bewusstes Machtmotiv*: t1: $F(1,46) = 0.95$, $p = .335$, t2: $F(1,41) = 0.37$, $p = .547$). Es liegen Anfangsunterschiede zwischen den beiden Teilgruppen zum Messzeitpunkt t1 in der Skala *Bewusstes Machtmotiv* vor ($U = 172.50$, $p = .065$). Underachiever der EG haben ein tendenziell stärker ausgeprägtes bewusstes Machtmotiv. In den beiden weiteren Skalen ähneln sich die beiden Teilgruppen hinreichend (*Bewusstes Anschlussmotiv*: $F(1,46) = 0.31$, $p = .582$; *Bewusstes Leistungsmotiv*: $U = 198.50$, $p = .198$).

Skalen der bewussten Motivlagen

Tabelle 43: *Teilgruppenvergleich (Underachiever vs. Achiever (EG)): Entwicklung der Skala Bewusstes Anschlussmotiv (t-Test)*

	MZP	n	M	SD	r	t	df	p (2-seitig)	d
U	t1	28	6.89	2.92	.579	-3.19	27	.004*	0.61**
	t2	28	8.36	2.15					
A	t1	13	7.23	3.09	.614	0.46	12	.654	
	t2	13	6.85	3.67					

Anmerkungen. MZP = Messzeitpunkt, U = Underachiever, A = Achiever
*$p < .01$, **$d \geq .50$

---

82 Hier ist eine negative Tendenz wünschenswert.
83 Subskala *Bedrohung* in der WG:
 Anfangsunterschiede: $F(1,25) = 1.77$, $p = .195$;
 Entwicklung: Underachiever: $t(15) = 1.59$, $p = .068$, $d = 0.41$*;
 Achiever: $t(8) = 0.90$, $p = .197$.

Tabelle 44: *Teilgruppenvergleich (Underachiever vs. Achiever (EG)): Entwicklung der Skalen Bewusstes Anschlussmotiv und Bewusstes Machtmotiv
(Wilcoxon-Test)*

		MZP	n	M	SD	r	z	p (2-seitig)
Bewusstes Leistungsmotiv	U	t1	28	4.36	1.75	.298	-0.43[b]	.671
		t2	28	4.61	2.48			
	A	t1	13	4.23	2.59	.589	1.20[c]	.231
		t2	13	3.46	2.22			
Bewusstes Machtmotiv	U	t1	28	4.39	2.20	.581	-0.31[b]	.754
		t2	28	4.71	2.32			
	A	t1	13	3.39	3.07	.603	-0.12[c]	.905
		t2	13	3.08	2.10			

Anmerkungen. MZP = Messzeitpunkt, U = Underachiever, A = Achiever, b. basiert
auf negativen Rängen, c. basiert auf positiven Rängen
$*d \geq .20$

Die Untersuchung der Skala *Bewusstes Anschlussmotiv* zeigt einen signifikanten Anstieg in der Teilgruppe der Underachiever. Der negative Trend
in der Teilgruppe der Achiever (-0.38) ist nicht signifikant (siehe Tabelle
43).

Hinsichtlich der Skalen *Bewusstes Leistungsmotiv* und *Bewusstes
Machtmotiv* sind in keiner der Teilgruppen der EG signifikante Veränderungen erkennbar (siehe Tabelle 44).

Wartegruppe

In der WG zeigen sich an dieser Stelle folgende Effekte: In der Teilgruppe der Underachiever sinkt das *bewusste Anschlussmotiv* vom Messzeitpunkt t1 zu t2 signifikant. Weiterhin ist in der Skala *bewusstes Machtmotiv* eine negative Tendenz (-1.33) von Messzeitpunkt t1 zu t2 zu erkennen.[84]

Skalen der Mo-
tivdiskrepanzen

Abschließend soll an dieser Stelle wiederum überprüft werden, inwie-
fern sich die Veränderungen in den bewussten Motivlagen auf die Motivdiskrepanzen auswirken. Bei Überprüfung der Werte hinsichtlich einer

---

84 Skala *Bewusstes Anschlussmotiv* in der WG:
Anfangsunterschiede: $F(1,25) = 1.42, p = .245$;
Entwicklung: Underachiever: $t(14) = 2.35, p = .034 \ d = .61$;
Achiever: $t(8) = -0.73, p = .482$.
Skala *Bewusstes Leistungsmotiv* in der WG:
Anfangsunterschiede: $F(1,25) = 0.31, p = .580$;
Entwicklung: Underachiever: $z = 0.18, p = .858$;
Achiever: $z = 1.61, p = .107$.
Skala *Bewusstes Machtmotiv* in der WG:
Anfangsunterschiede: $F(1,25) = 1.74, p = .199$;
Entwicklung: Underachiever: $t(14) = 1.83, p = .088, d = .47$;
Achiever: $t(8) = 1.27, p = .242$.

Normalverteilung ergibt sich, dass in der Teilgruppe der Achiever die Werte der Skala *Diskrepanz Machtmotiv* nicht normalverteilt sind ($W(13) = .81, p = .008$), ebenso in der Teilgruppe der Underachiever in der Skala *Diskrepanz Anschlussmotiv* zu t2 ($W(28) = .92, p = .027$). Die Varianzhomogenität ist in allen Skalen zu beiden Messzeitpunkten erfüllt (*Diskrepanz Machtmotiv*: t1: $F(1,46) = 0.02$, $p = .878$, t2: $F(1,39) = 0.32$, $p = .576$; *Diskrepanz Anschlussmotiv*: t1: $F(1,46) = 2.50$, $p = .120$, t2: $F(1,39) = 0.05$, $p = .818$; *Diskrepanz Leistungsmotiv*: t1: $F(1,46) = 0.05$, $p = .833$, t2: $F(1,39) = 0.13, p = .717$).

Es liegen keine Anfangsunterschiede zwischen beiden Teilgruppen hinsichtlich der Diskrepanzskalen vor (*Diskrepanz Anschlussmotiv*: $F(1,46) = 0.65$, $p = .424$; *Diskrepanz Leistungsmotiv*: $F(1,46) = 0.64$, $p = .429$; *Diskrepanz Machtmotiv*: $U = 239.50, p = .718$).

Tabelle 45: *Teilgruppenvergleich (Underachiever vs. Achiever (EG)): Entwicklung der Skala Diskrepanz Leistungsmotiv (t-Test)*

	MZP	N	M	SD	r	t	df	p (2-seitig)
U	t1	28	-0.59	10.99	.677	-0.51	27	.614
	t2	28	0.42	14.04				
A	t1	13	-4.17	13.11	.791	1.25	12	.235
	t2	13	-7.28	14.36				

Anmerkungen. MZP = Messzeitpunkt, U = Underachiever, A = Achiever
$*d \geq .20$

Tabelle 46: *Teilgruppenvergleich (Underachiever vs. Achiever (EG)): Entwicklung der Skalen Diskrepanz Machtmotiv und Diskrepanz Anschlussmotiv (Wilcoxon-Test)*

		MZP	N	M	SD	r	z	p (2-seitig)	d
Diskrepanz Macht- motiv	U	t1	28	-5.32	12.54	.809	-0.49[b]	.627	
		t2	28	-3.95	13.41				
	A	t1	13	-3.72	14.78	.772	-0.30[c]	.766	
		t2	13	-5.01	11.52				
Diskrepanz An- schluss- motiv	U	t1	28	5.70	13.85	.730	-2.87[b]	.004*	0.59**
		t2	28	11.44	12.22				
	A	t1	13	8.56	9.63	.441	-0.27[c]	.789	
		t2	13	6.94	12.39				

Anmerkungen. MZP = Messzeitpunkt, U = Underachiever, A = Achiever, b. basiert auf negativen Rängen, c. basiert auf positiven Rängen
$*p < .05, **d \geq .50$

Hinsichtlich der Diskrepanz im Leistungsmotiv und der Diskrepanz im Machtmotiv sind keine signifikanten Entwicklungen zu erkennen (siehe Tabelle 45 und Tabelle 46). Die Diskrepanz im Anschlussmotiv wird in der Teilgruppe der Underachiever von Messzeitpunkt t1 zu t2 signifikant größer.

Wartegruppe   Bei der Untersuchung von Veränderungen zwischen Messzeitpunkt t1 zu t2 in der WG hinsichtlich der Motivdiskrepanzen kann folgendes aufgezeigt werden: In der Teilgruppe der Underachiever verändert sich die Skala *Diskrepanz Machtmotiv* tendenziell. Ebenfalls in der Teilgruppe der Underachiever lässt sich eine signifikante Veränderung in der Skala *Diskrepanz Anschlussmotiv* erkennen.[85]

6.3.4 Entwicklung der Schulleistung (Underachiever vs. Achiever)

An dieser Stelle wird die Entwicklung der Schulleistungen der Schüler in den Teilgruppen der Underachiever und Achiever betrachtet. Die Daten sind zu beiden Messzeitpunkten in beiden Teilgruppen normalverteilt, die Varianzen homogen (t1: $F(1,48) = 1.10$, $p = .300$; t2: $F(1,17) = 1.25$, $p = .279$). Schüler der Teilgruppe der Achiever haben zum Messzeitpunkt t1 einen signifikant besseren Zeugnisdurchschnitt ($F(1,48) = 4.69$, $p = .035$).

Tabelle 47: *Teilgruppenvergleich (Underachiever vs. Achiever (EG)): Entwicklung der Schulleistung (t-Test)*

	MZP	n	M	SD	r	t	df	p (1-seitig)	d
U	t1	15	3.15	0.81	.795	1.37	13	.097+	.38*
	t2	15	2.96	0.70					
A	t1	5	3.00	0.53	.605	-1.97	4	.060+	.88**
	t2	5	3.40	0.49					

Anmerkungen. MZP = Messzeitpunkt, U = Underachiever, A = Achiever
$^+p < .1$, $^*d \geq .20$, $^{**}d \geq .50$

---

85 Skala *Diskrepanz Anschlussmotiv* in der WG:
Anfangsunterschiede: $U = 77.00$, $p = .837$;
Entwicklung: Underachiever: $z = -1.99$, $p = .046$, $d = .62$;
Achiever: $z = -0.34$, $p = .735$.
Skala *Diskrepanz Machtmotiv* in der WG:
Anfangsunterschiede: $F(1,24.30) = 0.01$, $p = .938$ (Welch-Test);
Entwicklung: Underachiever: $t(14) = 1.87$, $p = .083$, $d = .48$;
Achiever: $t(8) = 1.25$, $p = .246$.
Skala *Diskrepanz Leistungsmotiv* in der WG:
Anfangsunterschiede: $F(1,25) = 0.07$, $p = .790$;
Entwicklung: Underachiever: $t(14) = 0.12$, $p = .909$;
Achiever: $t(8) = 1.79$, $p = .111$.

In beiden Teilgruppen sind tendenzielle Effekte im Vergleich der Werte der Skala *Schulleistung* von Messzeitpunkt t1 zu t2 zu erkennen (siehe Tabelle 47). Die Underachiever der EG verbessern ihren Zeugnisdurchschnitt, während sich der Zeugnisdurchschnitt in der Gruppe der Achiever verschlechtert.[86]

Das Kapitel der summativen Evaluation schließt an dieser Stelle. Alle Skalen wurden zwischen den verschiedenen Gruppen bzw. Teilgruppen untersucht.

6.4 Formative Evaluation der Trainingseinheiten

Die zum Ende der Trainingseinheiten eingesetzten Rückmeldebögen werden an dieser Stelle ausgewertet, um die Resonanz der teilnehmenden Schüler einschätzen zu können. Die Forschungsfrage lautet an dieser Stelle: *F4: Wie beurteilen die teilnehmenden Schüler die Interventionsmaßnahme MoSt in Kleingruppen?*

Tabelle 48: *Formative Trainingsevaluation: Kennwerte der Fragen 1–4*

	Trainingseinheit											
	1		2		3		4		5		Gesamt	
	$n = 57$		$n = 37$		$n = 36$		$n = 44$		$n = 36$		$n = 60$	
Frage	M	SD	M	SD	M	SD	M	SD	M	SD	M	SD
1	1.74	0.61	1.84	0.83	1.92	1.08	1.73	0.82	1.50	0.66	**1.73**	**0.48**
2	2.00	0.66	2.14	0.75	2.06	0.83	1.98	1.01	1.81	0.98	**1.99**	**0.61**
3	1.75	0.71	1.95	1.03	1.89	1.04	1.51	0.86	1.58	0.16	**1.81**	**0.58**
4	1.47	0.85	1.43	0.56	1.54	0.90	1.43	0.55	1.34	0.48	**1.48**	**0.60**
Gesamt	**1.74**	**0.49**	**1.84**	**0.62**	**1.84**	**0.67**	**1.77**	**0.80**	**1.56**	**0.49**		

Anmerkungen. 1: Wie hat dir die Trainingseinheit gefallen?, 2: Wie interessant waren die Aktivitäten gestaltet?
3: Wie hat dir die Lerngruppe gefallen?, 4: Wie haben dir die Betreuer gefallen?, Antwortmöglichkeiten: sehr gut (1) – gut (2) - befriedigend (3) – ausreichend (4); Frage 5: ja (1) – teilweise (2) – nein (3) – weiß nicht

Die Bewertung der einzelnen Fragen lässt sich Tabelle 48 entnehmen. Es ist zu beachten, dass die Fallzahlen über die Trainingseinheiten stark

---

86 Skala *Schulleistung* in der WG:
    Anfangsunterschiede: $F(1,25) = 2.55$, $p = .123$;
    Entwicklung Underachiever: $t(5) = -.56$, $p = .302$;
    Entwicklung Achiever: $t(1) z = -1.00$, $p = .398$.

schwanken. Das liegt daran, dass nicht in jeder Sitzung Rückmeldebögen eingesetzt wurden. Teilweise war die Zeit zu knapp, oder sie wurden schlichtweg vergessen. In die Gesamtwertung der einzelnen Fragen werden nur Angaben von Schülern aufgenommen, von denen mindestens drei Rückmeldebögen vorlagen.

Insgesamt werden alle Trainingseinheiten als „gut" bewertet. Wobei die erste ($M = 1,74$; $SD = 0.49$) und die fünfte Trainingseinheit ($M = 1,56$; $SD = 0.49$) den Schülern im Durchschnitt am besten gefallen haben.

Die einzeln abgefragten Teilgebiete (1 Trainingseinheit insgesamt, 2 Gestaltung der Aktivitäten, 3 Lerngruppe, 4 Betreuer) werden von den Schülern im Durchschnitt als gut eingestuft.

Tabelle 49 fasst die Antworten auf die fünfte Frage des Rückmeldebogens (Hat sich die Trainingseinheit aus deiner Sicht gelohnt?) zusammen. Mehr als die Hälfte der Teilnehmer beantworten diese Frage jeweils mit einem „Ja".

Tabelle 49: *Formative Trainingsevaluation: Häufigkeiten der Antworten auf die 5. Frage: Hat sich die Trainingseinheit aus deiner Sicht gelohnt?*

	Ja		Teilweise		Nein		Weiß nicht		Gesamt	
TE	n	%	n	%	n	%	n	%	n	%
1	30	53.6	18	32.1	2	3.6	6	7.5	56	100
2	21	56.8	13	35.1	1	2.7	2	5.4	37	100
3	23	62.2	11	29.7	1	2.7	1	2.7	37	100
4	25	59.5	16	38.1	1	1.3	0	0	42	100
5	21	60.0	10	28.6	0	0	4	11.4	35	100

Anmerkungen. TE = Trainingseinheit, Antwortmöglichkeiten: Ja – teilweise – nein – weiß nicht

Die beiden offenen Fragen des Rückmeldebogens (*Was hat dir gut gefallen? Was sollen wir verändern?*) werden in Anlehnung an Mayring (2010) kategorisiert und zur Auswertung mit Hilfe eines Programms zur qualitativen Inhaltsanalyse (MAXQDA) aufbereitet. Ziel ist es, durch eine inhaltliche **Strukturierung** der Antworten zu erheben, wie das MoSt von den Schülern angenommen wird, welche Aspekte sie besonders schätzen und was für weitere Durchgänge beachtet werden sollte.

Festlegung des Materials & Entstehungssituation

Bei dem zu untersuchenden Material handelt es sich um schriftliche Rückmeldebögen, die am Ende der einzelnen Trainingseinheiten von den Schülern ausgefüllt wurden. Das Ausfüllen der Rückmeldebögen war für die Schüler nicht verpflichtend. Der Aufruf zur Bewertung der Trainingseinheiten wurde von den Schülern in der Regel freudig angenommen, es sei denn am Ende blieb nur wenig Zeit und z.B. ein Bus musste erreicht werden.

Da Orthografiefehler für diese Auswertung als unwichtig erachtet werden, werden diese geglättet und die Antworten auf eine den Inhalt beschränkende Form gebracht (Paraphrasierung nach Mayring, 2010). Da in dem vorliegenden Falle keine längeren Textstellen bearbeitet werden, sind die einzelnen Antworten je Frage Kodiereinheit-, Kontext- und Auswertungseinheit in einem. Die vollständige Listung aller codierten Segmente befindet sich in einem digitalen Anhang, welcher bei der Autorin angefragt werden kann.

Bei Beantwortung der ersten Frage im Rückmeldebogen „Was hat dir gut gefallen?" können insgesamt 200 Codes vergeben werden. Es lassen sich 75 Antworten einem **generellen Gefallen** zuordnen (Ankerbeispiel: AJG_2_13: Alles). Was hat dir gut gefallen?

75 Schüler stellen **inhaltliche Aspekte** auf die Frage nach dem Gefallen der Trainingseinheit heraus. Die am häufigsten genannten inhaltlichen Aspekte sind hierbei **Selbstmotivierung** (13 Codes, Ankerbeispiel: JCS_2_13: Mir vor Augen führen, was mich warum motiviert), **Ziele** (12 Codes, Ankerbeispiel: SGM_2_4: Ziele setzen) und **Alltagsmonster** (11 Codes, Ankerbeispiel: AJG_2_11: Das Alltagsmonster identifizieren) (siehe Abbildung 23).

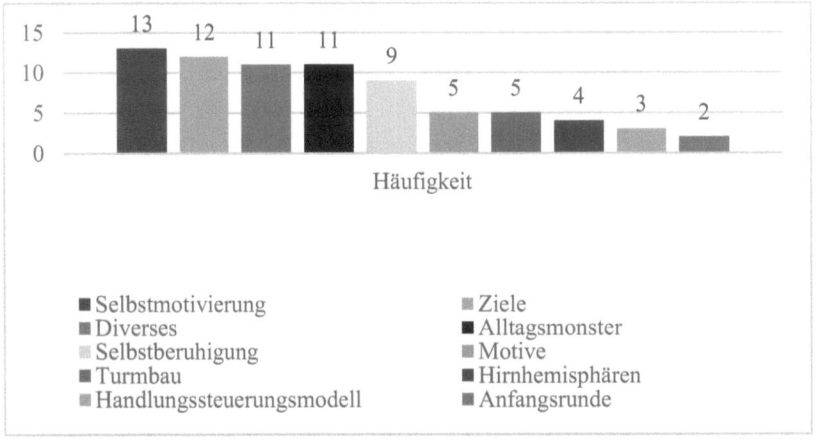

Abbildung 23: Codeverteilung „Was hat dir gut gefallen?": Inhalt

50 Codes beziehen sich auf Aspekte, die den **Rahmenbedingungen** zugeordnet werden können, unter diesen lassen sich zwei Hauptkategorien festmachen: **Gesprächsatmosphäre** (31 Codes, Ankerbeispiel: AJG_2_15: Dass man alles erzählen kann) sowie **Anleitung und Aufgabenstellung** (16 Codes, Ankerbeispiel: JCS_2_3: Das selbstständige, experimentelle Arbeiten) (siehe Abbildung 24). Was sollen wir ändern?

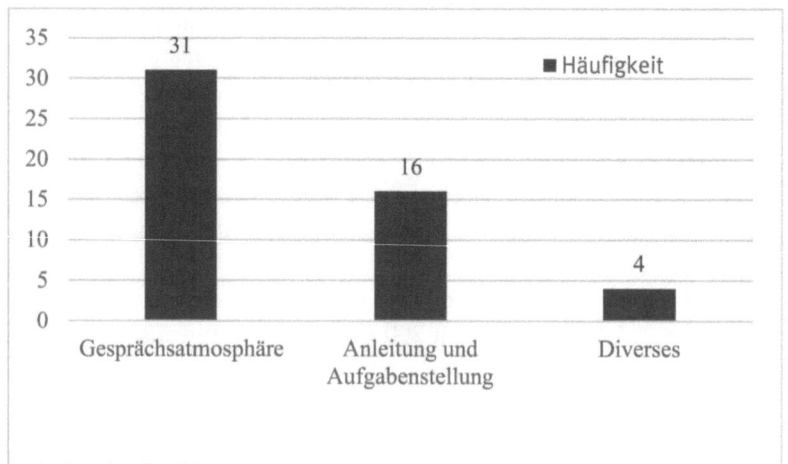

Abbildung 24: Codeverteilung „Was hat dir gut gefallen?": Rahmenbedingungen

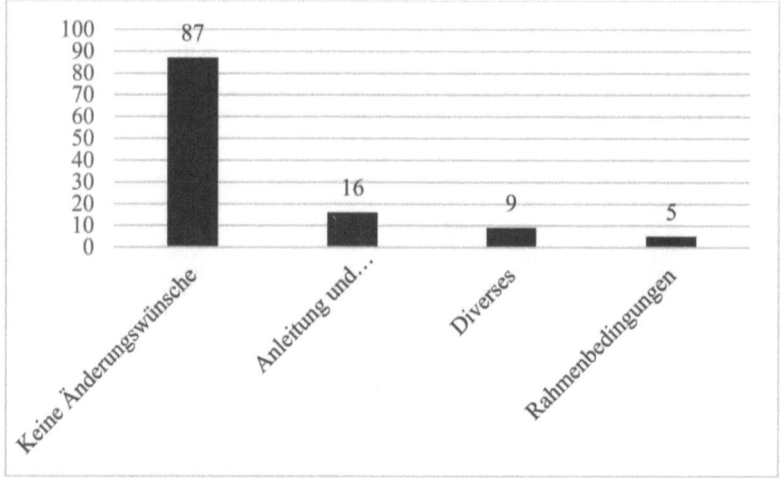

Abbildung 25: Codeverteilung „Was sollen wir ändern?"

Auf die zweite Frage im Rückmeldebogen „Was sollen wir ändern?" wurden 117 Antworten gegeben (siehe Abbildung 25). 87-mal wurde der Änderungswunsch „Nichts" angegeben (Ankerbeispiel: GMM_1_1: Nichts), 30 Schüler wünschten sich konkrete Änderungen, wobei sich hier erneut zwei Muster erkennen lassen: **Anleitung und Aufgabenstellung**, (16 Nennungen, Ankerbeispiel: JCS_2_22: Nicht mehr so viel schreiben.) sowie **Rahmenbedingungen** (5 Nennungen, Ankerbeispiel: JCS_2_9: Die Lerngruppe sollte konzentrierter sein.)

An dieser Stelle endet auch die formative Evaluation der Interventionsstudie. Alle Auswertungen sind hiermit abgeschlossen, die Ergebnisse werden im folgenden Diskussionsteil vor der aktuellen Forschungslage interpretiert.

7 Diskussion

In diesem Kapitel werden zunächst die Ergebnisse des Resultatteils (Kapitel 6) mit den Fragestellungen bzw. Hypothesen (siehe Kapitel 5.2) in Beziehung gesetzt. Ziel ist die Beantwortung der Forschungsfragen bzw. die Überprüfung der aufgestellten Hypothesen. Zunächst werden dafür allgemeine Effekte und daran anschließend differenzielle Effekte aus dem Vergleich von besonders begabten und durchschnittlich begabten Schülern und dem Vergleich von Underachievern und Achievern diskutiert. Im Anschluss daran wird das Vorgehen zur Nomination von Schülern der Interventionsmaßnahme reflektiert. Ergebnisse aus der formativen Evaluation (siehe Kapitel 6.4) fließen sukzessive in die Diskussion ein. Da die Evaluation einer pädagogischen Interventionsstudie forschungsmethodisch viele Hürden mit sich bringt, thematisiert das Kapitel 7.4 die Methodenkritik. Die Diskussion schließt mit einem Ausblick auf die im Zuge dieser Arbeit aufgeworfenen, weiterführenden Untersuchungsaspekte und einer Quintessenz.

7.1 MoSt als Interventionsmaßnahme

Die erste Forschungsfrage der Arbeit (F1: *Welche Wirkung erzielt ein Motivations- und Selbststeuerungstraining für besonders begabte Underachiever, wenn es in Kleingruppen im schulischen Kontext durchgeführt wird?*) bezieht sich auf die allgemeine Umsetzung des MoSt in Kleingruppen im schulischen Kontext.

Das **erste Hypothesenpaar (1)** thematisiert die allgemeine Wirkung der Interventionsmaßnahme auf die **Selbststeuerungsfähigkeiten** der teilnehmenden Schüler. Beim Vergleich der Testwerte zwischen den Messzeitpunkten t1 zu t2 zeigen sich bedeutsame Veränderungen: Schüler der EG berichten nach der Intervention von einer signifikant höher ausgeprägten Fähigkeit, sich selbst zu steuern, als vor der Teilnahme. Bei der Wartegruppe ist keine signifikante Veränderung zu beobachten. Auf Basis dieser Ergebnisse kann entsprechend aus dem ersten Hypothesenpaar (1) die Alternativhypothese angenommen und die Nullhypothese abgelehnt werden: Die Interventionsmaßnahme führt im allgemeinen Vergleich, bei kleinem Effekt, zu einer verbesserten Selbststeuerung.

Das MoSt erfüllt somit das erklärte Ziel, einen positiven Einfluss auf die Selbststeuerungsfähigkeiten auszuüben. Durch die Teilnahme an der Intervention gewinnen die Schüler Kompetenzen, die sich positiv auf die Begabungsentfaltung auswirken sollten. Das ist eine entscheidende Entwicklung: Führt man sich das in Kapitel 1.4 dargestellte integrative Begabungs- und Lernprozessmodell nach Fischer (2015) erneut vor Augen, wird

Selbststeuerung

die Bedeutung der Selbststeuerungsfähigkeiten als Persönlichkeitsfaktoren deutlich. Diese Persönlichkeitsfaktoren beeinflussen den Lern- und Entwicklungsprozess und damit Potenzial- und Performanzebene sowohl positiv als auch negativ. Weiterhin stehen sie in positiver/negativer Wechselwirkung mit den Umweltfaktoren. Gute Selbststeuerungsfähigkeiten sind also eine Art „Kommandozentrale" (Fröhlich & Kuhl, 2003). Um die Funktionen dieser Kommandozentrale näher zu betrachten, wurden neben dem ersten allgemeinen Hypothesenpaar insgesamt **fünf Subhypothesenpaare (1.1–1.5)** aufgestellt, welche an dieser Stelle aufgegriffen und bewertet werden. Auf diese Weise kann die Wirkung der Trainingsmaßnahme konkretisiert werden und es lässt sich ableiten, welche Trainingsinhalte gut wirken und welche Aspekte auf andere Weise im Rahmen des Trainings erarbeitet werden könnten.

Prospektive Handlungsorientierung & Selbstmotivierung

Obwohl ein generell positiver Effekt für das MoSt nachzuweisen ist, gilt dies nicht für alle hier erhobenen Komponenten der Selbststeuerungsfähigkeiten in Gänze. Es gibt zwei Bereiche in denen das Training keine Wirkung zeigt. Hier müssen die Nullhypothesen beibehalten werden: **prospektive Handlungsorientierung** und **Selbstmotivierung**.

Die Fähigkeit, umsichtig komplexe Handlungen umzusetzen und die Fähigkeit, sich für unangenehme Aufgaben zu motivieren, sind eng mit einander verknüpft und, um ein Underachievement „zu beheben", von großer Bedeutung. Im MoSt war das Thema Handlungsorientierung durchgängig in allen Trainingseinheiten präsent und die Selbstmotivierung war exklusives Thema der 3. Trainingseinheit. Es ist zu vermuten, dass sich kein Gewinn durch die Trainingseinheiten zeigt, weil die Inhalte zu diesen Themenbereichen nicht tief/gut/praktisch genug angeleitet worden sind. Für die Weiterentwicklung des MoSt sollten sowohl die Selbstmotivierung als auch die prospektive Handlungsorientierung andersartig/vertieft bearbeitet werden.

In den anderen Subskalen zur Selbststeuerung hingegen sind positive Veränderungen zu beobachten.

Handlungsorientierung nach Misserfolg

So konnte im Ergebnisteil aufgezeigt werden, dass die Werte der Skala **Handlungsorientierung nach Misserfolg** in der EG signifikant, bei kleinem Effekt, steigen, während in der WG keine Veränderung zu beobachten ist. Die Alternativhypothese wird angenommen.

Das Interventionsprogramm MoSt beeinflusst also die Fähigkeit der teilnehmenden Schüler positiv, sich nach einem Misserfolg von einer Lageorientierung hin zu einer Handlungsorientierung zu bewegen. Dies erscheint trotz des nur kleinen Effekts als bedeutsame Veränderung, da gerade Schüler mit Schwierigkeiten in der Schule, welche die Intervention explizit adressiert, häufig Misserfolge, z. B. in Form wiederkehrender schlechter Klassenarbeitsnoten, erleben. Wenn diese Misserfolge im ungünstigen Fall „Lähmung" und dadurch bedingt weitere Misserfolge mit sich bringen, kann sich daraus ein Teufelskreis ergeben. Das MoSt leistet somit einen Beitrag zur Unterbrechung der „Spirale der Enttäuschungen" (Wieczerkowski & Prado, 1993) (siehe Kapitel 2.5).

Weiter wurde untersucht, ob die Interventionsmaßnahme MoSt in Kleingruppen im schulischen Kontext Einfluss auf die Fähigkeiten der Schüler, sich selbst zu beruhigen, nimmt. Die Ergebnisse zeigen Folgendes: Während sich Schüler der EG zu Messzeitpunkt t2 signifikant besser in der Fähigkeit zur Selbstberuhigung einschätzen (mittlerer Effekt), ist in der WG genau das gegenteilige Ergebnis, bei kleinem Effekt, zu erkennen. Deshalb kann die Nullhypothese abgelehnt und die Alternativhypothese angenommen werden. Die Interventionsmaßnahme führt mit mittlerem Effekt zu einer verbesserten Einschätzung der Selbstberuhigungsfähigkeiten der teilnehmenden Schüler, während die wartenden Schüler ihre Fähigkeiten zur Selbstberuhigung zum zweiten Messzeitpunkt, bei kleinem Effekt, schlechter einschätzen.

Selbstberuhigung

Diese Entwicklung ist von besonderer Bedeutung: Schulschwierigkeiten gehen oft mit einem erhöhten Belastungs- und Bedrohungsempfinden einher (Künne et al., 2007), welches erhöhte Fähigkeiten in der Selbstberuhigung zur Kompensation erfordert. Ob die Veränderung der Fähigkeit zur Selbstberuhigung aus den Themen in der vierten Trainingseinheit resultieren oder ob die Teilnahme an der Interventionsmaßnahme an sich positiv auf die Selbstberuhigung wirkt, kann an dieser Stelle nicht eindeutig bestimmt werden. Wichtig ist hier, dass die Fähigkeit der Schüler zur Selbstberuhigung steigt, z. B. beim Umgang mit unangenehmen Ereignissen. Die negative Veränderung in der WG kann möglicherweise folgendermaßen begründet werden: Schüler der WG haben vergleichbare Schulschwierigkeiten wie Schüler der EG und ihnen wird, bis zum zweiten Messzeitpunkt zum Ende des ersten Halbjahres, keine Förderung zuteil, während gleichzeitig aber schon Noten erteilt werden und dadurch der Druck und die damit verbundenen Anforderungen an die Selbstberuhigung steigen.

Auch in der Subskala zur **Selbstbestimmung** lassen sich nennenswerte Veränderungen erkennen: Die Ergebnisse des Vor-Nachtest-Vergleichs hinsichtlich der Selbstbestimmung erlauben die Annahme der Alternativhypothese. Das MoSt wirkt sich mit kleinem Effekt positiv auf die Selbstbestimmung der teilnehmenden Schüler der EG aus. Wartende Schüler hingegen unterliegen keiner Veränderung, so dass der Effekt auf die Intervention des MoSt zurückgeführt werden kann.

Selbstbestimmung

Durch die Teilnahme am MoSt werden die Schüler selbstbestimmter. Es ist möglich, dass dies bereits bei der Entscheidung zur Teilnahme am Training an sich beginnt. In der Phase der Nomination und Information wurde viel Wert darauf gelegt, dass potenzielle Teilnehmer sich unabhängig von ihrem Umfeld für oder gegen eine Teilnahme an der Intervention aussprechen konnten. Aber auch im Rahmen der Trainingseinheiten selbst wurde angestrebt, die Teilnehmer möglichst in ihrer Selbstbestimmung, u. a. bei der Entwicklung selbstbestimmter Ziele, zu stärken. Auch dies ist eine wichtige Entwicklung: Mit hoher Selbstbestimmung wird es für die Schüler leichter sein, sich auch schwierigen Vorhaben, wie z. B. dem Abwenden einer Versetzungsgefährdung, zuzuwenden und Handlungen selbstkontrolliert auszuführen.

Belastung &
Bedrohung

Da der Einsatz von Selbststeuerungsfähigkeiten vom **Belastungs- und Bedrohungsempfinden** beeinflusst wird, wurde das zweite Hypothesenpaar dieser Untersuchung (2) aufgestellt. Die Daten zeigen keine Belege zur Annahme der Alternativhypothese. Vielmehr zeigt sich sogar eine hypothesenkonträre Entwicklung dahingehend, dass in der WG das Bedrohungsempfinden bei kleinem Effekt zurückgeht.

Im allgemeinen Vergleich von EG zu WG zeigt sich, dass das MoSt keinen Effekt auf das Belastungs- und Bedrohungsempfinden hat. Die Nullhypothese wird beibehalten. Für die hypothesenkonträre Entwicklung in der WG kann an dieser Stelle keine Erklärung gegeben werden.

Motivlagen

Aufgrund der Anlage des Interventionsprogramms an sich und der thematischen Ausrichtung des MoSt wurde angenommen, dass Entwicklungen in den bewussten Motivlagen, und daraus bedingt Veränderungen hinsichtlich Motivkongruenz bzw. -inkongruenz, sichtbar werden könnten. Es wurde überprüft, ob Veränderungen in den bewussten Motivlagen stattfinden und ob diese Veränderungen die Diskrepanzen zwischen bewussten und unbewussten Motiven bedingen. Die Ergebnisse müssen jedoch kritisch bewertet werden, da der OMT zur Erhebung der **unbewussten** Motivlagen nur zum ersten Messzeitpunkt eingesetzt wurde. In der Theorie wird davon ausgegangen, dass unbewusste Motive, welche mit dem OMT erhoben werden, stabil sind (Kuhl, 2001a). Diese These wurde jedoch in dieser Arbeit nicht durch die zweifache Anwendung des OMT überprüft. Ob die Werte des OMT über den Zeitraum der Intervention wirklich stabil bleiben und bei den Teilnehmern keinerlei Veränderungen stattfinden, kann nicht mit Sicherheit gesagt werden (siehe auch Methodenkritik, Kapitel 7.4).

Bewusstes
Leistungsmotiv

Der Vergleich der Werte **des bewussten Leistungsmotivs** zeigt keine signifikanten Veränderungen. Die Testentscheidung fällt zugunsten der Nullhypothese aus. Und auch die Diskrepanz zwischen dem bewussten und unbewussten Leistungsmotiv bleibt in beiden Gruppen über beide Messzeitpunkte hinweg im Durchschnitt unverändert.

Das MoSt nimmt keinen Einfluss auf das bewusste Leistungsmotiv. Es ist bemerkenswert, dass sich gerade in diesem Kontext keine Veränderungen von Bedeutung zeigen, da oftmals eine Verbindung zwischen Schulleistung und Leistungsmotivation gezogen wird. Weiterhin wird in der Theorie zu Bedingungsfaktoren von Underachievement das Leistungsmotiv als ein Faktor der Entstehung benannt und in der Schule spielt Leistung eine große Rolle. So war es auch nicht verwunderlich, dass die Schüler selbst im Training häufig Leistung thematisierten. So betrafen z. B. die selbstbestimmten Ziele der Schüler überwiegend Leistungssituationen.[87] Das MoSt selbst ist allerdings nicht darauf ausgelegt „sich beweisen zu müssen" oder die eigene Tüchtigkeit unter Beweis stellen zu müssen.

Die zweite untersuchte Motivlage war die der Machtmotivation. Im Vergleich von EG zu WG wird nicht deutlich, ob sich die Teilnahme am MoSt auf die **bewusste Machtmotivation** der Schüler auswirkt. Zum Messzeitpunkt t1 liegt zunächst ein bedeutsamer Anfangsunterschied zwischen den Gruppen vor: Schüler der WG haben (zufälligerweise) im Vergleich zu Schülern der EG ein signifikant stärker ausgeprägtes bewusstes Machtmotiv. Die Werte in der EG bleiben vom ersten zum zweiten Messzeitpunkt konstant. In der WG sinkt hingegen das bewusste Machtmotiv im Vergleich beider Messzeitpunkte mit kleinem Effekt. Eben dieser Effekt ist auch in der Entwicklung der Skala *Diskrepanz Machtmotiv* zu finden. Zum Messzeitpunkt t1 lag das bewusste Machtmotiv im Durchschnitt noch über dem unbewussten, während sich dies zum zweiten Messzeitpunkt umkehrt (kleiner Effekt). Die Testentscheidung fällt entsprechend zugunsten der Nullhypothese aus: Das MoSt zeigt direkt keinen Einfluss auf die Skala bewusstes Machtmotiv.

<aside>Bewusstes Machtmotiv</aside>

Die Veränderung des bewussten Machtmotivs in der WG kann vielleicht auf folgende Weise erklärt werden: Die Entwicklung der bewussten Machtmotivation in der WG steht möglicherweise in Verbindung mit einer zunehmend empfundenen Machtlosigkeit in der WG. Das Machtmotiv ist die Disposition „das eigene Verhalten auf Befriedigungen hin auszurichten, die von dem Ausmaß abhängen, in dem man Kontrolle über Mittel erlangt, mit denen man andere Menschen beeinflussen kann" (Veroff, 1957 nach Kuhl, 2001a, S. 533). Es kann also vermutet werden, dass sich Schüler der WG im Verlauf des Halbjahres zunehmend machtloser fühlen; in einer Situation mit Schulschwierigkeiten ohne entsprechende Intervention ist plausibel anzunehmen, dass die Kontrolle über Mittel aufgrund eingeschränkter Handlungsoptionen abnehmen kann, währenddessen den Teilnehmern des MoSt Handwerkszeug vermittelt wird, um selbstwirksam zu handeln. Das MoSt beeinflusst die bewusste Machtmotivation der Teilnehmer demnach auf indirekte Weise.

Die größten Veränderungen lassen sich aber bei Betrachtung des **bewussten Anschlussmotivs** erkennen. In der EG steigt dieses tendenziell bei kleinem Effekt, während in der WG die gegenteilige Tendenz zu beobachten ist. Diese Entwicklung spiegelt sich auch bei den Motivdiskrepanzen wider. In der EG wird das bewusste Anschlussmotiv noch stärker

<aside>Bewusstes Anschlussmotiv</aside>

---

87 Folgendes Ziel ist der Autorin der Arbeit z. B. in Erinnerung geblieben: „Mein aktuell wichtiges Ziel ist es, in Englisch auf dem Endjahreszeugnis mindestens eine drei zu schaffen, damit ich stolz sein kann".

als es dies schon zum ersten Messzeitpunkt war (kleiner Effekt). Hier liegt das bewusste Anschlussmotiv jeweils höher als das unbewusste. In der WG liegt ebenfalls zu beiden Messzeitpunkten das bewusste Anschlussmotiv über dem unbewussten; die Diskrepanz wird aber kleiner (kleiner Effekt). Die Testentscheidung fällt zu Gunsten der Alternativhypothese: Das MoSt nimmt Einfluss auf das bewusste Anschlussmotiv.

Es kann vermutet werden, dass die teilnehmenden Schüler den Rahmen des MoSt in Form des Kleingruppentrainings im schulischen Kontext als Chance wahrnehmen, positive Bindungen aufzubauen. Da viele besonders begabte Schüler darüber klagen, nicht gut in die Klassengemeinschaft integriert zu sein und Freunde vermehrt im außerschulischen Kontext, häufig sogar in anderen Altersgruppen, finden, ist es möglich, dass das MoSt durch die von ihm geschaffenen Rahmenbedingungen einen vertrauensvollen Beziehungsaufbau fördert. In den Trainingseinheiten selbst wurde u. a. großer Wert auf die Gesprächskultur, einen gegenseitigen Austausch und den Umgang miteinander gelegt. Dies wurde von den Teilnehmern besonders positiv aufgenommen. Gestützt wird diese These durch die Rückmeldungen der Teilnehmer in den Rückmeldebögen. Bei der Frage *„Was hat dir gut gefallen?"* wurden 31 Codes der Kategorie Gesprächsatmosphäre zugeordnet.[88] Das ursprüngliche Ziel, das MoSt aus der Einzelförderung nach Fischer-Ontrup (2011) so zu adaptieren, dass es ressourcenschonend im schulischen Kontext „funktioniert", bringt also einen großen „Nebeneffekt" mit sich: Es wird ein Raum für die Schüler geschaffen, in dem positive Beziehungen aufgebaut werden und als Kraftquelle verwendet werden können.

Schulleistung　Abschließend wurde die Entwicklung der **Schulleistung** der Teilnehmer untersucht. Da die Interventionsmaßnahme langfristig darauf abzielt, die Teilnehmenden dazu zu befähigen, ihre Schulleistung zu verbessern, wurde auch diesbezüglich ein Hypothesenpaar (H3) aufgestellt. Die Ergebnisse zeigen im allgemeinen Vergleich allerdings keine bedeutsamen Veränderungen, so dass die Nullhypothese beibehalten wird: Die Interventionsmaßnahme MoSt nimmt im untersuchten Zeitraum keinen Einfluss auf die Schulleistung.

Im Prä-Post-Vergleich werden die Zeugnisnoten über den Zeitraum eines Halbjahres untersucht. Allerdings sind Schulnoten umso aussagekräftiger, je länger die Zeiträume sind, auf die sie sich beziehen (Preckel & Vock, 2013, S. 118). Große Veränderungen, die zur Annahme der Alternativhypothese hätten führen können, wären eher unerwartet aber dennoch

---

88 Dies sind z. B. Aussagen von Schülern aus den Rückmeldebögen: „Die Offenheit der Gruppe" (AJG_2_3), „Meine Gruppe" (JCS_2_3) und „Ich fand es gut, die anderen Kinder kennenzulernen und anzuhören." (JSC_2_3).

möglich gewesen. Zudem wird hier ein Vergleich zwischen einem End-
zeugnis und einem Halbjahreszeugnis gezogen (siehe auch Methodenkritik, Kapitel 7.4.2).[89]

Zusammenfassend ergab sich hinsichtlich der Hypothesen Folgendes: Quintessenz

Tabelle 50: *Zusammenfassender Überblick hinsichtlich der Hypothesenannahmen*

Nr.	Gültige Hypothese
	Die Interventionsmaßnahme MoSt in Kleingruppen im schulischen Kontext . . .
1	H_1 . . . führt zu einer verbesserten Einschätzung der Selbststeuerung.
1.1	H_0 . . . führt nicht zu einer verbesserten Einschätzung der prospektiven Handlungsorientierung.
1.2	H_1 . . . führt zu einer verbesserten Einschätzung der Handlungsorientierung nach Misserfolg.
1.3	H_1 . . . führt zu einer verbesserten Einschätzung der Selbstberuhigung.
1.4	H_0 . . . führt nicht zu einer verbesserten Einschätzung der Selbstmotivierung.
1.5	H_1 . . . führt zu einer verbesserten Einschätzung der Selbstbestimmung.
2	H_0 . . . führt nicht zu einer Verringerung der empfundenen Belastung und Bedrohung.
3.1	H_1 . . . hat Einfluss auf das bewusste Anschlussmotiv.
3.2	H_0 . . . hat keinen Einfluss auf das bewusste Leistungsmotiv.
3.3	H_0 . . . hat keinen Einfluss auf das bewusste Machtmotiv.
4	H_0 . . . führt zu keiner Verbesserung der Schulleistung.

Die Ergebnisse des allgemeinen Vergleiches mit Bezug zwischen WG und
EG sind als insgesamt sehr positiv zu bewerten. Ziel war es, ein Motivati-
ons- und Selbststeuerungstraining so zu adaptieren, dass es Teilnehmer im
schulischen Kontext unterstützt, ihre Selbststeuerungsfähigkeiten zu trainieren, um die Begabungsentfaltung positiv zu beeinflussen. Das Interventionsprogramm bewirkt eine positive Veränderung der Selbststeuerungsfähigkeiten der teilnehmenden Schüler, besonderes hinsichtlich der **Handlungsorientierung nach Misserfolg**, der **Selbstberuhigung** und der
Selbstbestimmung. Das Interventionsprogramm MoSt übt zudem Einfluss
auf das **bewusste Anschlussmotiv** der Teilnehmenden aus. Die ressourcenschonende Vorgehensweise bietet also einen kooperativen Rahmen für
die Arbeit an Selbststeuerungsfähigkeiten und schafft Raum für Bezie-
hungsgestaltungen. Auf umfassendere Interpretation wird an dieser Stelle
verzichtet und auf die Quintessenz am Ende des Diskussionskapitels verwiesen.

---

89 Ein leidiges Streitthema zwischen Kindern und Eltern in der Förderung besonders begabter Schüler ist das folgende: Die Schule wird im ersten Halbjahr „etwas lockerer angegangen", da das Halbjahreszeugnis „ja noch nichts zählt".
Erst im zweiten Halbjahr wird dann das „Ruder herumgerissen" und für das
Endjahreszeugnis gearbeitet.

Da die Stichprobe durch Lehrernomination und nicht ausschließlich durch den Einsatz objektiver Testverfahren bestimmt wurde (siehe Kapitel 4.2), kann nicht davon ausgegangen werden kann, dass alle Teilnehmer des MoSt besonders begabt bzw. Underachiever sind. Der zweite Teil der Diskussion thematisiert darum mögliche Unterschiede in der Trainingswirkung bei Unterteilung der EG/WG nach Intelligenz (besonders begabt/durchschnittlich begabt), bzw. nach Diskrepanz zwischen kognitiven Fähigkeiten und Schulleistung (Underachiever/Achiever).

7.2 MoSt als Interventionsmaßnahme für besonders begabte Schüler und/oder Underachiever

Die zweite und dritte Forschungsfrage der Arbeit wurden aufgestellt, um zu prüfen, ob das MoSt als Interventionsmaßnahme bei spezifischen Zielgruppen andere Ergebnisse erzielt (F2: *Erzielt das MoSt größere Effekte bei besonders begabten Schülern als bei durchschnittlich begabten Schülern?*, F3: *Erzielt das MoSt größere Effekte bei Underachievern als bei Achievern?*). Um diese Fragestellungen zu untersuchen, wurden die EG und WG jeweils in je zwei Vergleichsgruppen unterteilt. Im ersten Teil wurden Entwicklungen von besonders begabten Schülern den Entwicklungen der durchschnittlich begabten Schüler gegenübergestellt (siehe Kapitel 6.2). In diesem Kapitel wird jeweils das Ergebnis aus dem Vergleich von EG und WG kurz zusammengefasst und im Anschluss daran werden die Ergebnisse der Vergleiche von besonders begabten und durchschnittlich begabten Schülern sowie Underachievern und Achievern gegenübergestellt.

Einschränkungen

Zunächst sollen jedoch folgende, grundsätzliche Aspekte angeführt werden, die gewisse Einschränkungen der Gültigkeit der Ergebnisse bedingen:

Kleine Stichprobengröße

Die Gültigkeit der Ergebnisse der Vergleiche von besonders begabten Schülern mit durchschnittlich begabten Schülern sowie von Underachievern und Achievern muss an dieser Stelle jedoch vorab ausdrücklich vor dem Hintergrund der Stichprobengrößen eingeschränkt werden. Durch die Aufteilung von EG und WG in Teilgruppen wird die zuvor bestimmte optimale Stichprobengröße $n = 27$ bzw. $n = 28$ teilweise nicht erreicht. So liegen im Vergleich der Selbststeuerungsfähigkeiten zwar 35 Testpaare von besonders begabten Schülern vor, von durchschnittlich begabten Schüler jedoch nur elf. In der Wartegruppe sind es zwar 27 Testpaare für besonders begabte Schüler, aber nur fünf für durchschnittlich begabte Schüler. Diese Gruppe, der durchschnittlich begabten Schüler der WG, war z. B. an verschiedenen Stellen durch erwartungskonträre Entwicklungen aufgefallen.

Es zeigten sich unerwartet positive Veränderungen hinsichtlich der Selbst-steuerung allgemein, der Handlungsorientierung nach Misserfolg sowie im Bedrohungsempfinden.

Und auch im Vergleich von Underachievern und Achievern sind die Stichprobengrößen zu klein: Es gibt 28 vollständige Testpaare von Under-achievern (was gut ist), aber nur elf von Achievern bzgl. der Potenzialana-lyse. Und auch hier sind in der WG die Zahlen noch geringer: 15 Testpaare für die Underachiever und nur neun für Achiever.

Das Nicht-Erreichen der optimalen Stichprobengrößen birgt die Gefahr, dass zwar Veränderungen stattfinden, diese allerdings statistisch, aufgrund zu geringer Teststärke, nicht sichtbar werden. Dies gilt es bei der folgenden Ergebnisdiskussion zu beachten.

Der Vergleich der differenziellen Gruppeneffekte muss zudem insofern kritisch eingeschränkt werden, als die Gruppe der besonders begabten Schüler fast deckungsgleich mit der der Underachiever ist. In der vorlie-genden Stichprobe sind nahezu alle besonders begabten Schüler Under-achiever: Insgesamt sind nur sieben von 74 der als besonders begabte klas-sifizierten Schüler nicht als Underachiever klassifiziert, sondern erzielen Leistungen, die ihrem Potenzial entsprechen. Sie sind entsprechend der Gruppe der Achiever zugeordnet (9.5 %) – davon drei aus der EG und vier aus der WG. Ähnliches gilt für durchschnittlich begabte Schüler, bzw. Achiever. Nur einer von 22 durchschnittlich begabten Schülern ist ein Un-derachiever (4.5 %) (EG). Die Vermutung liegt nahe, dass die hohe Über-lappung mit dem in dieser Arbeit angewandten relativen Kriterium zu Un-derachievement zusammenhängt und dies bei Anwendung eines absoluten Kriteriums, also z. B. vergleichbar zu Stamm (2008) bei einem IQ $\geq$ 127 und einem Schulleistungs-T-Wert $\leq$ 50, nicht so stark wäre. Der Vergleich zwischen Underachievern und Achievern erscheint aber dennoch lohnend, da die Gruppen zwar ähnlich, aber eben nicht exakt deckungsgleich und durch unterschiedliche Merkmale charakterisiert sind. Die Gruppe im Ver-gleich von Underachievern und Achievern ist insgesamt kleiner: Während für den Vergleich von besonders begabten und durchschnittlich begabten Schülern in der EG 46 vollständige Testpaare der Potenzialanalyse vorlie-gen und für die WG 32, sind es beim Vergleich von Underachievern zu Achievern in der EG nur noch 41 Testpaare und 24 Testpaare in der WG.

Hohe Überlappung

Im Folgenden werden, analog zum vorherigen Kapitel, die verschiede-nen untersuchten Skalen systematisch diskutiert. Bei Untersuchung der Skala zur allgemeinen **Selbststeuerung** insgesamt war in der EG eine ver-besserte Einschätzung der Selbststeuerung bei kleinem positiven Effekt zu beobachten. Bei Betrachtung der Teilgruppen verändert sich der Effekt. Die Teilgruppe der besonders begabten Schüler der EG schätzt ihre Fähig-keit, sich selbst zu steuern zum zweiten Messzeitpunkt besser ein, als noch zum ersten Messzeitpunkt (mittlerer, fast großer Effekt), während sich in

Selbststeuerung Besonders begabte vs. durchschnittlich begabte Schüler

der Teilgruppe der durchschnittlich begabten Schüler keine Veränderung zeigt. In der WG zeigt sich ein erwartungskonträres Bild: durchschnittlich begabte Schüler schätzen ihre Fähigkeit, sich selbst zu steuern zum Messzeitpunkt t2 signifikant besser ein (großer Effekt), während in der Teilgruppe der besonders begabten Schüler keine Veränderung zu erkennen ist. Hier ist die zu kleine Stichprobengröße zu berücksichtigen.

Underachiever vs. Achiever

Ist die Stichprobe in Underachiever und Achiever unterteilt, zeigt sich hinsichtlich der allgemeinen Selbststeuerung der gleiche positive, mittlere Effekt, wie schon beim Vergleich der Testwerte der besonders begabten und durchschnittlich begabten Schüler. Es ist jedoch weder eine Veränderung in der WG noch in der Gruppe der Achiever der EG zu erkennen.

Die Interventionsmaßnahme MoSt zeigt also stärkere, bei Betrachtung der Teilgruppen aber vergleichbare, Effekte bei besonders begabten Schülern und Underachievern auf die allgemeine Selbststeuerungsfähigkeit, welche vor dem Hintergrund der Bedeutsamkeit von Persönlichkeitsfaktoren auf den Transformationsprozess von Potenzial in Performanz von großer Bedeutung sind. Zur Erinnerung: Baumann, Gebker und Kuhl (2010) bezeichnen Selbststeuerung als den „Schlüssel für die Umsetzung von Begabung in Leistung" und dieser Schlüssel ist beim Umsetzen eines hohen Potenzials in hohe Leistung von besonderer Relevanz. Die Ausrichtung der Trainingsinhalte auf die Selbststeuerung, bzw. die Art der Vermittlung, scheint vor allem Schüler mit hohen kognitiven Fähigkeiten anzusprechen. Für die erwartungskonträre Entwicklung der durchschnittlich begabten Schüler in der WG kann an dieser Stelle keine Erklärung gegeben werden. Um zu untersuchen, ob sich dieses Bild für einzelne Selbststeuerungskomponenten verändert, werden, vergleichbar zum obigen Kapitel, die Effekte in den einzelnen Komponenten der Selbststeuerung zueinander in Beziehung gesetzt.

Selbstmotivierung

Hinsichtlich der Fähigkeit der Schüler, sich auch für unangenehme Dinge zu motivieren, konnte kein Effekt im Vergleich von EG zu WG gefunden werden. Im Teilgruppenvergleich sind nun für eine der Teilgruppen Effekte für die Subskala der **Selbstmotivierung** nachzuweisen.

Besonders begabte vs. durchschnittlich begabte Schüler

Die Interventionsmaßnahme übt positiven Einfluss auf die Fähigkeit der Selbstmotivierung für besonders begabte Schüler aus (kleiner Effekt), während keinerlei sichtbare Veränderung in der Gruppe der durchschnittlich begabten Schüler oder in der WG aufzuzeigen ist.

Underachiever vs. Achiever

Beim Vergleich der Werte von Underachievern und Achievern werden an dieser Stelle keine signifikanten Veränderungen sichtbar.

Selbstmotivierung ist besonders wichtig, um Lustlosigkeit oder Entmutigung zu überwinden, um ernstgemeinte Vorsätze umzusetzen, um also Wollen zu können (siehe Kapitel 3.2.20). Die hier aufgezeigten Ergebnisse lassen vermuten, dass die Inhalte der dritten Trainingseinheit (siehe Kapitel 4.4) in Kombination mit der selbstständigen Zielerarbeitung und den in diesem Kontext festgehaltenen Lösungsideen zur Selbstmotivierung, positive Wirkungen zeigen. Offenbar gilt das jedoch insbesondere für besonders begabte Schüler, nicht aber für die Gruppe der besonders begabten Schüler mit Leistungsschwierigkeiten, also die der Underachiever. Das ist insofern interessant, als dass diese Veränderung somit nicht ausschließlich auf die hohen kognitiven Fähigkeiten der Schüler zurückgeführt werden kann. Folgende Vermutung liegt nahe: Underachiever empfinden, im Vergleich zu Achievern, eine höhere Bedrohung (s.u.). Bedrohung allerdings hemmt positive Affekte (siehe Kapitel 3.2.2, oder aber Fröhlich & Künne, 2003) und Selbstmotivierung ist mit der Herstellung positiver Affekte (siehe 2. Modulationsannahme der PSI-Theorie, in Kapitel 3.3.2) gleichzusetzen. Dies lässt einen Zusammenhang zwischen dem fehlenden Anstieg in der Selbstmotivierung und der stärker empfundenen Bedrohung von Underachievern vermuten. Die steigende Bedrohung hemmt die Fähigkeit zur Selbstmotivierung. Im Zuge der qualitativen Auswertung der Rückmeldebögen ist weiterhin folgendes aufgefallen: In den Antworten auf die Frage *„Was hat dir gut gefallen?“* bildet der Aspekt der Selbstmotivierung den größten inhaltlichen Anteil der Codes. 17 % der Antworten (13 Codes) stellen explizit Inhalte im Kontext der Selbstmotivierung heraus. Die Teilnehmer nehmen die Selbstmotivierung demnach explizit wahr, auch wenn nur die besonders begabten Schüler einen sichtbaren Kompetenzzuwachs erzielen.

Im Vergleich von EG zu WG musste ebenfalls bzgl. der **prospektiven Handlungsorientierung** die entsprechende Nullhypothese beibehalten werden. Bei der Unterteilung nach Teilgruppen lassen sich nun aber an dieser Stelle signifikante Veränderung festmachen. Die Intervention MoSt übt mit kleinem Effekt einen positiven Einfluss auf die prospektive Handlungsorientierung in der Teilgruppe der besonders begabten Schüler aus, während in der Gruppe der durchschnittlich begabten Schüler mit mittlerem Effekt ein Absinken zu beobachten ist.

Prospektive Handlungsorientierung

Besonders begabte vs. durchschnittlich begabte Schüler

Eine vergleichbare Entwicklung ist bei der Einteilung der Stichprobe nach Underachievern und Achievern zu erkennen: Der Wert der prospektiven Handlungsorientierung steigt in der EG für Underachiever ebenfalls mit kleinem Effekt, bei Achievern sinkt er, wie auch bei den durchschnittlich begabten Schülern, mit mittlerem Effekt.

Underachiever vs. Achiever

Offenbar können besonders begabte Schüler bzw. Underachiever die thematisierten Inhalte hinsichtlich der Handlungssteuerung gut auf ihre eigene Situation übertragen. Sie fühlen sich nach Abschluss der Trainingsintervention besser als zuvor in der Lage, schwierige Aufgaben umsichtig anzugehen. Dies ist vor dem Hintergrund der Theorie zur Volition (siehe Kapitel 3.2.2 und Kapitel 3.3.1) von großer Bedeutung: Dort heißt es nämlich, dass handlungsorientierte Personen leichter Absichten in die Tat um-

setzen und ihre Handlungen dabei kontrollieren. Steht nun z. B. die Versetzung in Gefahr, gilt es komplexe Handlungen auszuführen und zu kontrollieren: Um z. B. ein Defizit in einem Fach zu beheben, müssen u. a. die
mündliche Mitarbeit gesteigert, Hausaufgaben angefertigt und Klassenarbeiten vorbereitet werden. Dies fordert besonders die Kompetenz der prospektiven Handlungsorientierung.

Warum die Teilgruppen der durchschnittlich begabten Schüler bzw.
Achiever ihre Fähigkeiten im Kontext der prospektiven Handlungsorientierung zum zweiten Messzeitpunkt schlechter als noch vor der Intervention einschätzen, kann nur gemutmaßt werden: Es ist möglich, dass den
Schülern dieser beider Gruppen durch die inhaltliche Thematisierung von
Handlungsabläufen bewusst wurde, wie gelingende Handlungen aussehen
sollten, die erarbeiteten Hilfen andererseits aber zielten eher auf Schüler
mit hohen metakognitiven Fähigkeiten ab, so dass eine anschließende Bewertung der eigenen Handlungsabläufe kritischer als noch vor Beginn der
Intervention ausfällt. Da keine Effekte in den jeweiligen Wartegruppen zu
finden waren, muss das Absinken der prospektiven Handlungsorientierung
bei durchschnittlich begabten Schülern bzw. den Achievern also auf die
Intervention an sich zurückgeführt werden.[90]

Handlungs-
orientierung nach
Misserfolg

Bei der Untersuchung der allgemeinen Trainingswirkung im Vergleich
von EG zu WG konnte hinsichtlich der **Handlungsorientierung nach
Misserfolg** ein kleiner, positiver Effekt aufgezeigt werden.

Besonders
begabte vs.
durchschnittlich
begabte Schüler

Dieser Effekt fokussiert sich an dieser Stelle auf die Teilgruppe der besonders begabten Schüler: Hier steigt die Handlungsorientierung nach
Misserfolg ebenfalls mit kleinem Effekt. Durchschnittlich begabte Schüler
der EG hingegen fühlen sich vor der Intervention genauso gut oder schlecht
in der Lage, mit Misserfolgen umzugehen wie beim zweiten Messzeitpunkt. Bei der Handlungsorientierung nach Misserfolg ist erneut ein erwar-
tungskonträrer Effekt in der WG, genauer in der Gruppe der durchschnittlich begabten Schüler, zu beobachten: Schüler dieser Gruppe schätzen ihre
Fähigkeit zur Handlungsorientierung nach einem Misserfolg zum zweiten
Messzeitpunkt deutlich besser (großer Effekt) ein.

Underachiever
vs. Achiever

Bei der Betrachtung der Handlungsorientierung nach Misserfolg im
Vergleich von Underachievern zu Achievern sind vergleichbare Effekte zur
Unterteilung nach Begabung zu erkennen. Underachiever empfinden eine
Steigerung der Handlungsorientierung nach Misserfolg bei kleinem Effekt,
während in der Gruppe der Achiever und auch in beiden Teilgruppen der
WG keine Veränderungen von Bedeutung aufzuzeigen sind.

Die Fähigkeit, eine Lageorientierung hin zur Handlungsorientierung zu
verändern, ist eine wichtige Selbststeuerungsfähigkeit. Besonders wenn es

---

90 Zum Umgang mit dieser Problematik siehe Abschluss am Ende des Kapitels.

Schwierigkeiten in der Schule gibt, sind Misserfolge, z. B. bei Klassenarbeiten, vorprogrammiert. Im Rahmen des MoSt wurde versucht, durch Gespräche eine positive Umdeutung der empfundenen Misserfolge zu initiieren. So wurde, wie in Kapitel 4.4 beschrieben, in jeder Sitzung zunächst zu Beginn ein Blitzlicht durchgeführt und u. a. gefragt: *Ist etwas seit unserem letzten Treffen passiert, was dich geärgert hat?* Im gemeinsamen Gespräch wurden dann bei Bedarf erfahrene Misserfolge thematisiert. Beispielhaft soll hier diese Beobachtung wiedergegeben werden: Einer der Schüler setzte sich als persönliches Ziel, die mündliche Mitarbeit in einem konkret benannten Fach zu verbessern. Und obwohl er sich mit Hilfe einer Strichliste überwachte und Meldungen für sich selbst zählte, bekam er in einem von ihm eingeforderten Gespräch die Rückmeldung, dass der Lehrer subjektiv keine Veränderung hinsichtlich der mündlichen Mitarbeit wahrgenommen hatte. Ein klares Misserfolgserlebnis für den Schüler. Im Rahmen der Reflexion im MoSt konnte aber ein Perspektivwechsel hin zum Lehrer vollzogen, so Verständnis geschaffen und der Misserfolg stark abgemildert werden. Aus einem „Boah, ich melde mich nie wieder" konnte auf diese Weise ein „Ich will es weiter versuchen und den Lehrer positiv beeindrucken!" werden. Diese Art des Umgangs mit Misserfolgen findet also auf einer Metaebene statt. Möglicherweise lässt sich damit begründen, warum das MoSt bei besonders begabten Schülern bzw. bei Underachievern stärkere Effekte erzielt.

Bei allgemeiner Betrachtung der Daten der EG hinsichtlich der **Selbstberuhigung**, zeigte sich ein positiver mittlerer Effekt im Gegensatz zur negativen Veränderung der Werte in der WG (kleiner Effekt). Selbstberuhigung

Bei differenzierter Betrachtung der Wirkung der Interventionsmaßnahme bzgl. der Fähigkeit zur Selbstberuhigung ist erneut ein bedeutsamer Unterschied im Kontrast zum allgemeinen Vergleich zu erkennen. Wird die Stichprobe aufgeteilt, ist in der Teilgruppe der durchschnittlich begabten Schüler der EG nun keine signifikante Veränderung mehr aufzuzeigen (gleiches gilt für die durchschnittlich begabten Schüler der WG). Dahingegen schätzen die besonders begabten Schüler der EG ihre Fähigkeit zur Selbstberuhigung zum zweiten Messzeitpunkt bei großem Effekt als stärker ausgeprägt ein. Zusätzlich wird in der Gruppe der besonders begabten Schüler der WG eine Veränderung sichtbar – diese Schüler schätzen ihre Fähigkeiten zur Selbstberuhigung bei großem Effekt schlechter ein. Besonders begabte vs. durchschnittlich begabte Schüler

Werden die Werte von Underachievern und Achievern in Relation gesetzt, zeigt sich für Underachiever der EG ein vergleichbares Bild wie beim obigen Vergleich. Auch diese Schüler fühlen sich, genau wie besonders begabte Schüler dieser Gruppe, zum zweiten Messzeitpunkt deutlich besser dazu befähigt, die eigene Anspannung zu regulieren (großer Effekt). Wenngleich aber die besonders begabten Schüler der WG ihre Selbstberuhi- Underachiever vs. Achiever

gungsfähigkeiten zum zweiten Messzeitpunkt als schlechter als zuvor einschätzen, ist dieser Trend in der Gruppe der Underachiever der WG nicht
gleichermaßen gegeben; die Werte bleiben sowohl bei Underachievern als
auch bei Achievern der WG unverändert.

Das MoSt unterstützt und fördert in großem Maße die Fähigkeiten zur
Selbstberuhigung der Teilnehmer. Hier zeigen sich entsprechend im Vergleich der einzelnen Selbststeuerungskomponenten Veränderungen mit
den größten Effekten. Die Anforderung an die Selbstberuhigung für wartende, besonders begabte Schüler, z. B. hinsichtlich des Umgangs mit Nervosität, steigen. Die Bedeutung der Selbstberuhigung wird vor allem vor
dem Hintergrund der zweiten Modulationsannahme der PSI-Theorie sichtbar, da Erfahrungen erst in das Selbstsystem integriert werden können,
wenn negative Affekte herabreguliert wurden (siehe Kapitel 3.3.2). Wiederum liegt der Verdacht nahe, dass das MoSt auf zweierlei Weise seine Wirkung zeigt. Zum einen erhalten die Schüler durch die vierte Trainingseinheit Handwerkszeug zur Selbstberuhigung. Im Training wird dies auf anspruchsvolle Weise vermittelt: Die Schüler erarbeiten sich die einzelnen
Übungen selbst und müssen selbst entscheiden, welche der Übungen ihnen
persönlich am besten zusagt und vor allem am besten weiterhelfen kann
(Beschreibung der 4. Trainingseinheit, siehe Kapitel 4.4). Dies erfordert
großes Reflexionsvermögen und entsprechend hohe meta-kognitive Fähigkeiten. Dadurch lässt sich möglicherweise erklären, warum die Intervention besonders für Schüler mit höheren kognitiven Fähigkeiten starke Wirkung im Kontext der Selbstberuhigung zeigt.

Die zweite Wirkursache hinsichtlich der Fähigkeit zur Selbstberuhigung könnte in der Trainingseinrichtung an sich liegen. Durch die Nomination zu einem solchen Förderprogramm für besonders begabte Schüler
mit Leistungsschwierigkeiten wird ein Lösungsansatz geboten: Ein Hilfs-
angebot bei Schwierigkeiten, für die es im Umfeld häufig wenig Verständnis gibt.[91] Die Interventionsmaßnahme schafft durch fundierte Theoriever-
mittlung z. B. bei Elternabenden oder durch Information des Kollegiums
Verständnis für Lern- und Leistungsschwierigkeiten begabter Schüler und
trägt auf diese Weise zur Ressourcenbildung hinsichtlich der Selbstberuhigung bei.

Selbst-
bestimmung

Weiterhin wurde im allgemeinen Vergleich hinsichtlich der **Selbstbestimmung** der Schüler bei den Teilnehmern der EG eine positive Veränderung mit kleinem Effekt beobachtet.

---

91 Ein Klagelied, welches vor allem die besonders begabten Teilnehmer häufig
    anstimmten, ist das folgende: *Immer* würden Eltern/Lehrer/... sagen: „Du
    kannst doch so viel. Ich verstehe nicht, warum du nicht besser in der Schule
    bist." – ein Vorwurf ohne Lösungsidee bzw. Hilfestellung, welcher zu Zweifeln
    und Frustration führt.

Im differenzierteren Vergleich fokussiert sich die Veränderung zunächst auf die Teilgruppe der besonders begabten Schüler. Hier hat der positive Anstieg nun einen mittleren Effekt. Weder bei durchschnittlich begabten Schülern, noch bei einer der beiden Teilgruppen der WG sind dagegen bedeutsame Veränderungen in den Angaben der Schüler zu ihrer Selbstbestimmung zu erkennen.

Besonders begabte vs. durchschnittlich begabte Schüler

Der Vergleich von Underachievern und Achievern erbringt ein vergleichbares Ergebnis: Underachiever empfinden sich nach Abschluss der Intervention deutlich besser in der Lage, selbstbestimmt zu handeln (mittlerer Effekt). Achiever und/oder Schüler der Wartegruppe geben keine Veränderungen bezüglich ihrer Selbstbestimmung an.

Underachiever vs. Achiever

Ein übergeordnetes Ziel der Interventionsmaßnahme MoSt ist die Beförderung der Teilnehmer hin zum selbstbestimmten Handeln. Wie bereits im vorherigen Kapitel beschrieben, kann davon ausgegangen werden, dass sowohl die selbstbestimmte Entscheidung zur Teilnahme an der Interventionsmaßnahme an sich, aber auch die didaktische Gestaltung der einzelnen Trainingseinheiten, sowie deren inhaltliche Schwerpunkte sich positiv auf die Selbstbestimmung der Teilnehmer auswirken. Werden Handlungen als freigewählt erlebt, entsprechen sie den Zielen und Wünschen des individuellen Selbst und bedingen hochqualifiziertes Lernen (Deci & Ryan (1993), siehe Kapitel 3.2.1). Ein hohes Maß an Selbstbestimmung ist also von großer Bedeutung, z. B. auch für die Funktion der Selbstkontrolle bei der Verfolgung eines konkreten Zieles (Kuhl, 2001a).

Im Anschluss an die Selbststeuerungskomponenten wurde das Belastungs- und Bedrohungsempfinden untersucht. Im Rahmen des allgemeinen Vergleichs hinsichtlich der empfundenen **Belastung** wurden weder bedeutsamen Entwicklungen in der EG noch in der WG sichtbar.

Belastung

Bei Unterteilung in Teilgruppen sind nun Effekte zu erkennen: Die empfundene Belastung der besonders begabten Schüler geht mit kleinem Effekt zurück. Dahingegen steigt die empfundene Belastung in der Teilgruppe der durchschnittlich begabten Schüler der EG mit kleinem Effekt. (Die Einschätzungen der Schüler der WG unterliegen keiner signifikanten Veränderung.)

Besonders begabte vs. durchschnittlich begabte Schüler

Wiederum sind die Effekte der beiden Gruppenvergleiche sehr ähnlich: Auch in der Gruppe der Underachiever in der EG sinkt die empfundene Belastung mit kleinem Effekt und in der Gruppe der Achiever steigt diese bei mittlerem, fast schon großem Effekt. In den Teilgruppen der WG gibt es keine bedeutenden Veränderungen.

Underachiever vs. Achiever

Sowohl für besonders begabte Schüler als auch für Underachiever der Gruppe leistet das MoSt einen Beitrag zur Reduktion der durch situative und personenseitige Umstände entstandenen Belastung. Dies ist sehr erfreulich, da das Belastungsempfinden in engem Zusammenhang mit der

Begabungsausschöpfung steht, denn eine hohe Belastung bedingt den Verlust der zielorientierten Selbstkontrolle, z. B. in Form von Energiemangel oder Konzentrationsschwäche (siehe Kapitel 3.2.2). Durch die Reduktion der empfundenen Belastung ist darum davon auszugehen, dass besonders begabte Schüler/Underachiever ihre Begabung durch die Teilnahme am MoSt deutlich besser ausschöpfen können sollten.

Bemerkenswert ist allerdings die Entwicklung, dass bei den durchschnittlich begabten Schülern sowie bei den Achievern der EG die Belastung steigt, während in den jeweiligen Wartegruppen keine Steigerung der Belastung stattfindet. Auch hier muss gemutmaßt werden: Merken die durchschnittlich begabten Schüler bzw. die Achiever aus der EG, dass sie die angebotenen Hilfestellungen durch das MoSt nicht umsetzen (können) und fühlen sich dadurch noch mehr unter Druck gesetzt?

Bedrohung

Im Rahmen des **Bedrohungsempfindens** wurden im Vergleich von EG zu WG keine Veränderungen auffällig, so dass die Nullhypothese beibehalten werden musste. Vielmehr zeigte sich sogar eine erwartungskonträre Entwicklung, denn die empfundene Bedrohung in der WG sank.

Besonders begabte vs. durchschnittlich begabte Schüler

Genau wie im Vergleich der gesamten EG mit der WG lassen sich auch im Vergleich von besonders und durchschnittlich begabten Schülern hinsichtlich des Bedrohungsempfindens keine Effekte in den Teilgruppen der EG finden. In der kleinen Teilgruppe der durchschnittlich begabten Schüler der WG ist dahingegen ein signifikanter Rückgang des Bedrohungsempfindens bei mittlerem Effekt zu erkennen. Erneut ist es die kleine Teilgruppe von fünf Schülern, die einer bedeutsamen Veränderung unterliegt.

Underachiever vs. Achiever

Beim Vergleich der Werte bezüglich des Bedrohungsempfindens von Underachievern und Achievern muss zunächst ein wichtiger Anfangsunterschied in der EG festgehalten werden: Underachiever empfinden vor Beginn der Intervention eine tendenziell höhere Bedrohung als Achiever. Und wo im Vergleich von EG zu WG, bzw. auch bei Unterteilung der EG nach Begabung, keine Veränderungen von Bedeutung hinsichtlich der Bedrohung zu erkennen waren, ist nun ein signifikanter Anstieg des Bedrohungsempfindens in der Teilgruppe der Achiever in der EG zu sehen. Auch die Teilgruppe der Achiever der WG unterläuft einer Entwicklung: Die empfundene Bedrohung sinkt tendenziell in der Gruppe der Achiever der WG mit mittlerem Effekt.

Der aufgezeigte Anfangsunterschied in der EG, dass die Underachiever eine stärkere Bedrohung als Achiever empfinden, deckt sich mit den Forschungsergebnissen von Künne et al. (2007); wobei dieser Befund nicht für die Teilgruppe der Underachiever in der WG gilt. In Kapitel 3.2.2 wurde beschrieben, dass unter starker Bedrohung Fähigkeiten der Selbstregulation geschwächt werden oder ganz abhandenkommen können. Daraus ergibt sich ein Dilemma für Underachiever: Je höher die empfundene Bedrohung ist, desto schwieriger ist es, die eigene Selbstregulation zu steuern.

Es ist darum bedauerlich, dass die Intervention des MoSt in der durchgeführten Form keinen entscheidenden Einfluss auf das Bedrohungsempfinden der Teilnehmer ausübt. Dies wäre aber hinsichtlich der Verbesserung der Selbststeuerungsfähigkeiten von großer Bedeutung. Weiterentwicklungen des MoSt in Form des Kleingruppentrainings sollten diesen Aspekt tiefer untersuchen/einbeziehen.

Warum in der WG das Bedrohungsempfinden bei den durchschnittlich begabten Schülern, bzw. den Achievern, vom Messzeitpunkt t1 zu Messzeitpunkt t2 zurückgeht, kann an dieser Stelle nicht begründet werden.

Auch im Bereich der Motivlagen wurden die Teilgruppen betrachtet. Im Vergleich von EG und WG konnte keine Veränderung hinsichtlich des **bewussten Leistungsmotivs** bzw. der Diskrepanz zwischen bewusstem und unbewusstem Leistungsmotiv aufgezeigt werden. Auch bei Unterteilung der EG in besonders begabte und durchschnittlich begabte Schüler, bzw. Underachiever und Achiever, ändert sich dies nicht.

Bewusstes Leistungsmotiv

Motive werden als Diskrepanz zwischen Ist-Wert und Soll-Wert verstanden (siehe Kapitel 3.2.1) und zumindest beim Vorliegen von Schwierigkeiten in Form eines Underachievements kann davon ausgegangen werden, dass eine Diskrepanz zwischen „gezeigter Leistung" und dem Wunsch „Leistung zu zeigen" gegeben ist, da sonst die selbstgewählte Entscheidung zur Teilnahme am MoSt eher unwahrscheinlich gewesen wäre. Die Intervention MoSt thematisiert, wie oben in Rahmen der Ergebnisdiskussion von EG und WG beschrieben, das Leistungsmotiv nur am Rande: Zwar definieren sich die Schüler in der Schule sehr stark über das Leistungsmotiv, da häufig verglichen wird (*Wie lautet der Durchschnitt der Klassenarbeit? Was hat der Sitznachbar für eine Note bekommen?...*), im MoSt selbst wurde allerdings bewusst keine Leistungssituation forciert.

Im allgemeinen Vergleich zeigte sich in der WG eine Verringerung des **bewussten Machtmotivs** bei kleinem Effekt.

Bewusstes Machtmotiv

Während hinsichtlich des bewussten Machtmotivs bei den Teilgruppen der EG weiterhin keine bedeutsamen Entwicklungen zu beobachten sind, wird der Effekt in der WG nun differenzierter: Die negative Tendenz (mit kleinem Effekt) ist nur für die Teilgruppe der besonders begabten Schüler festzustellen. Ein vergleichbarer Effekt spiegelt sich auch hinsichtlich der Diskrepanzen im Machtmotiv wider. Und obwohl hinsichtlich des bewussten Machtmotivs in der EG keine signifikanten Entwicklungen erkennbar waren, zeigt sich nun eine tendenzielle Verringerung der Diskrepanz im Machtmotiv in der Teilgruppe der besonders begabten Schüler bei kleinem Effekt.

Besonders begabte vs. durchschnittlich begabte Schüler

Im Vergleich von Underachievern und Achievern ist ebenfalls nur in der WG eine Entwicklung zu beobachten: Hier sinkt das bewusste Machtmotiv in der Gruppe der Underachiever tendenziell bei mittlerem Effekt und bewirkt eine vergleichbare Veränderung hinsichtlich der Diskrepanz

Underachiever vs. Achiever

des Machtmotivs (ebenfalls ein mittlerer Effekt); zunächst lag das bewusste Machtmotiv noch über dem unbewussten, zum zweiten Messzeitpunkt ist es andersherum.

Offenbar hat die Teilnahme an der Intervention MoSt zwar keinen direkten, sondern vielmehr einen indirekten Einfluss auf die bewusste Machtmotivation der Schüler. Wird an dieser Stelle noch einmal die Definition des Machtmotivs vor Augen gerufen, welche beinhaltet, dass Befriedigung der Machtmotivation dann entsteht, wenn Kontrolle über Mittel erlangt wird, mit denen man andere Menschen beeinflussen kann (siehe Kapitel 3.2.1), erscheint es einleuchtend, dass das bewusste Machtmotiv der Schüler der WG sinkt: Wenn es das Machtmotiv befriedigt, andere Leute zu beeindrucken (z. B. durch Erfolge) oder vielleicht jemandem etwas zu erklären, ist es denkbar, dass das MoSt einen Beitrag zum Erhalt der bewussten Machtmotivation leistet. Im MoSt selbst werden die Teilnehmer z. B. immer wieder dazu aufgerufen, selbst Ratschläge/Hilfestellungen an die anderen Teilnehmer zu geben. Viele der Schüler berichteten zudem, dass Familienmitglieder zu Hause großes Interesse an den inhaltlichen Aspekten des MoSt zeigten. So kam es offenbar nicht selten vor, dass am Abendbrottisch psychologische Theorien, wie z. B. die Motivtheorie, erklärt wurden.

Bewusstes Anschlussmotiv

Das dritte untersuchte Motiv ist das **bewusste Anschlussmotiv**. Diesbezüglich war im Vergleich von EG und WG ein Anstieg in der EG und ein Absinken in der WG (jeweils mit kleinem Effekt) festzustellen.

Besonders begabte vs. durchschnittlich begabte Schüler

Sind die Gruppen nach Intelligenzklassen unterteilt, zeigt sich in der EG hinsichtlich des bewussten Anschlussmotivs erneut ein bedeutsamer Unterschied: In der Teilgruppe der besonders begabten Schüler steigt dieses bei mittlerem Effekt, während es in der Teilgruppe der durchschnittlich begabten Schüler sinkt. Diese Tendenz wird noch durch die Teilgruppen der WG verstärkt: Das bewusste Anschlussmotiv bleibt in der Gruppe der durchschnittlich begabten Schüler über die beiden Messzeitpunkte hinweg unverändert konstant, in der Teilgruppe der besonders begabten Schüler sinkt es signifikant bei kleinem Effekt.

Underachiever und Achiever

Im Vergleich von Underachievern und Achievern ist in der EG in der Teilgruppe der Underachiever ein Anstieg des bewussten Anschlussmotivs bei mittlerem Effekt zu beobachten. In der Gruppe der Achiever ist keine Veränderung zu erkennen. Bei Underachievern in der WG sinkt im Gegensatz dazu das bewusste Anschlussmotiv bei mittlerem Effekt.

Die Intervention nimmt also Einfluss auf die Anschlussmotivation. Genau wie schon im allgemeinen Vergleich von EG zu WG kann vermutet werden, dass das MoSt einen Rahmen für die Teilnehmer bietet, positive Beziehungen im Schulkontext aufzubauen. Vielleicht kann auch eine Erfahrung angestoßen werden, die folgende Erkenntnis mit sich bringt: „Ich bin so gut und normal, wie ich bin!". Fischer-Ontrup (2011) kommt in ihrer

Arbeit u. a. zu dem Schluss, dass auch soziale Kompetenzen als Einflussfaktor auf Underachievement anzusehen sind. Und da das hier adaptierte MoSt durch seine Anlage als Gruppentraining nachweislich die Beziehungsmotivation der Teilnehmenden beeinflusst, ist davon auszugehen, dass das MoSt durch seine Anlage auch die sozialen Kompetenzen schult.

Als letzte Skala wurde die **Schulleistung** der Teilnehmer untersucht. Der Vergleich von Durchschnittsnoten der Teilnehmer im allgemeinen Vergleich erbrachte keine bedeutsamen Erkenntnisse. Schulleistung

Genau dasselbe Bild zeigt sich im Vergleich der Schulnoten von besonders begabten und durchschnittlich begabten Schülern vor und nach der Interventionsmaßnahme: Es sind keine signifikanten Veränderungen zu erkennen. Besonders begabte vs. durchschnittlich begabte Schüler

Erstmalig wird nun eine bedeutsame Veränderung nur im Vergleich von Underachievern und Achievern sichtbar. Zunächst muss allerdings der folgende Anfangsunterschied berichtet werden: Achiever der EG weisen zu Beginn der Intervention signifikant bessere Schulleistungen als Underachiever der EG auf. Dies ist nicht verwunderlich, da neben der Intelligenz die Schulleistung als zweites Kriterium bei der Klassifizierung in Achiever und Underachiever herangezogen wurde, um das relative Diskrepanzkriterium von Underachievement anzuwenden.[92] Bei der Betrachtung der Entwicklung der Schulleistung sind zwei Tendenzen zu erkennen: Während die Schulleistung sich in der Teilgruppe der Underachiever tendenziell verbessert (kleiner Effekt), verschlechtert sie sich in der Teilgruppe der Achiever tendenziell mit großem Effekt. Die Schulleistung der Underachiever und Achiever der WG bleibt konstant. Underachiever und Achiever

Das MoSt erzielt, zumindest hinsichtlich der aktuellen Schulleistung, am ehesten Wirkung bei Underachievern, welche ja auch die ursprünglich adressierte Zielgruppe bilden. Unklar bleibt, warum sich die Achiever verschlechtern. Ruhen sie sich vielleicht auf den guten Noten des letzten Endjahreszeugnisses aus und „reißen erst wieder auf der Zielgerade zum Endjahreszeugnis das Ruder herum"? Sollte dies so sein, müsste eigentlich eine vergleichbare Entwicklung in der WG erkennbar werden. Dies ist aber nicht der Fall. Das könnte mit einer zu kleinen Stichprobengröße zusammenhängen oder der dahinterstehende Wirkzuammenhang ist ein anderer und noch unbekannt (siehe auch Methodenkritik, Kapitel 7.4.4).

An dieser Stelle schließt die Diskussion der differenziellen Wirkung des MoSt. Die beiden Forschungsfragen F2: *Erzielt das MoSt größere Effekte bei besonders begabten Schülern als bei durchschnittlich begabten Schülern?* und F3: *Erzielt das MoSt größere Effekte bei Underachievern als bei Achievern?* können an dieser Stelle bejaht werden. Tabelle 51 fasst die Ergebnisse zusammen. Quintessenz

---

92 Es ist eher verwunderlich, dass beim Vergleich der Teilgruppen in der WG an dieser Stelle *kein* Anfangsunterschied aufgezeigt werden konnte.

Tabelle 51: *Zusammenfassender Überblick hinsichtlich des differentiellen Teil-gruppenvergleichs*

Nr.	**Gültige Hypothese (EG vs. WG)** *Die Interventionsmaßnahme MoSt in Kleingruppen im schulischen Kontext . . .*	**Ergebnis des differenziellen Teilgruppenvergleichs**
1	H_1 . . . führt zu einer verbesserten Einschätzung der **Selbststeuerung** (kleiner Effekt).	**Stärkerer, mittlerer, positiver Effekt** nur bei besonders begabten Schüler/Underachievern der EG; erwartungskonträre Entwicklung der durchschnittlich begabten Schüler in der WG.
1.1	H_0 . . . führt nicht zu einer verbesserten Einschätzung der prospektiven Handlungsorientierung.	Kleiner positiver Effekt für besonders begabte Schüler/Underachiever und mittlerer negativer Effekt für durchschnittlich begabte Schüler/Achiever (EG).
1.2	H_1 . . . führt zu einer verbesserten Einschätzung der **Handlungsorientierung nach Misserfolg** (kleiner Effekt).	Ebenfalls ein kleiner Effekt für besonders begabte Schüler/Underachiever der EG, **aber keine Veränderung für durchschnittlich begabte Schüler/Achiever**; erwartungskonträre Entwicklung der durchschnittlich begabten Schüler in der WG.
1.3	H_1 . . . führt zu einer verbesserten Einschätzung der **Selbstberuhigung** (mittlerer Effekt).	**Stärkerer, großer positiver Effekt nur bei besonders begabten Schülern/Underachievern, großer negativer Effekt für besonders begabte Schüler in der WG**; erwartungskonträre Entwicklung der durchschnittlich begabten Schüler in der WG.
1.4	H_0 . . . führt nicht zu einer verbesserten Einschätzung der **Selbstmotivierung** (kleiner Effekt).	**Positive Veränderung mit kleinem Effekt für besonders begabte Schüler** (EG).
1.5	H_1 . . . führt zu einer verbesserten Einschätzung der **Selbstbestimmung** (kleiner Effekt).	**Stärkerer, nun mittlerer Effekt nur für besonders begabte Schüler/Underachiever (EG).**
2	H_0 . . . führt nicht zu einer Verringerung der empfundenen **Belastung** und **Bedrohung**.	**Reduktion der Belastung bei besonders begabten Schülern/Underachievern bei kleinem Effekt,** Anstieg der Belastung bei durchschnittlich begabten Schülern bei kleinem Effekt und bei Achievern mit mittlerem Effekt (EG). Anstieg der Bedrohung bei Achievern der EG bei mittlerem Effekt; bei durchschnittlich begabten Schülern der WG verringert sich die Bedrohung bei mittlerem Effekt erwartungs-

		kontär; unerwartetes Absinken der empfundenen Bedrohung bei Underachievern der WG bei kleinem Effekt.
3.1	H_1 ... hat Einfluss auf das **bewusste Anschlussmotiv** (kleiner Effekt).	**Positiver, mittlerer Effekt nur bei besonders begabten Schülern/Underachievern und negative Entwicklung bei durchschnittlich begabten Schülern** bei kleinem Effekt, Rückgang des bewussten Anschlussmotivs bei besonders begabten Schülern/Underachievern der WG.
3.2	H_0 ... hat keinen Einfluss auf das bewusste Leistungsmotiv.	Vergleichbare Ergebnisse.
3.3	H_0 ... hat keinen Einfluss auf das bewusste Machtmotiv.	Vergleichbare Ergebnisse in der EG, Effekt in der WG (Reduktion) fokussiert sich auf besonders begabte Schüler/Underachiever.
4	H_0 ... führt zu keiner Verbesserung der Schulleistung.	Verbesserung der Schulleistung der Underachiever bei kleinem Effekt, Verschlechterung der Schulleistung der Achiever bei großem Effekt.

Die Ergebnisse legen die Überlegung nahe, durchschnittlich begabte Schüler bzw. Achiever von der Interventionsmaßnahme bei zukünftigen Projektdurchgängen auszuschließen und stattdessen homogene Gruppen zu bilden für die die Trainingsinhalte entsprechend didaktisch verändert werden. Bezogen auf die Selbststeuerungsfähigkeiten zeigt die Interventionsmaßnahme keinerlei, hinsichtlich der prospektiven Handlungsorientierung sowie der Selbstberuhigung sogar negative, Wirkung für durchschnittlich begabte Schüler/Achiever. Besonders kritisch zu werten ist, dass die empfundene Belastung der durchschnittlich begabten Schüler bzw. Achiever und die von Achievern empfundene Bedrohung zunimmt. Die Teilnahme an der Interventionsmaßnahme MoSt scheint für diese Schüler zu bewirken, dass das Belastungs-, in Teilgruppen auch das Bedrohungsempfinden, steigt. Das MoSt erweist sich in diesem Falle also als hinderlich für die Entfaltung des Potenzials. Die Konsequenz hieraus müsste lauten, die Trainingsteilnahme erst ab einem IQ-Wert von 115 IQ-Punkten zu empfehlen. Dies bringt zwar einen Konflikt hinsichtlich eines ethischen Vorgehens mit sich, erscheint jedoch sinnvoll.

Diese Problematik leitet auf einen weiteren zu diskutierenden Punkt hin: Die Stichprobennomination in dieser Studie.

7.3 Stichprobennomination

Lehrerurteile zur Nomination besonders begabter Schüler, bzw. besonders
begabter Underachiever stehen oft in der Kritik (siehe Kapitel 1.5 und Kapitel 2.5). Es heißt, dass Lehrer begabte Schüler nur hinter guten Noten
vermuten und sich von Stereotypen leiten lassen. Allerdings können Lehrerurteile deutlich in ihrer Treffsicherheit erhöht werden, wenn Lehrer hinsichtlich der Identifikation trainiert werden. Das geht so weit, dass sie sogar
an die Qualität standardisierter Verfahren herankommen können (Hany,
1991).

Die Zielgruppe der Interventionsmaßnahme bilden besonders begabte
Underachiever. Zur Akquise der Teilnehmer musste die Diagnostik einer
größeren Schülerschaft und die anschließende Auswahl „geeigneter" Schüler aufgrund beschränkter Ressourcen ausgeschlossen werden. Das genaue
Vorgehen zur Nomination ist in Kapitel 4.2 beschrieben. An dieser Stelle
soll herausgearbeitet werden, wie viele der vorgeschlagenen Schüler „wirklich" besonders begabt bzw. Underachiever sind.[93]

Nomination der besonders begabten Schüler
Von insgesamt 81 Schülern erzielten 59 Schüler in einem der Testteile
zur Intelligenzdiagnostik einen IQ-Wert von ≥ 115 und wurden der Gruppe
„besonders begabt" zugeordnet (72.8 %).[94] 19 Schüler wurden der Gruppe
„durchschnittlich begabt" zugeordnet (23.5 %) (für drei Schüler fehlt der
Testwert (3.7 %)). Das ist, vor allem unter der Betrachtung von Aufwand
und Nutzen, eine gute Quote. Diese Quote ist allerdings insofern zu relati-
vieren, als ein sehr „weiches" Kriterium als Schwellenwert herangezogen
wurde. Wäre ein Schwellenwert von ≥ 130 festgelegt worden, wäre die
Trefferquote geringer ausgefallen (siehe auch Kapitel 7.4.3).

Nomination der Underachiever
Bei 62 von 81 Schülern kann eine Klassifizierung der gezeigten Leistung erfolgen (für 19 Schüler fehlen Daten zur Intelligenz und/oder Schulleistung). 40 von 81 Schülern (64.5 %) weisen im Verhältnis von IQ und
Schulleistung eine negative Diskrepanz von mehr als einer Standardabweichung auf und gelten per definitionem als Underachiever. 22 Schüler hingegen leisten entsprechend ihrer Fähigkeit (35.5 %). Werden die Schwierigkeiten des Erkennens von Underachievern, vor allem hinsichtlich der
Merkmalsvielfältigkeit, hier erneut vor Augen geführt (siehe Kapitel 2.4),
erscheint die Trefferquote als sehr gut. Allerdings zeigen die Ergebnisse
zur Effektivität des Trainings auch, dass die Interventionsmaßnahme nicht

---

93 Die 19 Schüler, die zunächst nur der WG, dann aber aufgrund des Vorliegens
     dritter Testwerte zusätzlich der EG zugeordnet wurden, werden an dieser Stelle
     nur einfach gezählt. Es wird auch keine Unterscheidung zwischen EG und WG
     gemacht, da die Lehrkräfte die Schüler ohne Zuweisung in eine der Versuchs-
     gruppen, sondern für die Interventionsmaßnahme an sich, vorschlugen.
94 Hier ist zu beachten, dass nicht nur Werte aus dem CFT 20-R zur Klassifizie-
     rung, sondern auch Werte aus den Ergänzungstests WS/ZF-R herangezogen
     wurden (zur Kritik an diesem Vorgehen, siehe auch Kapitel 7.4.3).

unbedingt eine bessere Wirkung für Underachiever als für besonders begabte Schüler erzielt, so dass Fehler in der Nomination, also die Nomination eines besonders begabten Schülers, welcher nicht unter seinen Fähigkeiten leistet, keine negativen Folgen hat. Die Ergebnisse der Arbeit sprechen aber letztlich dafür, durchschnittlich begabte Schüler von einer Teilnahme am MoSt auszuschließen (siehe auch Quintessenz, Kapitel 7.6).

Bei der vorliegenden Stichprobe fällt (leider) das Geschlechterverhältnis auf: Auch wenn Begabung geschlechtsunabhängig verteilt ist (z. B. BMBF 2015, S. 22), werden häufig mehr Jungen als Mädchen als besonders begabt bzw. als Underachiever identifiziert (siehe Kapitel 2.5). Das spiegelt sich auch in dieser Stichprobe wider: Unter den 81 Schülern befinden sich 65 Jungen (80.2 %) und 16 Mädchen (19.8 %). *(Bewertung des Geschlechterverhältnisses)*

Neben der Stereotypenbildung lautet eine Vermutung dafür, dass mehr Jungen als Mädchen vorgeschlagen wurden, dass nach der Präsentation des MoSt im Kollegium vor allem den Lehrern *die* Schüler ins Auge fielen, welche durch ihr Verhalten, z. B. Störungen im Unterricht, auffielen. Vermutlich wurden diese Schüler dann bevorzugt vorgeschlagen, weil die Chance gesehen wurde, dass eine Teilnahme an der Interventionsmaßnahme eine Verbesserung der Schulleistung und dadurch ein besseres Verhalten im Unterricht mit sich bringen würde. Um dies zu vermeiden, muss in der Information des Kollegiums vor Beginn der Interventionsmaßnahme der Geschlechteraspekt im Zusammenhang von Begabung und Underachievement also in Zukunft stärker herausgestellt werden. *(Mögliche Ursache)*

Die Betrachtung des Nominationsverfahrens stellt nur einen Teilaspekt der vorliegenden Arbeit dar und wird dieser an dieser Stelle beendet, so dass im Folgekapitel die angewendete Methodik kritisch betrachtet werden kann.

7.4 Methodenkritik

Als letzter Bestandteil der Evaluation wird nun die Interventionsmaßnahme MoSt methodisch reflektiert. Diese Kritik will versuchen, die Schere zwischen einem „sauberen" forschungsmethodischen Vorgehen aus Sicht der Wissenschaft und der Umsetzung eines Projektes im schulischen Kontext zu schließen. Sinnvoll erscheint eine Reihenfolge in Anlehnung an die Chronologie des Forschungsprozesses. Zunächst wird Design-Kritik vornehmlich hinsichtlich der Validität der Ergebnisse geübt, es folgt eine knappe kritische Betrachtung der Instrumente, der Datenerhebung, der Strichprobe an sich, sowie der Datenauswertung.

7.4.1 Design

Bei der Aufstellung des Untersuchungsdesigns (siehe Kapitel 5) wurden jeweils forschungsmethodische Standards aus der pädagogischen Interven-

tionsforschung sowie der Evaluationsforschung mit der praktischen Überlegung, ein Interventionsprogramm im schulischen Kontext umzusetzen,
miteinander vereint. An verschiedenen Stellen mussten Einschränkungen
vorgenommen werden, um die Umsetzung im Schulalltag zu ermöglichen.
Die Ergebnisse müssen entsprechend hinsichtlich ihrer Gültigkeit eingeordnet werden. In der Campbell-Tradition stellen Döring und Bortz (2016)
jeweils Bedrohungen der **Konstruktvalidität,** der **internen Validität,** der
externen Validität sowie der **statistischen Validität** auf. Diese werden im
Folgenden „abgearbeitet" und bilden auf diese Weise den Hintergrund zur
Beurteilung der Validität für den Betrachter.

Konstrukt-
validität

Es werden **vierzehn Bedrohungen der Konstruktvalidität** unterschieden (Döring & Bortz, 2016, S. 100).[95] Im ersten Teil der vorliegenden
Arbeit (Kapitel 1–3) wurden die theoretische Grundlagen ausführlich dargestellt und darauf aufbauend die jeweiligen Konzeptspezifikationen vorgenommen. Daraus folgend kann eine **adäquate Konzeptspezifikation (1)**
angenommen werden. Um **Konfundierungseffekte (2)** zu verringern,
wurde eine Wartegruppe als Kontrollgruppe eingesetzt. Allerdings wurden
zur Erfassung der Motivation und Selbststeuerung zwar verschiedene Testinstrumente (LKSSKI, HAKLK, LKMUT und OMT) eingesetzt, diese sind
jedoch alle in einer Testbatterie zusammengestellt. Darum ist fraglich, ob
der Bedrohung der Konstruktvalidität durch **Mono-Operationalisierungs-
Bias (3)** an dieser Stelle standgehalten wurde. Die vierte Bedrohung der
Konstruktvalidität geht vom **Mono-Methoden-Bias (4)** aus. Diesem kann
durch verschiedene Datenerhebungsmethoden entgegengewirkt werden.
Das wurde in der vorliegenden Arbeit insofern (ansatzweise) durchgeführt,
als nicht nur Werte aus der Persönlichkeitsdiagnostik, sondern auch Schulnoten und eine formative Evaluation herangezogen wurden. Für weitere
Studien wäre es jedoch sinnvoll, auch die vorliegenden qualitativen Daten
auszuwerten (z. B. die Logbücher), bzw. weitere qualitative Daten, z. B. in
Form von Interviews, zu erheben (siehe auch weiterführende Forschungsfragen, Kapitel 7.5).

Die Intervention MoSt wurde nur in einer Art der Ausprägung durchgeführt und untersucht. Es wäre für weitere Forschungen ebenfalls denkbar
zu untersuchen, ob das MoSt in einer größeren Anzahl von Einheiten oder
über ein ganzes Schuljahr, anstelle nur eines Halbjahres, erstreckt, eine andere Wirkung zeigen würde; dadurch ließe sich die Bedrohung durch eine
Konfundierung von Treatment und Treatmentausprägung (5) vermutlich verringern. Es kann hier jedoch nicht davon ausgegangen werden, dass
eine **Interaktion zwischen Treatment und Dimensionalität (6)** stattfindet. Was allerdings nicht auszuschließen ist, ist, dass eine **reaktive Verän-**

---

95 Die Validitätsbedrohungen 11–14 wurden früher noch als Bedrohung der inter-
    nen Validität eingeordnet (Döring & Bortz, 2016, S. 100).

derung von Selbstauskünften (7) stattfindet: Es ist denkbar, dass die Teilnehmer, die wissen, dass ein Auswertungsgespräch auf Basis der erhobenen Messwerte stattfindet, ihre Selbstauskünfte „verschönern", um sich „geschickt aus der Affäre zu ziehen". Durch die Einrichtung einer Kontrollgruppe in dieser Studie wird **Reaktivität der experimentellen Situation (8)** kontrolliert; da die Messwerte der EG mit Messwerten der WG verglichen wurden, wurde diese Bedrohung der Konstruktvalidität minimiert. Die Teilnehmer der Studie sind weiterhin alle durch ihre aktuelle Lage in der Schule persönlich involviert. Dies hält auf jeden Fall Stand gegen den **Versuchsleiter-Erwartungseffekt (9)**, da nicht davon ausgegangen werden kann, dass die Werte des Vorher-Nachher-Vergleichs sich nur verbessern, um damit dem Versuchsleiter „einen Gefallen zu tun". Allerdings sollte bei einer Fortführung der Forschung am Interventionsprogramm MoSt in weiteren Durchgängen der Betreuer der Trainingseinheiten gewechselt werden.[96] Dadurch, dass die in dieser Studie vorliegende Kontrollgruppe eine Wartegruppe ist, welche dasselbe MoSt, nur zu einem späteren Zeitpunkt, erhält, wird nicht davon ausgegangen, dass **Novitäts- und Störungseffekte (10)** oder ein **kompensatorischer Ausgleich in der Kontrollgruppe (11)** oder ein **kompensatorischer Wettstreit der Kontrollgruppe mit der Experimentalgruppe (12)** oder eine **empörte Demoralisierung der Kontrollgruppe (13)** oder eine **Treatmentdiffusion von der Kontrollgruppe (14)** stattfinden. Insgesamt kann die Konstruktvalidität in dieser Forschungsarbeit als solide eingeschätzt werden.

In der Campbell-Tradition werden weiterhin **neun Bedrohungen der internen Validität** unterschieden (Cook & Campbell, 1979 und Shadisch et al., 2002 nach Döring & Bortz, 2016, S.103). Dadurch, dass in dieser Arbeit ein Prä-Test/Post-Test-Design angelegt wurde, ist eine Bedrohung durch eine **unklare zeitliche Abfolge (1)** nicht gegeben. Und auch durch die randomisierte Einteilung der Schüler in EG und WG, sowie durch die zusätzliche Überprüfung signifikanter Unterschiede zwischen den Gruppen zum Messzeitpunkt t1, wurde der **Selektionseffekt (2)** minimiert. Gleiches gilt für die Bedrohung durch **externe zeitliche Einflüsse (3)** sowie **Reifungsprozesse (4)**, welche ebenfalls durch die Einrichtung der Kontrollgruppe vermieden werden kann. Nicht ganz auszuschließen sind allerdings **statistische Regressionseffekte (5)**. Da für die Studie Teilnehmer ausgewählt wurden, die durch ihre besondere Begabung, bzw. hohe Diskrepanz zwischen Intelligenz und Schulleistung, zu einer Extremgruppe zählen, kann bei wiederholter Messung eine Tendenz zur Mitte nicht ausgeschlossen werden. Eine Bedrohung, die in dieser Studie eine gewichtige Rolle

Interne Validität

---

96 Dies passiert gerade während diese Studie ausgewertet wird: Das MoSt wurde an zwei der Schulen, am Arnold-Janssen-Gymnasium Neuenkirchen sowie am Johann-Conrad-Schlaun-Gymnasium Münster, bereits im Schuljahr 2015/16 durch zwei andere Betreuerinnen weiter fortgeführt.

spielt, ist die der **experimentellen Mortalität (6)**: Fälle, bei denen nicht beide Testpaare von Messzeitpunkt t1 und t2 vorlagen, mussten in der Ergebnisberechnung ausgeschlossen werden. Insgesamt handelte es sich um 21 Fälle (12 aus der EG, 7 aus der WG) beim Vergleich der Persönlichkeitsdiagnostik und sogar um 71 Fälle beim Schulleistungsvergleich (40 aus der EG und 31 aus der WG). Dahinter verbergen sich verschiedenste Gründe – vom Schulwechsel bis hin zur Verweigerung einer erneuten Testdurchführung. Folgestudien sollten im Anschluss an die Erhebung noch detailliertere Nachforschungen anstellen (z.B. durch Befragung von Familien/Mitschülern/Lehrern), weshalb der Abbruch der Teilnahme erfolgte. Folgende Bedrohung der internen Validität kann ebenfalls nicht ausgeschlossen werden: die der **Testübung (7)**. Aus Mangel an Alternativen wurde zweimal, bzw. bei den 19 Schülern, die dreimal die Erhebung durchführten, dreimal, dieselbe Potenzialanalyse eingesetzt, welche bedauerlicherweise nicht in verschiedenen Versionen, z.B. in Form von A- und B-Versionen, vorliegt. Um der Bedrohung durch **mangelnde instrumentelle Reliabilität (8)** etwas entgegenzusetzen, wurden standardisierte Testinstrumente mit hoher Reliabilität eingekauft. Und schließlich: Eine Bedrohung aus der **Kombination der genannten Bedrohungen der internen Validität (9)** ist minimiert, weil interne Validität als solche im vorliegenden Forschungsdesign als insgesamt hoch einzuschätzen ist.

Externe Validität Bezüglich der **externen Validität** werden **fünf Bedrohungen** unterschieden (Döring & Bortz, 2016, S. 104). Die Effekte der Interventionsmaßnahme beziehen sich vornehmlich auf besonders begabte Schüler, bzw. Underachiever. Die erste Bedrohung der externen Validität, nämlich die **Wechselwirkung des Kausaleffektes mit den Untersuchungspersonen (1)**, muss als gegeben angenommen werden. Dadurch, dass die Interventionsmaßnahme MoSt zudem gezielt nur in einem Setting, nämlich im schulischen Kontext in Kleingruppen, eingesetzt wurde, ist die **Wechselwirkung des Kausaleffektes mit den Treatmentbedingungen (2)** ebenfalls nicht auszuschließen. Weiterhin kommt es dadurch, dass viele verschiedene Skalen (wie z.B. die Selbststeuerungsfähigkeiten, die Belastung und Bedrohung, die Motivlagen sowie die Schulleistung) untersucht wurden, dazu, dass die **Wechselwirkung des Kausaleffektes mit den abhängigen Variablen (3)** in dieser Studie als gering einzustufen ist. Allerdings gibt es eine weitere Einschränkung der externen Validität, insofern als die Interventionsmaßnahme nur an vier Schulen im Raum Münster durchgeführt wurde. Dies stellt nämlich die Bedrohung durch **Wechselwirkungen des Kausaleffektes mit dem Setting (4)** dar. Immerhin war neben drei städtischen Schulen auch eine ländlichere Schule vertreten, aber um die Wirkungen generalisieren zu können, müsste die Intervention in anderen Regionen mit anderen Einzugsgebieten durchgeführt werden. Ob das Forschungsdesign die **kontextabhängigen Mediatoreffekte (5)** ausreichend berücksichtigt, kann an dieser Stelle noch nicht abschließend überblickt werden. Die vorliegende Studie weist folglich hinsichtlich ihrer externen Validität Schwächen auf.

Abgeschlossen wird die Einschätzung der Validität mit der Betrachtung der **neun Bedrohungen der statistischen Validität**. Die erste Bedrohung erfolgt durch eine zu **geringe Teststärke (1)**: Bei der Studienplanung wurde die erforderliche Teststärke und die damit zusammenhängende Stichprobe in Verbindung mit dem zu erwartenden Effekt thematisiert. Allerdings bezog sich dies nur auf den Vergleich von EG und WG an sich. Dass eine Unterteilung der Stichprobe nach Begabung bzw. nach Diskrepanz zwischen Potenzial und Leistung erfolgte, führte zu einer starken Verringerung der Stichprobengrößen. Aus diesem Grund wurden für den zweiten und dritten Auswertungsteil (Kapitel 6.2 und Kapitel 6.3) auch keine Hypothesen aufgestellt, um das Risiko von Alpha- und Beta-Fehlern einzudämmen. Der zweiten Bedrohung, der **Verletzung der Voraussetzungen der verwendeten Signifikanztests (2)**, wurde jedoch durch ausführliche Kontrolle und systematisches Vorgehen bei der interferenzstatistischen Prüfung entgegengewirkt. Und dadurch, dass zunächst sorgfältig Hypothesen aufgestellt wurden, welche erst anschließend überprüft wurden, ist die Bedrohung durch **Signifikanzfischen und Alpha-Fehler-Kumulation (3)** nicht gegeben. Da, bis auf die Untersuchung der Schulleistung, nur standardisierte, etablierte Messverfahren eingesetzt wurden, kann die vierte Bedrohung, die **mangelnde Reliabilität von Messinstrumenten (4)**, als gering angesehen werden. Gleiches gilt durch den Einsatz der etablierten Messinstrumente für die Bedrohung durch einen **beschränkten Wertebereich von Variablen (5)**. Und da die Interventionsmaßnahme MoSt in allen Gruppen in beiden Durchgängen vergleichbar durchgeführt worden ist, ist auch die **mangelnde Reliabilität der Treatment-Implementierung (6)** nicht gegeben. Die **Störeinflüsse im experimentellen Setting (7)** können allerdings (naturbedingt) nicht ausgeschlossen werden. Dadurch, dass die EG und WG systematisch und sorgfältig auf Unterschiede überprüft wurden, stellt die **Heterogenität der Untersuchungspersonen bzw. -einheiten innerhalb der Untersuchungsgruppen (8)** keine Bedrohung dar. Ebenfalls wurde bei der Bestimmung der Effektgrößen große Sorgfalt angelegt, so dass eine **falsche Effektgrößenbestimmung (9)** ausgeschlossen werden kann. Ergebnisse der Studie werden, aus den obigen Ausführungen folgernd, durch statistische Validität gestützt.

Alles in allem ist die Validität hinsichtlich des Untersuchungsdesigns der vorliegenden Studie als zufriedenstellend einzuschätzen. Nur die externe Validität ist nicht vollständig zufriedenstellend erfüllt, was jedoch von der Anlage der Studie an sich ausgeht. Weitere, auf dieser Arbeit auf-

Statistische
Validität

bauende Studien, sollten demnach möglichst ein Design aufstellen, welches die externe Validität stärker berücksichtigt. In einem nächsten Schritt werden die im Rahmen dieser Arbeit eingesetzten Instrumente und die Datenerhebung kritisch betrachtet.

7.4.2 Instrumente und Datenerhebung

Da es sich bei der vorliegenden Studie um die Umsetzung eines Projektes im schulischen Kontext handelt, mussten die Instrumente nach unterschiedlichen Kriterien sorgfältig ausgewählt und verwendet werden, da diese sowohl einem wissenschaftlichen Anspruch genügen, sich aber im Einsatz als praktisch erweisen mussten.

CFT 20-R mit WS/ZF-R

Zur Erfassung der kognitiven Fähigkeiten der teilnehmenden Schüler wurde der **CFT 20-R** mit den zugehörigen Ergänzungstests zu Wortschatz und Zahlenfolgen eingesetzt. Wie erwartet, stellte sich dieser in der Durchführung und Auswertung als gut umsetzbar heraus. Die Erhebung der kognitiven Fähigkeiten über den **CFT 20-R** mit seinen Ergänzungstests erwies sich als unkompliziert. Die jeweiligen Schulen stellten für die Testung einen ruhigen Klassenraum zur Verfügung und die nominierten Schüler durften für zwei Schulstunden ihren Klassenverband verlassen. In einer Gruppe lag zwar der Erhebungszeitraum ungünstig erst am Nachmittag eines langen Tages, aber insgesamt zeigten die Schüler großes Interesse, „mal andere Aufgaben als Schulaufgaben" zu bearbeiten. Da der CFT 20-R mit den Ergänzungstests teilweise kritisch angesehen wird (siehe Instrumente Kapitel 5.5.1), wurden die Ergebnisse nur für die statistische Auswertung herangezogen. Erkundigte sich eine Familie nach den Ergebnissen, wurde mündlich eine tendenzielle Einschätzung ohne die Nennung konkreter IQ-Werte gegeben und bei Bedarf zu einer umfassenden Einzeldiagnostik geraten.[97]

Potenzialanalyse

Die Wahl der **Potenzialanalyse** der Testfirma Impart mit den Testmodulen LKSSI, HAKLK, LKMUT und OMT erwies sich als ebenfalls insgesamt zufriedenstellend. Es bestehen allerdings weiterhin leichte Zweifel an der Wahl des Testinstruments an sich aufgrund von fehlenden Informationen zu den Skalenkonsistenzen in der Schülerversion sowie von fehlenden Untersuchungen zu Wiederholungseffekten (siehe Kapitel 5.5.2). Für diese Studie wäre es außerdem sinnvoll gewesen, wenn es A- und B-Versionen der Testmodule gegeben hätte.

Die Möglichkeit der Online-Bearbeitung ermöglichte zwar eine selbstbestimmte Bearbeitung durch die Schüler, allerdings führten nicht alle Schüler die Analyse zu Hause (vollständig) durch. Bei einer Diagnostik in der Schule wäre dieses Problem minimiert gewesen. Eine Schülerin bear-

---

97 Zur Problematik der Stichprobeneinteilung auf Basis der erhobenen Werte des CFT 20-R mit WS/ZF-R siehe Kapitel 7.4.3 im Anschluss.

beitete die Potenzialanalyse auf Grund nichtvorhandener technischer Geräte im Institut der Autorin. Sollte das MoSt in Zukunft z. B. in bildungsferneren Schichten durchgeführt werden, muss genau abgewägt werden, ob der Aufruf zur Bearbeitung der Diagnostik im häuslichen Bereich überhaupt umsetzbar ist. Wird die Diagnostik zu Hause online durchgeführt, zieht dies jedoch eventuell Schwierigkeiten nach sich: Es ist nicht auszuschließen, dass Familienmitglieder (trotz expliziten Hinweises am Elternabend), während der Bearbeitung gemeinsam mit dem Schüler am PC sitzen und die Eingabe supervidieren. Die Gefahr der Beantwortung der Fragen nach sozialer Erwünschtheit ist dann stark gegeben. Weiterhin berichteten Schüler „stolz", dass sie das Testinstrument „ausgetrickst" hätten, indem sie die Antworten vom ersten Erhebungszeitpunkt aus der Autovervollständigung des Browsers übernommen hätten. Da dies aber nur für den Kontextfragebogen möglich war, wurde es „ignoriert" und mit den Schülern über den Sinn und Unsinn solcher Diagnostiken/Instrumente diskutiert. Sollte aber in weiteren Studien zusätzlich der OMT im Vor-/Nachtest-Vergleich durchgeführt werden, muss diese Möglichkeit der Autovervollständigung eliminiert werden, da die Ergebnisse des OMT sonst ungültig wären. Weiterhin beklagten die Schüler das Fehlen des „Zurück-Buttons" in der Testdurchführung. Sei eine Antwort fälschlicherweise, z. B. aufgrund von Schwierigkeiten im Umgang mit der Maus, angeklickt worden, gäbe es keine Möglichkeit, dies zu korrigieren. Ein besonders detailverliebter Schüler verweigerte, nachdem er eine Antwort aus Versehen falsch angewählt hatte, das Ausfüllen der weiteren Fragen und musste anschließend eine neue Kennung der Potenzialanalyse zugeteilt bekommen.

Ein großer Bereich, der im Kontext der Datenerhebung Schwierigkeiten verursachte, war die Erhebung der **Schulnoten**. Zunächst wurde lange sorgfältig abgewägt, ob überhaupt Schulnoten zur Operationalisierung sinnvoll sind. Aus forschungspraktischen Gründen wurde dann aber entschieden, diese zum einen zur Bestimmung von Underachievement heranzuziehen und zum anderen auch im Prä-Post-Vergleich einzusetzen. Dass die Schulen die Noten der Teilnehmer aus datenschutzrechtlichen Gründen nicht zur Verfügung stellten, musste akzeptiert werden. Forschungsergebnisse, dass selbstberichtete Noten als zuverlässig gelten können (Dickhäuer & Plenter, 2005), gaben Anlass zur Hoffnung. Allerdings wurde nicht antizipiert, dass die selbstberichteten Zeugnisnoten zwar zuverlässig sind, diese aber nicht unbedingt mitgeteilt werden. Der Rücklauf der Schulnoten zu t1 war akzeptabel (20 % fehlende Werte). Dies könnte man zukünftig verbessern, indem nicht nur die Schüler selbst, sondern auch ihre Eltern nach den Zeugnisnoten im Rahmen der Anamnese befragt werden. Dies würde auch die Validität der Werte erhöhen. Allerdings gibt es derzeit noch keine optimale Idee, wie die Rücklaufquote zu t2 erhöht werden könnte. Hier fehlten 70 % der Angaben. Die Schüler und ihre Familien wurden auf

Schulleistung

verschiedenen Wegen mehrfach kontaktiert: Kurz nach Vergabe der Zeugnisse (natürlich ist der Zeitpunkt dann wegen des Beginns der Ferienzeit ungünstig) wurden alle Familien per Brief gebeten, eine Zeugniskopie wahlweise per Mail oder Kopie an die Auswerter zu senden. (Im Falle des postalischen Weges wurde sogar ein frankierter Rückumschlag beigelegt.). Die Aufforderung erfolgte insgesamt drei Mal: 1x postalisch, 2x per Mail.

Lösungsidee für weitere Forschungsvorhaben

Eine Möglichkeit zur Verbesserung wäre die telefonische Erfragung der Noten bei den Familien am Tag der Zeugnisvergabe oder kurz danach. Oder aber eine verbindliche Einverständniserklärung, dass die Schule berechtigt ist, für Schüler die an der Intervention teilnehmen, die Zeugnisnoten einsehen zu lassen. Es liegt nämlich die Vermutung vor, dass die fehlenden Rückmeldungen nicht im „Nicht-Zeigen-Wollen", sondern vielmehr im „Vergessen" begründet liegen. Zusätzlich wäre es sinnvoll, die Schulnoten über einen längeren Zeitraum zu erheben, da sich Veränderungen in den Zeugnisnoten oft erst nach längerer Zeit zeigen, aber auch, da es fraglich scheint, ob Endzeugnisse (t1) mit Halbjahreszeugnissen (t2) gut vergleichbar sind.

Anamnesebogen

Die Adaption und der Einsatz der **Anamnesebögen** für Schüler und Eltern wird insgesamt positiv eingeschätzt. Die Überlegung, den ursprünglichen Bogen aus der Einzelförderung zu kürzen und so eine hohe Rücklaufquote zu erhalten, erwies sich als sinnvoll. Zudem schienen es Schüler positiv aufzunehmen, selbst einen eigenen Bogen zu erhalten, der sogar länger als der an ihre Eltern gerichtete war, und füllten ihn bereitwillig aus.

Rückmeldebögen

Und auch die Entwicklung und der Einsatz des Rückmeldebogens zur Beurteilung der Trainingseinheiten erwies sich als gewinnbringend. Die Teilnehmer nahmen die Möglichkeit sehr gerne wahr, ihre eigene Meinung zu einzelnen Trainingseinheiten abgeben zu können. Sie kritisierten nur immer wieder, dass die Skalen nur ein Ankreuzen von *sehr gut* bis *mangelhaft* und kein *ungenügend* zuließen. Auf Rückfrage, ob denn gerne ein *ungenügend* angekreuzt werden würde, hieß die Antwort aber „Nein". Und auch die Möglichkeit, ein sechstes Kästchen hinzu zu zeichnen, wurde in allen Fällen abgelehnt. Es ginge „nur ums Prinzip". Im Laufe der Auswertungen wurde allerdings eine methodische Lücke in der Erhebung sichtbar: Die Anwesenheit der einzelnen Teilnehmer in den Sitzungen hätte ebenfalls erhoben werden sollen. Auf diese Weise hätte spezifischer unterteilt werden können, ob differenzielle Effekte der regelmäßigen Teilnahme der Schüler an den Sitzungen korrelieren.

Insgesamt kann die Instrumentenwahl und ihr Einsatz im Rahmen der vorliegenden Studie als zufriedenstellend eingeordnet werden.

7.4.3 Stichprobe

Stichprobengröße

Diese Studie wurde ohne große finanzielle oder personelle Ressourcen durchgeführt. Darum musste immer wieder der Konflikt zwischen Umsetzbarkeit und der Beforschbarkeit, u. a. hinsichtlich der Stichprobengröße,

ausgehalten werden. Es wurde eine Bestimmung des optimalen Stichprobenumfangs (siehe Kapitel 5.3) vorgenommen, wobei jedoch die differenzielle Betrachtung der Effekte für einzelne Teilgruppen nicht berücksichtigt wurde. Eine noch größere Stichprobe hätte die Teststärke erhöht und
vielleicht im Teilgruppenvergleich differenziertere Ergebnisse hervorge-
bracht. Die Akquise einer größeren Stichprobe hätte jedoch auch eine Gefahr mit sich gebracht: Die Betreuung der Schüler und ihrer Familien hätte
vermutlich nicht mehr ausreichend sichergestellt werden können. Dann
hätte die Untersuchung aller Wahrscheinlichkeit nach, einen geringeren Erfolg gehabt.

Zudem handelt es sich bei der vorliegenden Stichprobe um eine Gele-   **Stichprobenart**
genheitsstichprobe (auch Ad-hoc bzw. anfallende Stichprobe) (siehe Kapitel 4.2 und Kapitel 5.1). Dies schränkt die Generalisierbarkeit der Ergebnisse ein.

Desweiteren muss das Vorgehen zur Klassifizierung der Stichprobe   **Stichproben-**
nach Intelligenz an dieser Stelle kritisch betrachtet werden. Wenn, wie es   **einteilung**
in der vorliegenden Arbeit geschieht, der jeweils höchste erzielte Wert in
einem der Testteile des CFT 20-R ausgewählt wird und dabei auch die beiden Ergänzungstests (WS/ZF-R) einbezogen werden, entsteht folgendes
Ungleichgewicht: Die Ergänzungstests erhalten jeweils eine Gewichtung
wie die anderen Testteile auch, was sachlogisch nur bedingt korrekt ist
(z. B bestehen die Testteile des CFT 20-R insgesamt aus je vier Untertests
und sowohl WS/ZF-R bestehen nur aus einem Testteil). Es ist theoretisch
möglich, dass ein Schüler im WS-R einen IQ-Wert von 115 erzielt und somit in die Gruppe der besonders begabten Schüler einbezogen wird, während er in den anderen Testteilen des CFT 20-R vielleicht nur Werte im
unterem Durchschnittsbereich erreicht.

Vor dem Hintergrund der erörterten Begabungsauffassung im Sinne
verschiedener Begabungsfacetten (siehe Kapitel 1) erschien es der Autorin
aber sinnvoll, die erhobenen Testwerte von WS/ZF-R zur differenziellen
Stichprobeneinteilung heranzuziehen. Auf diese Weise wurden sowohl Aspekte der fluiden als auch kristallinen Intelligenz berücksichtigt. Weiterhin
wurde so u. a. der Debatte um einer multiple Begabungsauffassung Genüge
getan, indem z. B. die Werte des WS-R im Sinne einer sprachlichen Intelligenz mit beachtet wurden. Zum CFT 20-R ist zudem zu lesen: „WS und
ZF ermöglichen eine Profilanalyse des zentralen Intelligenzfaktors ‚Verarbeitungskapazität' nach Jäger in einer Testprozedur. Die beiden Ergänzungstests stellen jedoch eigenständige Teiltests dar, die auch unabhängig
vom CFT 20-R angewendet und bezogen werden können." (Testzentrale,
o.J.). Alles in allem stützen diese Argumente das Vorgehen der Autorin.

Trotzdem soll an dieser Stelle knapp erörtert werden, welche Wirkung
es gehabt hätte, wären Werte aus dem ZF/WS-R nicht zur Bestimmung des

höchsten Intelligenzwertes hinzugezogen worden. Es handelt sich um insgesamt $n = 20$ Fälle (20 %), in denen das Weglassen der Werte aus WS/ZF-R einen Unterschied hinsichtlich der Teilgruppeneinteilung gemacht hätte. Explorativ wurde untersucht, welche Diskrepanzen bei den einzelnen Fällen zu Grunde liegen: Bei neun von 20 Fällen beträgt die Diskrepanz zwischen dem höchsten Wert aus dem CFT 20-R und dem höchsten Wert im WS/ZF-R weniger als 15 IQ-Punkte, also weniger als eine Standardabweichung und sind aus Sicht der Autorin zu vernachlässigen. Bei den weiteren elf Fällen beträgt die Diskrepanz mehr als eine Standardabweichung (zwischen 16 und 29 IQ-Punkten), so dass ggf. überlegt hätte werden können, diese der Gruppe der durchschnittlich begabten Schüler und nicht der besonders begabten Schüler zuzuteilen.

Der Einbezug von WS/ZF-R beeinflusst weiterhin die Gruppeneinteilung in die Teilgruppen der Underachiever bzw. Achiever: Wenn der WS/ZF-R nicht zur Bildung der Variable *Höchster Intelligenzwert* hinzugezogen worden wäre, dann hätte dies für 10 Fälle keine Veränderung zu Folge gehabt, die anderen 10 Fälle wären jedoch der Gruppe der Achiever anstelle der Underachiever zugeordnet worden.

7.4.4 Datenauswertung

Die Datenauswertung im sechsten Kapitel der Arbeit erfolgte auf systematische, ausführliche Weise über das Datenauswertungsprogramm SPSS 22 bzw. SPSS 23. Nachdem die Voraussetzungen der Testverfahren geprüft worden waren, wurden zunächst jeweils die zu vergleichenden Gruppen auf signifikante Unterschiede der Werte zum ersten Messzeitpunkt untersucht, um dann die Entwicklung der einzelnen Teilgruppen über einen Vergleich der Mittelwerte beurteilen zu können. Der Vergleich der Mittelwerte erfolgte über den klassischen t-Test, bzw. Wilcoxon-Test.

Alternative Auswertungsmöglichkeiten

Es wäre auch denkbar gewesen, für die Untersuchung differenzieller Effekte einzelne Teilgruppen den Vergleich auf eine andere Art durchzuführen: z. B. wäre es möglich gewesen, eine neue Variable, nämlich die Differenz vom Messwert t1 und Messwert t2 zu kodieren, und dann signifikante Unterschiede zwischen den Gruppen (z. B. besonders begabt vs. durchschnittlich begabt) zu berechnen. Dies hätte das Aufstellen von Hypothesen in der Art von „Das MoSt bewirkt stärkere Effekte für besonders begabte Schüler als für durchschnittlich begabte Schüler" ermöglicht. Durch den Verzicht auf das Kodieren einer neuen Differenz-Variablen ist jedoch die Entwicklung in den einzelnen Gruppen klarer aufzuzeigen. Denkbar wäre weiterhin die Durchführung einer multiplen Korrelations- und Regressionsanalyse gewesen. So hätte untersucht werden können, ob der IQ-Wert als Prädiktor für eine erfolgreiche Trainingsteilnahme gelten kann.[98]

An dieser Stelle schließt die Methodenkritik. Es soll abschließend betont werden, dass diese Forschungsarbeit interdisziplinär einzuordnen ist: Es werden pädagogische Fragestellungen untersucht, dafür wird ein Projekt im „Feld" umgesetzt und ein psychologischer Hintergrund wird herangezogen. Es werden Methoden der Psychologie bzw. der empirischen Sozial- und Humanwissenschaften und gleichzeitig der (pädagogischen) Interventions- und Evaluationsforschung angewendet.

Abschließende Einordnung

7.5 Weiterführende Forschungsideen

Im Rahmen dieser Untersuchung fielen immer wieder neue Ideen zum forschungsmethodischen Vorgehen bzw. für weitere Auswertungsideen ins Auge, die den Rahmen des Projektes gesprengt hätten. An dieser Stelle werden sie für Folgestudien transparent gelistet. Folgende Aspekte erscheinen aus heutiger Sicht untersuchenswert:

◊ **Qualitative Analyse der individuellen Alltagsmonster** mit dem Ziel, Schwierigkeiten der Zielgruppe konkretisieren zu können.

◊ **Qualitative Analyse der Zielsetzungen der Schüler**, um die Schwerpunktsetzungen und Lösungsideen der Schüler zu betrachten und auf diese Weise neue Ansätze für Interventionsmaßnahmen zu generieren.

◊ **Untersuchung der Angaben im Anamnesebogen** z. B. hinsichtlich der familiären Faktoren, um einen Beitrag in der Forschung zu Risikofaktoren bei der Entstehung von Underachievement zu leisten.

◊ **Qualitative Auswertung der Lerntagebücher** mit dem Ziel, noch mehr über die Zielverfolgungsprozesse der Teilnehmer zu erfahren.

◊ **Beforschung der Risiken und Nebenwirkungen von Kleingruppentrainings**, um konkrete Gelingensbedingungen aufzustellen.

◊ **Analyse des Einflusses der Betreuerpersönlichkeit** auf den Erfolg des Interventionsprogramms: Funktioniert das MoSt auch unabhängig von der durchführenden Person?

◊ **Betrachtung des Einflusses einzelner Schulen**: Wirken sich schulische Bedingungen auf den Erfolg der Interventionsmaß-

---

98 Man sieht, die vorliegende Arbeit bietet ein gutes Grundgerüst für zahlreiche, weitergehende methodische Variationen.

nahme MoSt aus? Forschungsfrage: Welche schulischen Voraussetzungen bedingen den Erfolg dieses schulischen Interventionsprogramms?

◊ **Untersuchung des Geschlechteraspekts:** Erzielt das MoSt im Geschlechtervergleich für eine Gruppe stärkere Wirkung? Und wenn ja, warum?

◊ **Quantitativer Vergleich der Effekte aus der Einzelförderung im Vergleich zum Kleingruppentraining.**

◊ **Welche Rolle spielen Eltern und Lehrer für den Erfolg des Projektes?** Und wie kann man die Aktivierung des Umfelds als Ressource verstärken?

◊ **Untersuchung der Langzeiteffekte des Trainings** – erzielt die Interventionsmaßnahme stabile Veränderungen?

◊ **Öffnung des Nominationsverfahren** für Eltern- und Selbstnomination.

◊ **Integration des MoSt oder Teilen des MoSt in den Regelunterricht.**

Diese Liste der weiterführenden Forschungsideen illustriert die Vielfältigkeit und Tiefe, mit der das Interventionsprogramm MoSt in zukünftigen Projekten beforscht und auf diese Weise optimiert werden kann und ist in keinem Fall endgültig. Für die vorliegende Studie ist die Forschungsarbeit jedoch vorerst abgeschlossen, so dass im folgenden Kapitel eine Quintessenz gezogen werden kann.

7.6 Quintessenz

Unter anderem wurde in Kapitel 2.5 aufgezeigt, wie rar forschungsmethodisch untersuchte Förderprogramme für besonders begabte Underachiever in Deutschland sind. Die hier vorliegende Arbeit, die sich diesem Thema widmet, leistet somit einen Beitrag in diesem Bereich. An dieser Stelle werden die Erkenntnisse abschließend reflektiert und bedeutende Punkte herausgearbeitet.

Eine holistische Intervention

Wenn man sich noch einmal die Forschungslage zu den Bedingungsfaktoren/Merkmalen von Underachievement vor Augen führt, erscheint die Förderung der Selbststeuerungskompetenzen als ein sehr vielversprechender Ansatz. An dieser Stelle soll exemplarisch die Variablenliste des BMBF zur Entstehung von Underachievement aufgegriffen und mit Hilfe dieser illustriert werden, an welchen Stellen das MoSt Veränderungen bei den Schülern initiieren kann. Die aufgelisteten Faktoren des BMBF zur Entstehung von Underachievement sind **Leistungsmotivation, Selbstbild, Lernstrategien, Umgang mit Fehlern und Misserfolg, Leistungsdruck, unrealistische Ansprüche** und **hohe Kreativität**. Mit gut ausgeprägten Selbststeuerungsfähigkeiten, welche im MoSt trainiert werden, ist es möglich, diese Entstehungsfaktoren zu adressieren und bei einem

Underachievement zu intervenieren. So können z. B. hinsichtlich des Selbstbildes der Schüler die durchgeführten Übungen zur Selbstbestimmung helfen, Selbstbewusstsein (wieder) aufzubauen. Auch können bei gut trainierter Selbststeuerung bekannte Lernstrategien überhaupt erst angewendet werden, da es eine gute Handlungsplanung braucht, um sich überhaupt an den Schreibtisch zu setzen und z. B. durch die regelmäßige Anfertigung von Hausaufgaben zu beginnen, eine Versetzungsgefährdung abzuwenden. Für den Umgang mit Fehlern und Misserfolg zeigt sich im Rahmen des MoSt, dass die Fähigkeit zur Handlungsorientierung nach Misserfolg entscheidend ist und gefördert werden kann. Mit Leistungsdruck und unrealistischen Ansprüchen „beschäftigt sich" die Selbstberuhigung. Interessant ist zudem der Aspekt der hohen Kreativität als Bedingungsfaktor von Underachievement. Wenn hohe Kreativität als Faktor genannt wird, kann davon ausgegangen werden, dass diese sich dann z. B. in Form von Konfrontationen oder in besonders kreativen Aufgabenlösungen, welche nicht der Norm entsprechen, äußert. Auch hier können Selbststeuerungsfähigkeiten helfen, Schwierigkeiten zu lösen: Gelingende Handlungsprozesse brauchen u. a. eine Phase der Kontrolle, welche am besten unter gedämpften Gefühlen möglich ist (siehe 2. Modulationsannahme, PSI-Theorie). In dieser Kontrollphase können z. B. die kreativen Lösungen „an die Lösungsnorm" angepasst werden (z. B. in Form von Einfügen von Zwischenrechnungsschritten für den Lehrer). Das MoSt ist also eine sehr umfassende, holistische Interventionsmaßnahme bei Underachievement, da nicht nur einzelne, sondern übergreifende Fähigkeiten trainiert werden.

Zusammenfassend betrachtet leistet das in dieser Arbeit adaptierte MoSt zudem einen großen Beitrag zur Befriedigung der drei angeborenen, gleichermaßen psychologischen Bedürfnisse nach Deci und Ryan (1993) (siehe Kapitel 3.5). Das **Bedürfnis nach Kompetenz oder Wirksamkeit** wird im Rahmen des MoSt übergreifend thematisiert: Teilnehmer werden dazu befähigt, ihrem Potenzial entsprechende Leistungen erbringen zu können, somit Kompetenzen aufzubauen und wirksam zu handeln. Das zweite Bedürfnis nach Deci und Ryan (1993) ist das **Bedürfnis nach Autonomie oder Selbstbestimmung**. Auch diesem Bedürfnis trägt das MoSt in großem Maße Rechnung: Die Teilnahme, die Inhalte und der Ablauf werden von den teilnehmenden Schülern überwiegend selbst bestimmt und der Zuwachs der Selbstbestimmung spiegelt sich deutlich in den Ergebnissen der Untersuchung wider. Und auch dem letzten Bedürfnis, dem **Bedürfnis nach sozialer Eingebundenheit oder sozialer Zugehörigkeit**, wird das MoSt in seiner speziellen Form des Kleingruppentrainings besonders gerecht: Es schafft Räume für den positiven Beziehungsaufbau und für ein Gemeinschaftsgefühl. An diesen drei Kriterien gemessen, ist die adaptierte Fördermaßnahme ein voller Erfolg.

Befriedigung psychologischer Bedürfnisse durch das MoSt?

Schwellenwert
Begabung

Die Forschungsergebnisse zeigen, dass das Interventionsprogramm besonders gute Effekte bei besonders begabten Schülern, bzw. bei Underachievern dieser angefallenen Stichprobe erzielt. Durchschnittlich begabte Schüler bzw. Achiever der Stichprobe profitieren weniger von dem Förderprogramm; es wirkt sich sogar negativ auf das Belastungs- und Bedrohungsempfinden sowie auf die prospektive Handlungsorientierung und auch auf die Fähigkeit zur Selbstberuhigung der Schüler aus. Diese Ergebnisse sprechen dafür, für das MoSt in Zukunft einen Schwellenwert des IQ-Wertes von mindestens 115 IQ-Punkten festzulegen. Für die Förderung durchschnittlich begabter Schüler bzw. von Achievern müsste dann eine Adaption der Trainingsinhalte und -methoden erfolgen. Es kann vermutet werden, dass für diese Zielgruppe eine Erarbeitung der Inhalte auf metakognitiv weniger anspruchsvolle Art erfolgen muss. Vor dem Hintergrund des hier praktizierten Einteilens der Stichprobe mit einem vergleichbar niedrigen Schwellenwert, bei zeitgleichem Berücksichtigen der Werte der Ergänzungstests, könnte es lohnenswert erscheinen, die oben ausgesprochene Empfehlung noch einmal zu überprüfen, indem beispielsweise ein höherer Schwellenwert zur Klassifizierung, bzw. der Einsatz eines anderen Intelligenztests festgelegt wird.

Inhaltliche
Änderungen

Aber auch für die Intervention MoSt für besonders begabte Schüler bzw. Underachiever sind verschiedene Veränderungen denkbar, um einen noch größeren Gewinn für die Teilnehmer zu ermöglichen. So könnten die Inhalte zur Selbstmotivierung und zur prospektiven Handlungsorientierung noch vertieft oder aber auf anderweitige Art didaktisch aufbereitet werden. Weiterhin müsste geprüft werden, was zu einer Verringerung des Bedrohungsempfindens der teilnehmenden Schüler geleistet werden kann. An dieser Stelle zeigt die Intervention MoSt bis dato keine positive Wirkung.

Organisatorischer Rahmen

Abschließend sollen an dieser Stelle einige organisatorische Aspekte der Interventionsmaßnahme betrachtet werden. Da eine adäquate Intervention bei Underachievement möglichst früh erfolgen sollte (siehe Kapitel 2.5) und da andererseits Underachievement in der Grundschule noch eine untergeordnete Rolle spielt und Schüler häufig erst nach einer solchen Übergangsphase ein Underachievement entwickeln (siehe auch das Modell von Mooji, Kapitel 2.4), erscheint der Ansatz des MoSt, mit Siebt- bis Neuntklässlern zu trainieren, als sehr passend, zumal davon auszugehen ist, dass ab dem 12. Lebensjahr das metakognitive Wissen und die metakognitiven Fähigkeiten der Teilnehmer ausreichend ausgebildet sind. Weiterhin sollte auf jeden Fall auf Basis der bisher durchgeführten Studie die **Anzahl der Teilnehmer in einer Kleingruppe** von 6 Schülern beibehalten werden. Mehr Schüler sollten nicht in einer Gruppe gemeinsam trainieren, da sonst das gegenseitige Helfen und die angeregten, fachlichen Gespräche nicht garantiert sind. Weniger als vier Schüler pro Gruppe erscheinen aber auch nicht als sinnvoll, da ein aktiver Austausch durch verschiedene Perspektiven und Charaktere begünstigt wird. Die Vorabinformation des **Kollegiums** als erster Schritt zur Nomination der in fragekommender Schüler erscheint ebenfalls als ein sinnvolles Vorgehen, wobei die Ausführlichkeit und die inhaltliche Schwerpunktsetzung dieser Information überdacht werden könnten. Darüber hinaus erscheint es sinnvoll, die **Trainingseinheiten weiterhin im Anschluss an den Schultag** zu legen. Die (laut Umfeld so unmotivierten) Schüler waren fast ausschließlich hoch motiviert, auch am Nachmittag in der Schule zu verweilen, und freuten sich auf die jeweiligen MoSt-Einheiten.

Es muss betont werden, dass die Integration des MoSt in den schulischen Kontext sehr gewinnbringend ist. Es scheint, als bewirke die Initialisierung einer solchen Intervention zunehmendes Verständnis der beteiligten Personen. Durch die sachliche Information, dass Begabung nicht mit Leistung gleichzusetzen ist, wird ein Verständnis bei den unterrichtenden Lehrern sowie im familiären Umfeld bewirkt. Teilnehmer berichteten von einem Gefühl der Erleichterung, als sie feststellten, „gar nicht so anders zu sein". Eine wichtige Gelingensbedingung ist allerdings, dass der Trainer im MoSt nicht gleichzeitig ein notengebender Lehrer ist. Es wirkte für die Schüler sehr befreiend, auch einmal ihrer Frustration über die aktuelle Schulsituation, z. B. die als ungerecht empfundene Behandlung durch Lehrer, Luft machen zu können. So weit möglich, ist daher zu empfehlen, das Training durch eine externe Person, bzw. eine Person unter Schweigepflicht, im geschützten Raum durchführen zu lassen.

Trainingsort Schule

Mit dieser Quintessenz schließt dieses Kapitel, so dass die Schlussbetrachtung erfolgen kann.

"The nice thing about Matilda was that if you had met her casually and talked to her you would have thought she was a perfectly normal five-and-a-half-year-old child. She displayed almost no outward signs of her brilliance and she never showed off. … And unless for some reason you had started a discussion with her about literature or mathematics, you would never have known the extent of her brainpower."

Aus: *Matilda* (Dahl, 2008, S. 95)

Schluss

Dass aus besonderen Begabungen nicht immer besondere (Schul-)Leistungen resultieren (müssen), zeigen verschiedenste Beispiele berühmter „Schulversager". Unter Umständen kann das Schulversagen schwerwiegenden Einfluss auf die Persönlichkeitsentwicklung haben. Und ein Land wie Deutschland, für das die geistigen Ressourcen im Verhältnis zur Konkurrenz auf dem Weltmarkt essenziell sind, muss Wege finden, seine begabten Köpfe nicht zu verlieren, sondern vielmehr zu Höchstleistungen zu befördern.

In dieser Arbeit wurden zunächst die theoretischen Hintergründe besonderer Begabung, des Underachievements sowie von Motivation und Selbststeuerung aufgezeigt, da Underachievement besonders begabter Schüler häufig mit fehlenden Motivations- und Selbststeuerungskompetenzen in Verbindung gebracht wird. Es entwickelte sich das Vorhaben, ein bestehendes Interventionsprogramm aus der Einzelförderung besonders begabter Underachiever von Fischer-Ontrup (2011), so zu adaptieren, dass es in Kleingruppen im schulischen Kontext funktioniert. Das Vorhaben wurde durchgeführt und detailliert forschungsmethodisch in Form einer experimentellen, vornehmlich summativen Evaluation durch Hypothesenprüfung mit Wartegruppe untersucht.

Die Gruppe als Chance

Die wichtigste abschließende Erkenntnis lautet an dieser Stelle: **Die Kunst der Selbststeuerung ist in Kleingruppen trainierbar.** Und: Dieses Training der Selbststeuerungsfähigkeiten funktioniert erfolgreich im schulischen Kontext **bei besonders begabten Schülern und Underachievern**. Es ist möglich, mit Schülern in einer Kleingruppe gemeinsam die Motivations- und Selbststeuerungsfähigkeiten zu trainieren. Diese Art des vertrauensvollen Kleingruppentrainings beeinflusst zudem die bewusste Anschlussmotivation positiv – ein so nicht erwartetes Ergebnis dieser Studie. Die anfängliche Skepsis, ob es gut sein würde, eine Anzahl verschiedener Jugendlicher, die alle Schulschwierigkeiten aufweisen, zusammen in einer Gruppe zu vereinen, wurde rasch zerstreut. Es war beeindruckend zu beobachten, wie sich die einzelnen Gruppen formten und schnell begannen, sich gegenseitig Hilfestellungen und Ratschläge zu geben. Diese Erkenntnisse machen Hoffnung und Mut für weitere Projektentwicklungen für diese spannende, hochintelligente Zielgruppe, der im Schulalltag leider häufig zu wenig Beachtung zukommt und motiviert, die Arbeitsmaterialien zeitnah für einen verbreiteten Einsatz zu veröffentlichen.

Abkürzungsverzeichnis

AVT	Anstrengungsvermeidungstest
BMBF	Bundesministerium für Bildung und Forschung
CFT 20-R	Culture Fair Intelligence Test – Revision
CHC-Theorie	Cattell-Horn-Carroll-Theorie
DEMAT	Deutscher Mathematiktest
DRT	Diagnostischer Rechtschreibtest
EG	Experimentalgruppe
EOS	Entwicklungsorientierte Systemdiagnostik
FLM	Fragebogen zur Leistungsmotivation
HAKLK	Fragebogen zur Handlungs- und Lageorientierung
HAMLET	Hamburger Lesetest
ICBF	Internationales Centrum für Begabungsforschung
iPEGE	International Panel of Experts in Gifted Education
LAVI	Test zur Erfassung des Lern- und Arbeitsverhaltens für Schüler der Klassen 5–10
LKMUT	Motiv-Umsetzungstest
LKSSI	Selbststeuerungsinventar
MI	Multiple Imputation
MoSt	Motivations- und Selbststeuerungstraining für begabte Schüler mit Lern- und Leistungsschwierigkeiten
NAGC	National Association for Gifted Children
OMT	Operanter Motiv-Test
ÖZBF	Österreichisches Zentrum für Begabtenförderung und Begabungsforschung
PSI	Theorie der Persönlichkeits-System-Interaktionen
t1	1. Messzeitpunkt
t2	2. Messzeitpunkt
TAT	Thematischer Apperzeptionstest
WG	Wartegruppe
WS/ZF-R	Wortschatz- und Zahlenfolgentest – Revision

Abbildungsverzeichnis

Tabellenverzeichnis

Literatur

Achtziger, A. & Gollwitzer, P. M. (2010). Motivation und Volition im Handlungsverlauf. In J. Heckhausen & H. Heckhausen (Hrsg.), *Motivation und Handeln* (4. Aufl., S. 309–336). Berlin: Springer-Verlag.

Alsleben, P. (2008). *Das Bedürfnis nach Freiheit. Selbst-Integration als viertes Basismotiv.* Saarbrücken: VDM Verlag. Dr. Müller.

AOK Rheinland/Hamburg. (o. J.). *Leitfaden für Kindertagesstätten zur aktiven Zusammenarbeit mit Eltern im Bereich der Gesundheitsförderung. Entspannung durch Progressive Muskelentspannung.* Zugriff am 11.04.2016. Verfügbar unter https://rh.aok.de/fileadmin/user_upload/AOK-Rheinland-Hamburg/05-Content-PDF/k indergesundheit_erzieherinnengesundheit_6_aokrh.pdf

Arnold-Janssen-Gymnasium (n. D.). *Über uns.* Zugriff am 15.04.2016. Verfügbar unter http://homepage.ajg.eu/index.php/pages/ueber-uns

Aschermann, E. & Armbrüster, C. (2011). *get involved. Persönliche Kompetenzen erkennen und fördern.* Abschlussbericht (Universität zu Köln, Hrsg.), Köln.

Backmann, F. (2016). *Oma lässt grüßen und sagt, es tut ihr leid. Roman* (Fischer, Bd. 19781). Frankfurt am Main: FISCHER Taschenbuch.

Baker, J. A., Bridger, R. & Evans, K. (1998). Models of Underachievement Among Gifted Preadolescents. The Role of Personal, Family, and School Factors. *Gifted Child Quarterly, 42* (1), 5–15.

Ballauff, T. (1966). *Schule der Zukunft.* Bochum: Kamp.

Bamberger, G. G. (2010). *Lösungsorientierte Beratung. Praxishandbuch* (4. Aufl.). Weinheim: Beltz Verlag.

Baudson, T. G. (2010). Nomination von Schülerinnen und Schülern für Begabtenfördermaßnahmen. In F. Preckel, W. Schneider & H. Holling (Hrsg.), *Diagnostik von Hochbegabung* (S. 89–118). Göttingen: Hogrefe Verlag.

Baudson, T. G. (2012). Der Aufbau der Intelligenz. Die CHC-Theorie als Strukturmodell kognitiver Fähigkeiten. *MinD-Magazin, 91,* 8–10.

Baum, S. M. (Hrsg.). (2004). *Twice-exceptional and special populations of gifted students.* Thousand Oaks, Calif.: Corwin Press.

Baum, S. M., Renzulli, J. S. & Hébert, T. (1995a). Reversing Underachievement. Creative Productivity as a Systematic Intervention. *Gifted Child Quarterly, 39* (4), 224–235.

Baum, S. M., Renzulli, J. S. & Hébert, T. (1995b). *The Prism Metaphor: A New Paradigm for Reversing Underachievement. Collaborative Research Study.* The National Research Center on the Gifted and Talented.

Baumann, N., Gebker, S. & Kuhl, J. (2010). Hochbegabung und Selbststeuerung: Ein Schlüssel für die Umsetzung von Begabung in Leistung. In F. Preckel, W. Schneider & H. Holling (Hrsg.), *Diagnostik von Hochbegabung* (S. 141–168). Göttingen: Hogrefe Verlag.

Baumann, N., Kaschel, R. & Kuhl, J. (2005). Striving for Unwanted Goals: Stress-Dependent Discrepancies Between Explicit and Implicit Achievement Motives Reduce Subjective Well-Being and Increase Psychosomatic Symptoms. *Journal of Personality and Social Psychology, 89* (5), 781–799.

Baumert, J., Klieme, E., Neubrand, M., Prenzel, M., Schiefele, U., Schneider, W. et al. (Hrsg.). (2001). *PISA 2000.* Opladen: Leske + Budrich.

Beratungsstelle besondere Begabungen Hamburg. (2013). *Begabtenförderung. Grundlagen der schulischen Begabtenförderung* (1. Aufl.). Hamburg.

Berger, N. & Schneider, W. (2011). *Verhaltensstörungen und Lernschwierigkeiten in der Schule. Möglichkeiten der Prävention und Intervention* (1. Aufl.). Paderborn: Schöningh; UTB.

Betts, G. T. & Neihart, M. (1988). Profiles of the gifted and talented. *Gifted Child Quarterly, 32* (2), 248–253.

Betz, D. & Breuninger, H. (1996). *Teufelskreis Lernstörungen. Theoretische Grundlegung und Standardprogramm* (Materialien für die psychosoziale Praxis, 4. Aufl.). Weinheim: Beltz Psychologie Verlags Union.

Boldt, H. (2013). Langzeiterhebung externe Eingangsdiagnostik. *Pädagogische Führung, 1,* 21–25.

Boring, E. G. (1923). Intelligence as the Tests Test It. *New Republic, 36,* 35–37.

Bortz, J. & Döring, N. (2006). *Forschungsmethoden und Evaluation* (4. Aufl.). Heidelberg: Springer-Verlag.

Bruns, J. H. (1993). *They can but they don't. Helping students overcome work inhibition.* New York: Penguin.

Brunstein, J. C. (2003). Implizite Motive und motivationale Selbstbilder: Zwei Prädikatoren mit unterschiedlichen Gültigkeitsbereichen. In J. Stiensmeier-Pelster & F. Rheinberg (Hrsg.), *Diagnostik von Motivation und Selbstkonzept* (S. 59–88). Göttingen [u.a.]: Hogrefe Verlag.

Brunstein, J. C. & Heckhausen, H. (2010). Leistungsmotivation. In J. Heckhausen & H. Heckhausen (Hrsg.), *Motivation und Handeln* (4. Aufl., S. 145–192). Berlin: Springer-Verlag.

Butler-Por, N. (1993). Underachieving Gifted Students. In K. A. Heller, F. J. Mönks & A. H. Passow (Hrsg.), *International Handbook of Research and Development of Giftedness and Talent* (S. 649–668). Oxford: Pergamon Press.

Bundesministerium für Bildung und Forschung (Hrsg.). (2015). *Begabte Kinder finden und fördern. Ein Wegweiser für Eltern, Erzieherinnen und Erzieher, Lehrerinnen und Lehrer.* Bonn.

Callard-Szulgit, R. (2008). *Twice-exceptional kids. A guide for assisting students who are both academically gifted and learning disabled.* Lanham, Md.: Rowman & Littlefield Education.

Carroll, J. B. (1993). *Human cognitive abilities. A survey of factor-analytic studies.* Cambridge: Cambridge University Press.

Cattell, R. B. (1965). *The scientific analysis of personality.* Baltimore: Penguin.

Colangelo, N. (2009). Counseling gifted students. In N. Colangelo & G. A. Davis (Hrsg.), *Handbook of gifted education* (3. Aufl., S. 373–387). Boston: Allyn and Bacon.

Competence Center Begabtenförderung Düsseldorf, Angelika Miller (Mitarbeiter). *Konfliktmoderation und Underachievement an Düsseldorfer Gymnasien.* Zugriff am 27.06.2016. Verfügbar unter https://www.duesseldorf.de/ccb/beratung/konfliktmoderation.shtml

Corno, L. & Kanfer, R. (1993). The Role of Volition in Learning and Performance. *Review of Research in Education, 19* (1), 301–341.

Dahl, R. (2008). *Matilda.* London: Puffin Books.

Dai, D. Y., Moon, S. M. & Feldhusen, J. F. (1998). Achievement motivation and gifted students. A social cognitive perspective. *Educational Psychologist, 33* (2–3), 45–63.

Deary, I. J., Strand, S., Smith, P. & Fernandes, C. (2007). Intelligence and educational achievement. *Intelligence, 35,* 13–21.

Deci, E. L. & Ryan, R. M. (1985). *Intrinsic motivation and self-determination in human behavior* (Perspectives in social psychology). New York: Plenum.

Deci, E. L. & Ryan, R. M. (1993). Die Selbstbestimmungstheorie der Motivation und ihre Bedeutung für die Pädagogik. *Zeitschrift für Pädagogik, 39* (2), 223–238.

DeGEval – Gesellschaft für Evaluation e.V. (Hrsg.). (2002). *Standards für Evaluation.* Köln: Geschäftsstelle DeGEval.

Department for Children, Schools and Families. (2009). *Gifted and Talented education: Guidance on addressing underachievement – planning a whole-school approach. The National Strategies.* Nottingham.

Deutsche Gesellschaft für Erziehungswissenschaft. (2010). *Ethik-Kodex der Deutschen Gesellschaft für Erziehungswissenschaft (DGfE).* Zugriff am 11.03.2016. Verfügbar unter http://www.dgfe.de/fileadmin/OrdnerRedakteure/Satzung_etc/Ethikkodex_2010.pdf.

Diaz, E. I. (1998). Perceived Factors Influencing the Academic Underachievement of Talented Students of Puerto Rican Descent. *Gifted Child Quarterly, 42* (2), 105–122.

Dickhäuser, O. & Plenter, I. (2005). „Letztes Halbjahr stand ich zwei". Zur Akkuratheit selbst berichteter Noten. *Zeitschrift für pädagogische Psychologie, 19* (4), 219–224.

Döring, N. & Bortz, J. (2016). *Forschungsmethoden und Evaluation in den Sozial- und Humanwissenschaften* (5. Aufl.). Berlin, Heidelberg: Springer-Verlag.

Dresel, M. & Ziegler, A. (2011). *Motivationstraining. Motivational Training.* Zugriff am 08.01.2016. Verfügbar unter www.psycho.ewf.uni-erlangen.de/mitarbeiter/ziegler/publikationen/Publikation11.pdf

Eckerle, A. (o. J.). *Karl-Popper-Schule. Privates Inklusives Gymnasium i. Gr.* Zugriff am 27.06.2016. Verfügbar unter http://karl-popper-schule.de/

Emerick, L. J. (1992). Academic Underachievement Among the Gifted. Students' Perceptions of Factors that Reverse the Pattern. *Gifted Child Quarterly, 36* (3), 140–146.

Faul, F., Erdfelder, E., Lang, A.-G. & Buchner, A. (2007). G*Power 3. A flexible statistical power analysis program for the social, behavioral, and biomedical sciences. *Behavior Research Methods, 39* (2), 175–191.

Feger, B. & Prado, T. M. (1998). *Hochbegabung. Die normalste Sache der Welt.* Darmstadt: Primus-Verlag.

Felfe, J., Elprana, G., Gatzka, M. & Stiehl, S. (2012). *FÜMO. Hamburger Führungsmotivationsinventar.* Göttingen: Hogrefe.

Fischer, C. (1999). *Hochbegabung und Lese-Rechtschreibschwierigkeiten (LRS). Eine Untersuchung zum Zusammenhang von Hochbegabung und Leserechtschreibschwierigkeiten sowie zur Förderung von besonders begabten Kindern mit LRS.* Dissertationsschrift.

Fischer, C. (2006). *Lernstrategien in der Begabtenförderung. Eine empirische Untersuchung zu Strategien Selbstgesteuerten Lernens in der individuellen Begabungsförderung.* Habilitationsschrift. Münster.

Fischer, C. (2008). Lernstrategien in der Begabtenförderung. Strategien selbstgesteuerten Lernens in der individuellen Förderung besonders begabter Kinder. *news&science, 19* (2), 31–34.

Fischer, C. (2014). *Individuelle Förderung als schulische Herausforderung* (1. Aufl.). Berlin: Friedrich-Ebert-Stiftung.

Fischer, C. (2015). Potenzialorientierter Umgang mit Vielfalt. Individuelle Förderung im Kontext Inklusiver Bildung. In C. Fischer (Hrsg.), *(Keine) Angst vor Inklusion. Herausforderungen und Chancen gemeinsamen Lernens in der Schule* (S. 21–37). Münster: Waxmann.

Fischer, C. & Fischer-Ontrup, C. (2015). Vielfältig besonders. Umgang mit besonders begabten Kindern mit Lern- und Leistungsschwierigkeiten. In C. Fischer, M. Veber, C. Fischer-Ontrup & R. Buschmann (Hrsg.), *Umgang mit Vielfalt. Aufgaben und Herausforderungen für die Lehrerinnen- und Lehrerbildung* (Begabungsförderung, Bd. 1, S. 203–216). Münster: Waxmann.

Fischer, C., Fischer-Ontrup, C. & Liebert-Cop, I. (2012). Das Beratungskonzept des Internationalen Centrums für Begabungsforschung. In A. Ziegler, R. Grassinger & B. Harder (Hrsg.), *Konzepte der Hochbegabtenberatung in der Praxis* (S. 73–88). Berlin: LIT Verlag.

Fischer-Ontrup, C. (o. J.) *Hochbegabung und Lernschwierigkeiten. Evaluation und Erweiterung des Projekts ‚Lernstrategien für besonders begabte Kinder'*. Unveröffentlichte Magisterarbeit. Münster.

Fischer-Ontrup, C. (2011). *Underachievement oder: Schlaue Köpfe mit schlechten Noten. Lern- und Leistungsschwierigkeiten bei besonders begabten Kindern: Entwicklung und Evaluation von Interventionsmaßnahmen zur Verbesserung der Handlungskompetenz. Eine empirische Analyse auf der Basis von Einzelfallstudien.* Dissertationsschrift: Münster. Zugriff am 27.06.2014. Verfügbar unter https://repositorium.uni-muenster.de/document/miami/c1cae08a-2685-4d02-a020-6cb2a6047a32/diss_fischer-ontrup.pdf

Flanagan, D. P. (Hrsg.). (2005). *Contemporary intellectual assessment. Theories, tests, and issues* (2. Aufl.). New York, NY: Guilford Press.

Flynn, J. R. (2009). *What is intelligence? Beyond the Flynn effect* (1. Aufl.). Cambridge: Cambridge University Press.

Ford, D. Y., Alber, S. R. & Heward, W. L. (2005). Setting 'motivation traps' for underachieving gifted students. In S. K. Johnsen & J. Kendrick (Hrsg.), *Teaching strategies in gifted education* (A gifted child today reader, S. 159–163). Waco, Tex.: Prufrock Press.

Freeman, J. (2010). Hochbegabte und Nicht-Hochbegabte: Ergebnisse einer über 35 Jahre laufenden Kontrollgruppenstudie. In D. H. Rost (Hrsg.), *Intelligenz, Hochbegabung, Vorschulerziehung, Bildungsbenachteiligung* (S. 85–124). Münster: Waxmann.

Fries, S. (2002). *Wollen und Können. Ein Training zur gleichzeitigen Förderung des Leistungsvermögens und des induktiven Denkens.* Münster: Waxmann.

Fröhlich, S. M. & Kuhl, J. (2003). Das Selbststeuerungsinventar. Dekomponierung volitionaler Funktionen. In J. Stiensmeier-Pelster & F. Rheinberg (Hrsg.), *Diagnostik von Motivation und Selbstkonzept* (S. 221–257). Göttingen [u. a.]: Hogrefe Verlag.

Gagné, F. (2002). Understanding the Complex Choreography of Talent Development Through DMGT-Based Analysis. In K. A. Heller, F. J. Mönks, R. J. Sternberg & R. Subotnik (Hrsg.), *International handbook of giftedness and talent* (2. Aufl., S. 67–79). Amsterdam: Elsevier.

Gardner, H. (2001). *Abschied vom IQ. Die Rahmen-Theorie der vielfachen Intelligenzen* (3. Aufl.). Stuttgart: Klett-Cotta.

Gardner, H. (2013). *Intelligenzen. Die Vielfalt des menschlichen Geistes* (4. Aufl.). Stuttgart: Klett-Cotta.

Gardner, H. & Simon, A. (1999). *Kreative Intelligenz. Was wir mit Mozart, Freud, Woolf und Gandhi gemeinsam haben* (2. Aufl.). Frankfurt/Main: Campus-Verlag.

Gardyan, H.-J. (o. J.). *Möglichkeiten und Grenzen bei der Förderung hochbegabter Underachiever im Regelschulsystem und neue Wege durch die „Ergänzungsschule Hochbegabung" der CJD Jugenddorf-Christophorusschule Königswinter (Konzeptionelle Bausteine).* Zugriff am 12.02.2016. Verfügbar unter http://www.cjd-koenigswinter.eu/hochbegabung/foerderung_hochbegabter_underachiever.pdf

Gear, G. H. (1976). Accuracy of Teacher Judgement in Identifying Intellectually Gifted Children: A Review of the Literature. *Gifted Child Quarterly, 20* (4), 478–490.

Gebker, S. & Kuhl, J. (2008). Gute Noten: eine Frage sowohl der Begabung als auch der Persönlichkeit? In C. Fischer, F. J. Mönks & U. Westphal (Hrsg.), *Individuelle Förderung: Begabungen entfalten – Persönlichkeit entwickeln* (S. 431–446). Berlin: LIT Verlag.

Gesamtschule Münster-Mitte (n. D.). Zugriff am 02.05.2014. Verfügbar unter http://www.gesamtschule-muenster-mitte.de/

Geschwister-Scholl-Gymnasium Lüdenscheid. (2014). *Schulprogramm.* Zugriff am 12.02.2016. Verfügbar unter http://www.gsg-mk.de/schulprogramm/schulprogramm.pdf

Geschwister-Scholl-Gymnasium Münster (n. D.). Zugriff am 02.05.2014. Verfügbar unter http://www.scholl-muenster.de/

Gesellschaft für Evaluation e.V. (Hrsg.). (2002). *Standards für Evaluation*. Köln: Geschäftsstelle DeGEval.

Götz, L., Lingel, K. & Schneider, W. (2013). *DEMAT 6+. Deutscher Mathematiktest für sechste Klassen*. Göttingen: Hogrefe.

Gold, A. (2011). *Lernschwierigkeiten. Ursachen, Diagnostik, Intervention* (1. Aufl.). Stuttgart: Kohlhammer Verlag.

Greiten, S. (2007). SoBeg – Ein Fördermodell für Underachiever am Geschwister-Scholl-Gymnasium in Lüdenscheid durch das Konzept der „Sonderpädagogischen Begabtengruppe". In Internationales Centrum für Begabungsforschung (ICBF) (Hrsg.), *Individuelle Förderung – Begabtenförderung. Beispiele aus der Praxis* (S. 60–66). Münster.

Greiten, S. (2013a). „Die Schule ist ein Problem". Hochbegabte Underachiever auf der Grenze des Scheiterns. In C. Fischer, C. Fischer-Ontrup, M. Veber & U. Westphal (Hrsg.), *Individuelle Förderung: Lernschwierigkeiten als schulische Herausforderung. Teilleistungsschwierigkeiten – ADS/ADHS – Underachievement* (S. 215–237). Berlin: LIT Verlag.

Greiten, S. (2013b). *Hochbegabte Underachiever. Perspektiven und Fallstudien im schulischen Kontext*. Berlin: LIT Verlag.

Gruber, N. & Tausch, A. (2015). TBS-TK Rezension. CFT 20-R mit WS/ZF-R. Grundintelligenztest Skala 2 - Revision (CFT 20-R) mit Wortschatztest und Zahlenfolgetest – Revision (WS/F-R). *Report Psychologie*, (10), 403–404.

Grund, M., Haug, G. & Naumann, C. L. (2003). *DRT 5. Diagnostischer Rechtschreibtest für 5. Klassen*. Göttingen: Hogrefe.

Gürtler, T., Perels, F., Schmitz, B. & Bruder, R. (2002). Training zur Förderung selbstregulativer Fähigkeiten in Kombination mit Problemlösen in Mathematik. In M. Prenzel & J. Doll (Hrsg.), *Bildungsqualität von Schule: Schulische und außerschulische Bedingungen mathematischer, naturwissenschaftlicher und überfachlicher Kompetenzen. (Zeitschrift für Pädagogik, 45. Beiheft)* (S. 222–239). Weinheim: Beltz Verlag.

Hagelgans, H. (2013). Underachievement… von der Kriechspur abbiegen und nach den Sternen greifen. *news&science, 34* (2), 46–50.

Hagelgans, H. (2014). Weg(e) aus dem Underachievement. Einblicke in die wissenschaftliche Begleitstudie zu einem innerschulischen Praxisprojekt. *news&science*, (36), 60–67.

Hanses, P. & Rost, D. H. (1998). Das „Drama" der hochbegabten Underachiever. „Gewöhnliche" oder „außergewöhnliche" Underachiever? *Zeitschrift für pädagogische Psychologie, 12* (1), 53–71.

Hany, E. A. (1991). Sind Lehrkräfte bei der Identifikation hochbegabter Schüler doch besser als Tests? *Psychologie in Erziehung und Unterricht, 38* (1), 37–50.

Hany, E. A. (2007). Gebt den Lehrern eine Chance! Ein Plädoyer für den Einsatz von Lehrerchecklisten. *news&science*, (16), 21–23.

Harder, B. (2009). Twice exceptional. In zweifacher Hinsicht außergewöhnlich: Hochbegabte mit Lern-, Aufmerksamkeits-, Wahrnehmungsstörungen oder Autismus. *Heilpädagogik online, 9* (2), 64–89.

Hasselhorn, M. & Gold, A. (Hrsg.). (2013). *Pädagogische Psychologie. Erfolgreiches Lernen und Lehren* (3. Aufl.). Stuttgart: Kohlhammer Verlag.

Heckhausen, H. (2010). Entwicklungslinien der Motivationsforschung. In J. Heckhausen & H. Heckhausen (Hrsg.), *Motivation und Handeln* (4. Aufl., S. 11–42). Berlin: Springer-Verlag.

Heckhausen, H., Gollwitzer, P. M. & Weinert, F. E. (1987). *Jenseits des Rubikon. Der Wille in den Humanwissenschaften*. Berlin, Heidelberg: Springer-Verlag.

Heinbokel, A. (2001). *Hochbegabung im Spiegel der Printmedien seit 1950. Vom Werdegang eines Bewußtseinwandels.* Gutachten im Auftrag des Bundesministeriums für Bildung und Forschung, Osnabrück/Bonn. Zugriff am 01.12.2015. Verfügbar unter www.djaco.bildung.hessen.de/schule/allgemeines/begabung/Andere_Bundeslaender/Bundesbildungsministerium/hochbegabung_im_spiegel_der_printmedien_seit_1950.pdf

Heinze, A. (2005). *Lösungsverhalten mathematisch begabter Grundschulkinder – aufgezeigt an ausgewählten Problemstellungen* (1. Aufl.). Dissertationsschrift. Münster: LIT Verlag.

Heller, K. A. (Hrsg.). (2000a). *Begabungsdiagnostik in der Schul- und Erziehungsberatung* (2. Aufl.). Bern: Huber.

Heller, K. A. (2000b). Einführung in den Gegenstandsbereich der Begabungsdiagnostik. In K. A. Heller (Hrsg.), *Begabungsdiagnostik in der Schul- und Erziehungsberatung* (2. Aufl., S. 13–40). Bern: Huber.

Heller, K. A. (2001). Projektziele, Untersuchungsergebnisse und praktische Konsequenzen. In K. A. Heller (Hrsg.), *Hochbegabung im Kindes- und Jugendalter* (2. Aufl., S. 22–40). Göttingen: Hogrefe Verlag.

Heller, K. A. & Hany, E. A. (1996). Psychologische Modelle der Hochbegabtenförderung. In F. E. Weinert (Hrsg.), *Psychologie des Lernens und der Instruktion* (Enzyklopädie der Psychologie Praxisgebiete Pädagogische Psychologie, Bd. 2, S. 477–502). Göttingen: Hogrefe Verl. für Psychologie.

Heller, K. A. & Perleth, C. (2000). Informationsquellen und Meßinstrumente. In K. A. Heller (Hrsg.), *Begabungsdiagnostik in der Schul- und Erziehungsberatung* (2. Aufl., S. 96–216). Bern: Huber.

Hellert, U. (2010). Underachievement und Strukturverluste. Was haben die „Feuerzangenbowle" und PISA mit Underachievement zu tun? *Schulverwaltung, 19* (2), 39–41.

Hesse, K. (2002). *Meister Wangs Fingerspiele.* Köln: Egmont VGS.

Hochbegabte. Geistiger Hunger. (1985). *Der Spiegel, 33,* 80–83.

Hoch-Begabten-Zentrum Rheinland. *Bildungschance – Get Started. Förderprogramm für Underachiever.* Verfügbar unter http://hoch-begabten-zentrum.de/fileadmin/_migrated/content_uploads/Projektkurzbeschreibung_Bildungschance.pdf

Holland, T. & Wittenburg, A. (2015). *Rubikon. Triumph und Tragödie der Römischen Republik.* Stuttgart: Klett-Cotta.

Holling, H. & Gediga, G. (2011). *Statistik Deskriptive Verfahren* (1. Aufl.). Göttingen: Hogrefe Verlag. Verfügbar unter http://ebooks.ciando.com/book/index.cfm/bok_id/147834

Horn, J. L. & Noll, J. (1997). Human Cognitive Capabilites. Gf-Gc Theory. In D. P. Flanagan & P. L. Harrison (Hrsg.), *Contemporary Intellectual Assessment. Theories, Tests, and Issues* (S. 53–91). New York: Guilford Press.

Hoyer, T., Weigand, G. & Müller-Oppliger, V. (2013). *Begabung. Eine Einführung.* Darmstadt: Wissenschaftliche Buchgesellschaft.

Hürdenläufer e.V. Der Bildungsverein. *EOS-Lerntraining.* Zugriff am 07.04.2016. Verfügbar unter http://www.huerdenlaeufer.com/images/Termine.pdf

International Panel of Experts for Gifted Education. (2009). *Professionelle Begabtenförderung. Empfehlungen zur Qualifizierung von Fachkräften in der Begabtenförderung.* Salzburg: Österreichisches Zentrum für Begabtenförderung und Begabungsforschung (ÖZBF).

Jacobs, C. & Petermann, F. (2007). Testinformation. Grundintelligenztest (CFT 20-R) von Rudolph Weiß (2006). *Diagnostica, 53* (2), 109–113.

Jäger, A. O. (1982). Mehrdimensionale Klassifikation von Intelligenztestleistungen. Experimentell kontrollierte Weiterentwicklung eines deskriptiven Intelligenzstrukturmodells. *Diagnostica, 28,* 145–226.

Johann-Conrad-Schlaun-Gymnasium (n. D.). Zugriff am 15.04.2016. Verfügbar unter http://www.schlaun-gymnasium.de/

Karg-Stiftung (Hrsg.). (2014). *FAQ. Fragen und Antworten zum Thema Hochbegabung* (4. Aufl.). Frankfurt am Main.

Kaschel, R. & Kuhl, J. (2004). *Therapiebegleitende Osnabrücker Persönlichkeitsdiagnostik (TOP) und PSI-Theorie Erläuterung an einem Fallbeispiel.* Zugriff am 06.07.2016. Verfügbar unter http://www.impart.de/download.html

Kay, K. (2000). *Uniquely gifted. Identifying and meeting the needs of the twice-exceptional student.* Gilsum, NH: Avocus Pub.

Kehr, H. M. (2008). *Authentisches Selbstmanagement. Übungen zur Steigerung von Motivation und Willensstärke.* Weinheim: Beltz Verlag.

Keller, G. & Thiel, R.-D. (1998). *Lern- und Arbeitsverhaltensinventar (LAVI). Test zum Lern- und Arbeitsverhalten für Schüler der Klassen 5–10. Handweisung.* Göttingen: Hogrefe Verlag.

Kempter, U. (2007). Ein Zugang zur Identifikation von Begabten über Verhaltensprofile. *Journal für Begabtenförderung, 7* (2), 7–16.

Kerstan, T. (2011). Der heilsame Schock. Zehn Jahre nach der Veröffentlichung der ersten Pisa-Studie. Was bleibt? *Zeit online.* Zugriff am 30.11.2015. Verfügbar unter http://www.zeit.de/2011/49/C-Pisa-Rueckblick

Kirchler, E. & Walenta, C. (2010). *Motivation* (1. Aufl.). Wien: Facultas Verlag.

Konrad, K. & Wagner, A. (1999). *Lernstrategien für Kinder.* Baltmannsweiler: Schneider Hohengehren.

Krapp, A., Geyer, C. & Lewalter, D. (2014). Motivation und Emotion. In T. Seidel & A. Krapp (Hrsg.), *Pädagogische Psychologie* (6. Aufl., S. 193–222). Weinheim: Julius Beltz.

Kuhl, J. (1996). Wille und Freiheitserleben. Formen der Selbststeuerung. In J. Kuhl, H. Heckhausen, N. Birbaumer, D. Frey, W. Schneider & R. Schwarzer (Hrsg.), *Motivation, Volition und Handlung* (S. 665–765). Göttingen: Hogrefe Verlag.

Kuhl, J. (2001a). *Motivation und Persönlichkeit. Interaktionen psychischer Systeme.* Göttingen: Hogrefe Verlag.

Kuhl, J. (2001b). *Motiv-Umsetzungs-Test (MUT). Manual.* Universität Osnabrück.

Kuhl, J. (2004). Begabungsförderung: Diagnostik und Entwicklung persönlicher Kompetenzen. In C. Fischer, F. J. Mönks & E. Grindel (Hrsg.), *Curriculum und Didaktik der Begabtenförderung. Begabungen fördern, Lernen individualisieren* (S. 18–40). Münster: LIT Verlag.

Kuhl, J. (2010). Individuelle Unterschiede in der Selbststeuerung. In J. Heckhausen & H. Heckhausen (Hrsg.), *Motivation und Handeln* (4. Aufl., S. 337–364). Berlin: Springer-Verlag.

Kuhl, J. (2013a). *Auswertungsmanual für den Operanten Multi-Motiv-Test OMT. Basierend auf Julius Kuhl & David Scheffer (2009).* Münster: Sonderpunkt-Wissenschaftsverlag.

Kuhl, J. (2013b). *Vortrag im Rahmen eines PSI Grundkurs (Fortbildung).* Osnabrück.

Kuhl, J., Baumann, N. & Kazén, M. (2007). What goals make good grades – and why? Motivation, intelligence, and teachers' assessment of giftedness. *Academic Exchange Quarterly, 11* (4), 192–196.

Kuhl, J. & Beckmann, J. (Hrsg.). (1994). *Volition and personality. Action versus state orientation.* Seattle: Hogrefe & Huber.

Kuhl, J. & Fuhrmann, A. (1998). *Das Selbststeuerungs-Inventar (SSI): Manual.* Universität Osnabrück.

Kuhl, J. & Henseler, W. (2007). Entwicklungsorientiertes Scanning (EOS). In L. v. Rosenstiel & J. Erpenbeck (Hrsg.), *Handbuch Kompetenzmessung. Erkennen, verstehen und bewerten von Kompetenzen in der betrieblichen, pädagogischen und psychologischen Praxis* (2. Aufl., S. 555–579). Stuttgart: Schäffer-Poeschel.

Kuhl, J. & Kazén, M. (2003). Handlungs- und Lageorientierung. Wie lernt man, seine Ge-fühle zu steuern? In J. Stiensmeier-Pelster & F. Rheinberg (Hrsg.), *Diagnostik von Mo-tivation und Selbstkonzept* (S. 201–219). Göttingen [u.a.]: Hogrefe Verlag.

Kuhl, J. & Scheffer, D. (2013). *Der Operante Multi-Motiv-Test (OMT): Manual*. Universi-tät Osnabrück.

Kuhn, J.-T., Holling, H. & Freund, P. A. (2008). Begabungsdiagnostik mit dem Grundin-telligenztest (CFT 20-R). *Diagnostica, 54* (4), 184–192.

Kultusministerkonferenz (KMK) [Sekretariat der Ständigen Konferenz der Kultusminister der Länder in der Bundesrepublik Deutschland]. (2015). *Förderstrategie für leistungs-starke Schülerinnen und Schüler. Beschluss der Kultusministerkonferenz vom 11.06.2015.* Zugriff am 06.07.2016. Verfügbar unter http://www.kmk.org/filead min/Dateien/pdf/350-KMK-TOP-011-Fu-Leistungsstarke_-_neu.pdf

Künne, T., Frankenberg, H., Aufhammer, F., Helbig, A., Reinke, D. & Nováková, M. (2007). *Ergebnisbericht: Schulprojekt Osnabrück. Persönlichkeit, Motivation und Schulleistung. Gibt es Persönlichkeitsfaktoren, die mit der Schulleistung zusammen-hängen? Welche Rolle spielen dabei Motivation und Selbststeuerung?* Zugriff am 08.08.2013. Verfügbar unter http://www.impart.de/download.html

Kylskapspoesi. (o. J.). *Gesprächsstoff. Original*. Schweden.

Langens, T. A. & Schüler, J. (2003). Die Messung des Leistungsmotivs mittels des Thema-tischen Auffassungstests. In J. Stiensmeier-Pelster & F. Rheinberg (Hrsg.), *Diagnostik von Motivation und Selbstkonzept* (S. 89–104). Göttingen [u.a.]: Hogrefe Verlag.

Lehmann, R. H., Peek, R. & Poerschke, J. (2006). *HAMLET 3–4. Hamburger Lesetest für 3. und 4. Klassen*. Göttingen: Hogrefe.

Lenhard, W., Hasselhorn, M. & Schneider, W. (2011). *KLASSE 4. Kombiniertes Leistungs-inventar zur allgemeinen Schulleistung und für Schullaufbahnempfehlungen in der vier-ten Klasse*. Göttingen: Hogrefe.

Leutner, D., Barthel, A. & Schreiber, B. (2001). Studierende können lernen, sich selbst zum Lernen zu motivieren: Ein Trainingsexperiment. *Zeitschrift für pädagogische Psychol-ogie, 15* (3/4), 155–167.

Levene, H. (1960). Robust Tests for Equality of Variances. In I. Olkin, S. G. Ghurye, W. Hoeffding, W. G. Madow & H. B. Mann (Hrsg.), *Contributions to Probability and Sta-tistics. Essays in Honor of Harold Hotelling* (S. 278–292). Stanford University Press.

Little, R. J. A. (1988). A Test of Missing Completely at Random for Multivariate Data with Missing Values. *Journal of the American Statistical Association, 83* (404), 1198–1202.

Lüdtke, O., Robitzsch, A., Trautwein, U. & Köller, O. (2007). Umgang mit fehlenden Wer-ten in der psychologischen Forschung. *Psychologische Rundschau, 58* (2), 103–117.

Lüdtke, O., Robitzsch, A., Trautwein, U. & Köller, O. (2008). Steht Transparenz einer adä-quaten Datenauswertung im Wege? *Psychologische Rundschau, 59* (3), 180–181.

Lund, B., Rheinberg, F. & Gladasch, U. (2001). Ein Elterntraining zum motivationsförder-lichen Erziehungsverhalten in Leistungskontexten. *Zeitschrift für pädagogische Psy-chologie, 15* (3/4), 130–143.

Lupart, J. L. & Toy, R. E. (2009). Twice Exceptional: Multiple Pathways to Success. In L. V. Shavinina (Hrsg.), *International handbook on giftedness* (S. 507–525). Dordrecht: Springer Netherlands.

Malamut Team Catalyst GmbH. (2012). *MALAMUT Profiler. Testbatterie zur Erfassung des Unternehmerpotenzials, Sozialer Kompetenzen und des Teamrollenverhaltens*. Göt-tingen: Malamut.

Mann, H. B. & Whitney, D. R. (1947). On a Test of Whether one of Two Random Variables is Stochastically Larger than the Other. *The Annals of Mathematical Statistics, 18* (1), 50–60.

Martens, J.-U. & Kuhl, J. (2011). *Die Kunst der Selbstmotivierung. Neue Erkenntnisse der Motivationsforschung praktisch nutzen* (4. Aufl.). Stuttgart: Verlag W. Kohlhammer.

Martzog, P., Stöger, H. & Ziegler, A. (2009). Neue empirische Befunde zum Underachieve-ment Hochbegabter. *Heilpädagogik online, 8* (2), 90–112.

Mayring, P. (2010). *Qualitative Inhaltsanalyse. Grundlagen und Techniken* (11. Aufl.). Weinheim: Beltz Verlag.

McCall, R. B., Evahn, C. & Kratzer, L. (1992). *High school underachievers. What Do They Achieve as Adults?* Newbury Park, Calif.: Sage Publications.

McClelland, D. C., Atkinson, J. W., Clark, R. A. & Lowell, E. L. (1953). *The Achievement Motive.* New York: Reprinted with permission from Irvington Publishers.

McGrew, K. S. (2005). The Cattell-Horn-Carroll Theory of Cognitive Abilities. Past, Pre-sent, and Future. In D. P. Flanagan (Hrsg.), *Contemporary Intellectual Assessment, Third Edition. Theories, Tests, and Issues* (S. 136–181). New York: Guilford Publica-tions Inc.

Meyer, H. (2014). *Was ist guter Unterricht?* (10. Aufl.). Berlin: Cornelsen.

Mittag, W. & Bieg, S. (2010). Die Bedeutung und Funktion pädagogischer Interventions-forschung und deren grundlegende Qualitätskriterien. In T. Hascher & B. Schmitz (Hrsg.), *Pädagogische Interventionsforschung. Theoretische Grundlagen und empiri-sches Handlungswissen* (1. Aufl., S. 31–72). Weinheim: Juventa-Verlag.

Mönks, F. J. (1996). Elite-Debatte im Scheinwerfer. *Psychologie in Erziehung und Unter-richt, 43* (3), 219–224.

Mönks, F. J. (2000). Begabungen erkennen – Begabte fördern. In H. Joswig (Hrsg.), *Bega-bungen erkennen – Begabte fördern. Beiträge anlässlich der wissenschaftlichen Ar-beitstagung des ABB e.V. in Rostock vom 22. –24.10.1999* (S. 19–33). Rostock: Philo-sophische Fakultät.

Mönks, F. J. & Ypenburg, I. H. (2012). *Unser Kind ist hochbegabt. Ein Leitfaden für Eltern* (5. Aufl.). München: Reinhardt.

Montgomery, D. (2003). *Gifted & talented children with special educational needs. Double exceptionality.* London: David Fulton.

Mooij, T. (1992). Predicting (under)achievement of gifted Children. *European Journal of High Ability, 3* (1), 59–74.

Murray, H. A. (1943). *Thematic Apperception Test.* Cambridge: Harvard University Press.

Obergriesser, S. & Stöger, H. (2015). The role of emotions, motivation, and learning be-havior in underachievement and results of an intervention. *High Ability Studies, 26* (1), 167–190.

Ontrup, C. (2000). *Besonders begabte Kinder mit Lernschwierigkeiten. Möglichkeiten der Förderung.* Unveröffentlichte Staatsarbeit. Münster.

Österreichisches Zentrum für Begabtenförderung und Begabungsforschung (Hrsg.). (2010). *FAQs zur Begabungs- und Begabtenförderung. Die häufigsten Fragen in Zusammen-hang mit (Hoch)Begabung.* Salzburg: Eigenverlag Österreichisches Zentrum für Be-gabtenförderung und Begabungsforschung.

Österreichisches Zentrum für Begabtenförderung und Begabungsforschung (Hrsg.). (2012). *Psychologische Testverfahren zur Messung intellektueller Begabung.* Salzburg: Eigen-verlag Österreichisches Zentrum für Begabtenförderung und Begabungsforschung.

Pampaka, M., Hutcheson, G. & Williams, J. (2016). Handling missing data. Analysis of a challenging data set using multiple imputation. *International Journal of Research & Method in Education, 39* (1), 19–37.

Panten, M. (2010). *Motivationsförderung als Teil schulischer Lernberatung. Bei Schülern und Schülerinnen mit Lernschwierigkeiten.* Diplomarbeit. Baltmannsweiler: Schneider Hohengehren.

Perleth, C. & Sierwald, W. (2000). Testtheoretische Konzepte der Begabungsdiagnostik. In K. A. Heller (Hrsg.), *Begabungsdiagnostik in der Schul- und Erziehungsberatung* (2. Aufl., S. 41–95). Bern: Huber.

Petermann, F. & Winkel S. (2007a). *FLM 4–6. Fragebogen zur Leistungsmotivation für Schüler der 4. bis 6. Klasse. Manual.* Frankfurt am Main: Harcourt Test Services.

Petermann, F. & Winkel S. (2007b). *FLM 7–13. Fragebogen zur Leistungsmotivation für Schüler der 7. bis 13. Klasse.* Frankfurt am Main: Harcourt Test Services.

Peters, W., Grager-Loidl, H. & Supplee, P. L. (2002). Underachievement in Gifted Children and Adolescents. In K. A. Heller, F. J. Mönks, R. J. Sternberg & R. Subotnik (Hrsg.), *International handbook of giftedness and talent* (2. Aufl., S. 609–620). Amsterdam: Elsevier.

Prause, G. (2007). *Genies in der Schule. Legende und Wahrheit; Einstein, Freud, Marx, Nietzsche, Leibniz, Luther, Kafka, Darwin, Schiller und 100 andere.* Berlin: LIT Verlag.

Preckel, F. & Baudson, T. G. (2013). *Hochbegabung. Erkennen, Verstehen, Fördern.* München: C.H. Beck Verlag.

Preckel, F., Holling, H. & Vock, M. (2006). Academic underachievement. Relationship with cognitive motivation, achievement motivation, and conscientiousness. *Psychology in the Schools, 43* (3), 401–411.

Preckel, F. & Vock, M. (2013). *Hochbegabung. Ein Lehrbuch zu Grundlagen, Diagnostik und Fördermöglichkeiten* (1. Aufl.). Göttingen: Hogrefe Verlag.

Rasch, B., Friese, M., Hofmann, W. J. & Naumann, E. (2004). G*Power Ergänzungen. In B. Rasch, M. Friese, W. Hofmann & E. Naumann (Hrsg.), *Quantitative Methoden* (S. 1–22). Berlin: Springer-Verlag.

Rasch, B., Friese, M., Hofmann, W. & Naumann, E. (2010). *Quantitative Methoden 2* (Quantitative Methoden, 3. Aufl.). Berlin: Springer.

Reeker-Lange, C., Aden, P. & Seyffert, S. (2010). *Handbuch der Progressiven Muskelentspannung für Kinder* (1. Aufl.). Stuttgart: Klett-Cotta.

Reis, S. M. & McCoach, D. B. (2000). The Underachievement of Gifted Students. What Do We Know and Where Do We Go? *Gifted Child Quarterly, 44* (3), 152–170.

Renger, S. (2009). *Begabungsausschöpfung. Persönlichkeitsentwicklung durch Begabungsförderung.* Dissertationsschrift. Osnabrück. Zugriff am 08.08.2013. Verfügbar unter http://repositorium.uni-osnabrueck.de/bitstream/urn:nbn:de:gbv:700-20090724 10/2/E-Diss921_thesis.pdf

Renzulli, J. S. (1978). What makes Giftedness? Reexamining a Definition. *Phi Delta Kappan, 60* (3), 180–184.

Renzulli, J. S., Reid, B. D. & Gubbins, E. (o. J.). *Setting an agenda: Research priorities for the gifted and talented through the year 2000.* University of Connecticut.

Rimm, S. B. (2009). Underachievement: A National Epidemic. In N. Colangelo & G. A. Davis (Hrsg.), *Handbook of gifted education* (3. Aufl., S. 424–443). Boston: Allyn and Bacon.

Ritchotte, J. A., Rubenstein, L. D. & Murry, F. (2015). Reversing the Underachievement of Gifted Middle School Students. Lessons From Another Field. *Gifted Child Today, 38* (2), 103–113.

Ritz-Schulte, G. (o. J.). *TOP/EOS – Persönlichkeitsdiagnostik. Kurzinfo.* Zugriff am 06.07.2016. Verfügbar unter http://www.impart.de/download.php?name=pdf/TOP Diag.pdf

Rohrmann, S. & Rohrmann, T. (2010). *Hochbegabte Kinder und Jugendliche. Diagnostik – Förderung – Beratung* (2. Aufl.). München: Reinhardt.

Rollett, B. & Bartram, M. (1998). *Anstrengungsvermeidungstest (AVT). Handweisung* (3. Aufl.). Göttingen: Hogrefe Verlag.

Rost, D. H. (2007a). *Interpretation und Bewertung pädagogisch-psychologischer Studien. Eine Einführung* (2. Aufl.). Weinheim: Beltz Verlag.

Rost, D. H. (2007b). Underachievement aus psychologischer und pädagogischer Sicht. Wie viele hochbegabte Underachiever gibt es tatsächlich? *news&science, 15* (15), 8–9.

Rost, D. H. (2009). *Intelligenz. Fakten und Mythen* (1. Aufl.). Weinheim: Beltz Verlag.

Rost, D. H. (2010). Soziale Intelligenz, Emotionale Intelligenz, Praktische Intelligenz. Alternativen zum IQ? In D. H. Rost (Hrsg.), *Intelligenz, Hochbegabung, Vorschulerziehung, Bildungsbenachteiligung* (S. 37–83). Münster: Waxmann.

Rost, D. H. (Hrsg.). (2015). *Intelligenz und Begabung, Unterricht und Klassenführung.* Münster: Waxmann.

Rost, D. H. & Bachmann, I. U. (2010). Vorsicht! Fehler im FLM 7–13 und im FLM 4–6. *Diagnostica, 56* (1), 13–16.

Rost, D. H. & Hanses, P. (1997). Wer nichts leistet, ist nicht begabt? Zur Identifikation hochbegabter Underachiever durch Lehrkräfte. *Zeitschrift für Entwicklungspsychologie und Pädagogische Psychologie, 29* (2), 167–177.

Rubenstein, L. D., Siegle, D., Reis, S. M., McCoach, B. & Burton, M. G. (2012). A Complex quest. The development and research of underachievement interventions for gifted students. *Psychology in the Schools, 49* (7), 678–694.

Ryan, R. M. & Deci, E. L. (2000). Intrinsic and Extrinsic Motivations: Classic Definitions and New Directions. *Contemporary educational psychology, 25* (1), 54–67.

Schafer, J. L. & Graham, J. W. (2002). Missing data. Our view of the state of the art. *Psychological Methods, 7* (2), 147–177.

Schick, H. (2007). *(Hoch-)Begabung und Schule. Lernmotivation, Identität und Leistungsverhalten von Jugendlichen in Abhängigkeit von intellektueller Begabung und schulischen Förderbedingungen.* Inaugural-Dissertation. Verfügbar unter https://www.rese archgate.net/profile/Hella_Schick/publication/277181762_Hoch-Begabung_und_Schu le_Lernmotivation_Identitat_und_Leistungsverhalten_von_Jugendlichen_in_Abhangi gkeit_von_intellektueller_Begabung_und_schulischen_Forderbedingungen/links/55bb 52b308aed621de0bb809.pdf

Schick, H. (2008). *Hochbegabung und Schule* (Talentförderung – Expertiseentwicklung – Leistungsexzellenz, Bd. 3). Münster: LIT Verlag.

Schiefele, U. & Köller, O. (2010). Intrinsische und extrinsische Motivation. In D. H. Rost (Hrsg.), *Handwörterbuch Pädagogische Psychologie* (4. Aufl., S. 336–344). Weinheim: Beltz Verlag.

Schillergymnasium Münster (n. D.). Zugriff am 15.04.2016. Verfügbar unter http://www.schillergymnasium-muenster.de/

Schmitz, B. (2001). Editorial zum Themenschwerpunkt. Neue Trainingsansätze in der Pädagogischen Psychologie: Schwerpunkt Motivation. *Zeitschrift für pädagogische Psychologie, 15* (3/4), 127–129.

Schnell, R., Hill, P. B. & Esser, E. (2014). *Methoden der empirischen Sozialforschung* (10. Aufl.). München: Oldenbourg.

Schober, B. (2002). *Entwicklung und Evaluation des Münchner Motivationstrainings (MMT).* Regensburg: S. Roderer Verlag.

Schober, B. & Ziegler, A. (2001). Das Münchner Motivationstraining (MMT): Theoretischer Hintergrund, Förderziele und exemplarische Umsetzung. *Zeitschrift für pädagogische Psychologie, 15* (3/4), 168–180.

Scholze-Stubenrecht, W. & Wermke, M. (Hrsg.). (2009). *Duden – die deutsche Rechtschreibung* (Der Duden, 24. Aufl.). Mannheim: Dudenverlag.

Schreblowski, S. & Hasselhorn, M. (2001). Zur Wirkung zusätzlicher Motivationskomponenten bei einem metakognitiven Textverarbeitungstraining. *Zeitschrift für pädagogische Psychologie, 15* (3/4), 145–154.

Shapiro, S. S., Wilk, M. B. & Chen, H. J. (1968). A Comparative Study of Various Tests for Normality. *Journal of the American Statistical Association, 63* (324), 1343–1372.

Shazer, S. de. (2004). *Der Dreh. Überraschende Wendungen und Lösungen in der Kurzzeittherapie* (7. Aufl.). Heidelberg: Carl-Auer Verlag.

Siegle, D. (2008). The Time is Now to Stand Up for Gifted Education. 2007 NAGC Presidential Address. *Gifted Child Quarterly, 52* (2), 111–113.

Siegle, D. (2012). *Underachieving Gifted Child. Recognizing, Understanding, and Reversing Underachievement*. Naperville: Sourcebooks.

Siegle, D. & McCoach, B. (2005). *Motivating Gifted Students* (The Practical Strategies Series in Gifted Education). Naperville: Sourcebooks.

Snyder, K. E. & Linnenbrink-Garcia, L. (2013). A Developmental, Person-Centered Approach to Exploring Multiple Motivational Pathways in Gifted Underachievement. *Educational Psychologist, 48* (4), 209–228.

Souvignier, E. & Dignath-von Ewijk, C. (2010). Pädagogische Interventionsforschung – ein historischer Rückblick. In T. Hascher & B. Schmitz (Hrsg.), *Pädagogische Interventionsforschung. Theoretische Grundlagen und empirisches Handlungswissen* (1. Aufl., S. 7–30). Weinheim: Juventa-Verlag.

Sparfeldt, J. R. & Rost, D. H. (2012). Underachievement: Diskrepanz von Leistungspotential und schulischer Leistung. *Erziehung & Unterricht, 162* (5/6), 435–441.

Sparfeldt, J. R., Schilling, S. R. & Rost, D. H. (2006). Hochbegabte Underachiever als Jugendliche und junge Erwachsene. Des Dramas zweiter Akt? *Zeitschrift für pädagogische Psychologie, 20* (3), 213–224.

Spearman, C. (1904). "General Intelligence," Objectively Determined And Measured. *The American Journal of Psychology, 15* (2), 201–292.

Spinath, F. M. (2010). Intelligenzforschung: Fluch und Fortschritt 2.0. In D. H. Rost (Hrsg.), *Intelligenz, Hochbegabung, Vorschulerziehung, Bildungsbenachteiligung* (S. 11–35). Münster: Waxmann.

Spinath, F. M., Toussaint, A., Spengler, M. & Spinath, B. (2008). Motivation als Element schulbezogener Selbstregulation. Die Rolle genetischer Einflüsse. *Unterrichtswissenschaft, 36* (1), 3–16.

Stamm, M. (2008a). Überdurchschnittlich begabte Minderleister. Wo liegt das Versagen? *Die deutsche Schule, 100* (1), 73–84.

Stamm, M. (2008b). Underachievement von Jungen: Perspektiven eines internationalen Diskurses. *Zeitschrift für Erziehungswissenschaft, 11* (1), 106–124.

Stapf, A. (2010). *Hochbegabte Kinder. Persönlichkeit, Entwicklung, Förderung* (5. Aufl.). München: C.H. Beck Verlag.

Statistisches Bundesamt, Pressestelle. (2015). *Zahlen der Schüler im Schuljahr 2014/15 um 0,7% gesunken. Pressemitteilung vom 12. März 2015*. Wiesbaden. Zugriff am 20.11.2015. Verfügbar unter https://www.destatis.de/DE/PresseService/Presse/Presse mitteilungen/2015/03/PD15_093_211pdf.pdf?__blob=publicationFile#page=1&zoom =auto,-158,811

Stern, W. (1916). Psychologische Begabungsforschung und Begabungsdiagnose. In P. Petersen (Hrsg.), *Der Aufstieg der Begabten* (S. 105–120). Leipzig, Berlin: B.G. Teubner Verlag.

Stiensmeier-Pelster, J. & Rheinberg, F. (Hrsg.). (2003). *Diagnostik von Motivation und Selbstkonzept*. Göttingen [u.a.]: Hogrefe Verlag.

Stöger, H. & Ziegler, A. (2005a). Evaluation of an elementary classroom self-regulated learning program for gifted mathematic underachievers. *International Education Journal, 6* (2), 261–271.

Stöger, H. & Ziegler, A. (2005b). Underachievement und Prüfungsangst. Forschungsbefunde und Interventionsmöglichkeiten bei hochbegabten Schülerinnen und Schülern. *Journal für Begabtenförderung, 5* (1), 7–19.

Storch, M. & Krause, F. (2007). *Selbstmanagement – ressourcenorientiert. Grundlagen und Trainingsmanual für die Arbeit mit dem Zürcher Ressourcen-Modell (ZRM)* (4. Aufl.). Bern: Huber.

Stroop, J. R. (1935). Studies of Interference in Serial Verbal Reactions. *Journal of Experimental Psychology, 18* (6), 643–662.

Stumpf, E. (2012). *Förderung bei Hochbegabung*. Stuttgart: Kohlhammer Verlag.

Stuppe, A. (2000). Kaderschmiede für Genies. *Der Spiegel*, (36). Zugriff am: 07.06.2016. Verfügbar unter http://www.spiegel.de/spiegel/print/d-17269599.html

Testzentrale. (o. J.). CFT 20-R mit WS/ZF-R. Grundintelligenztest Skala 2 – Revision (CFT 20-R) mit Wortschatztest und Zahlenfolgentest – Revision (WS/ZF-R), Hogrefe Verlag. Zugriff am: 07.06.2016. Verfügbar unter https://www.testzentrale.de/shop /grundintelligenztest-skala-2-revision-cft-20-r-mit-wortschatztest-und-zahlenfolgentes t-revision-ws-zf-r.html

Thadden, E. von (2016). Wir müssen sie finden. *Die Zeit, 13/2015*. Zugriff am 06.07.2016. Verfügbar unter http://www.zeit.de/2015/13/fluechtlinge-deutschland-stipendium-be gabtenfoederung

Thurstone, L. L. (1931). Multiple Factor Analysis. *Psychological Review, 38* (5), 406–427.

Trail, B. A. (2010). *Twice-Exceptional Gifted Children. Understanding, Teaching, and Counseling Gifted Students*. Naperville: Sourcebooks.

Tschenchne, M. (Autor), 19.04.2012. *Zahlenspiel mit der Intelligenz*, Deutschlandfunk.

UNESCO (1994). *Die Salamanca Erklärung und der Aktionsrahmen zur Pädagogik für besondere Bedürfnisse. Angenommen von der Weltkonferenz „Pädagogik für besondere Bedürfnisse: Zugang und Qualität"*. Zugriff am 04.07.2016. Verfügbar unter http://www.unesco.at/bildung/basisdokumente/salamanca_erklaerung.pdf

Vock, M., Gauck, L. & Vogl, K. (2010). Diagnostik von Schulleistungen und Underachievement. In F. Preckel, W. Schneider & H. Holling (Hrsg.), *Diagnostik von Hochbegabung* (S. 1–17). Göttingen: Hogrefe Verlag.

Vohrmann, A., Rott, D., Fischer-Ontrup, C., Fischer, C. (2017). Lernstrategien[3]. Adressatenorientierte Kursangebote des Internationalen Centrums für Begabungsforschung im Vergleich. In: C. Fischer, C. Fischer-Ontrup, F. Käpnick, F. J. Mönks, N. Neuber, C. Solzbacher (Hrsg.), *Potenzialentwicklung. Begabungsförderung. Bildung der Vielfalt. Beiträge aus der Begabungsförderung*. Münster: Waxmann.

Vohrmann, A. (2012). *Von Eins auf Zwei?! Muss ein Motivations- und Selbststeuerungstraining in Form der Einzelförderung stattfinden? Eine explorative Untersuchung zur Förderung besonders begabter Schüler mit Lern- und Leistungsschwierigkeiten*. Unveröffentlichte Masterarbeit. Münster.

Vopel, K. W. (2002). *Meditationen für Jugendliche* (2. Aufl.). Salzhausen: Iskopress.

Webb, J. T. (2015). *Doppeldiagnosen und Fehldiagnosen bei Hochbegabung. Ein Ratgeber für Fachpersonen und Betroffene* (1. Aufl.). Bern: Huber.

Weidenmann, S. & Weidenmann, B. (2013). *75 Bildkarten für Trainings, Workshops und Teams*. Weinheim: Beltz Verlag.

Weinert, F. E. (2000). *Lernen als Brücke zwischen hoher Begabung und exzellenter Leistung. Vortrag gehalten anlässlich der zweiten internationalen Salzburger Konferenz zu Begabungsfragen und Begabtenförderung am 13. Oktober 2000*. Salzburg.

Weinert, F. E. & Zielinski, W. (1977). Lernschwierigkeiten – Schwierigkeiten des Schülers oder der Schule? *Unterrichtswissenschaft, 5,* 292–304.

Weiß, R. H. (2006). *CFT 20-R. Grundintelligenztest Skala 2. – Revision –*. Göttingen: Hogrefe Verlag.

Weiß, R. H. (2007). *WS/ZF-R. Wortschatztest und Zahlenfolgentest. – Revision –*. Göttingen [u.a.]: Hogrefe Verlag.

Welch, B. L. (1947). The Generalization of 'Student's' Problem when Several Different Population Variances are Involved. *Biometrika, 34* (1/2), 28–35.

Wember, F. B., Stein, R. & Heimlich, U. (2014). *Handlexikon Lernschwierigkeiten und Verhaltensstörungen* (1. Aufl.). Stuttgart: Kohlhammer Verlag.

Whitley, M. D. (2001). *Bright minds, poor grades. Understanding and Motivating your Underachieving Child*. New York: Perigee.

Wieczerkowski, W. & Prado, T. M. (1993). Spiral of Disappointment. Decline in Achievement Among Gifted Adolescents. *European Journal of High Ability, 4* (2), 126–141.

Wirtz, M. & Nachtigall, C. (2013). *Wahrscheinlichkeitsrechnung und Inferenzstatistik. Statistische Methoden für Psychologen Teil 2* (6. Aufl.). Weinheim: Juventa-Verlag.

Wuttke, J. (2008). Erhöhter Dokumentationsbedarf bei Imputation fehlender Daten. *Psychologische Rundschau, 59* (3), 178–179.

Ziegler, A. (1999). Motivation. In C. Perleth & A. Ziegler (Hrsg.), *Pädagogische Psychologie. Grundlagen und Anwendungsfelder* (S. 103–112). Bern [u.a.]: Huber.

Ziegler, A. (2001). Die vier Aufgabenfelder der Motivationsförderung von Begabten. In H. Wagner (Hrsg.), *Begabung und Leistung in der Schule. Modelle der Begabtenförderung in Theorie und Praxis* (2. Aufl., S. 97–115). Bad Honnef: K.H. Bock Verlag.

Ziegler, A. (2005). The Actiotope Model of Giftedness. In R. J. Sternberg & J. E. Davidson (Hrsg.), *Conceptions of giftedness* (2. Aufl., S. 411–434). Cambridge: Cambridge University Press.

Ziegler, A. (2008). *Hochbegabung*. München: Reinhardt.

Ziegler, A. & Dresel, M. (2009). Motivationstraining. In V. Brandstätter, J. H. Otto & J. Bengel (Hrsg.), *Handbuch der allgemeinen Psychologie – Motivation und Emotion* (S. 392–405). Göttingen: Hogrefe Verlag.

Ziegler, A., Dresel, M. & Schober, B. (2000). Underachievementdiagnose. Ein Modell zur Diagnose partieller Lernbeeinträchtigungen. In K. A. Heller (Hrsg.), *Begabungsdiagnostik in der Schul- und Erziehungsberatung* (2. Aufl., S. 259–278). Bern: Huber.

Ziegler, A. & Stöger, H. (2007). Hoch begabt und trotzdem schlecht in der Schule? Underachievement: Definition, Ursachen, Diagnose, Maßnahmen. *Grundschule, 39* (4), 20–22.

Ziegler, A. & Stöger, H. (2009). Underachievement. Ein kritischer Review. In S. Weyringer, F. Oswald & B. Sevr (Hrsg.), *ECHA Österreich – ein Markenzeichen für Begabungsförderung und Schulentwicklung* (S. 112–133). Wien u. a.: LIT Verlag.

Ziegler, A. & Stöger, H. (2012). Shortcomings of the IQ-based construct of underachievement. *Roeper Review, 34* (2), 123–132.

Zielinski, W. (1998). *Lernschwierigkeiten. Ursachen, Diagnostik, Intervention* (3. Aufl.). Habilitationsschrift. Stuttgart: Kohlhammer Verlag.

Zimmerman, B. J., Bonner, S. & Kovach, R. (1996). *Developing self-regulated learners: Beyond achievement to self-efficacy*. Washington: American Psychological Association.

Zöller, I. (2009). *Underachievement. Konstrukt eines Defizits oder defizitäres Konstrukt?* Dissertationsschrift. Frankfurt am Main: Lang.

Dank

In dieser Arbeit stehen bereits sehr viele Sätze. Deswegen kurz, aber nicht minder dankbar.

Danke an ...

... den Möglichmacher (Prof. Dr. Christian Fischer).

... die ermutigende Zweitbetreuerin (Prof. Dr. Pienie Zwitserlood).

... die Ideengeberin (Dr. Christiane Fischer-Ontrup).

... die achtzig Schüler und ihre Familien.

... die Kollegien der vier beteiligten Schulen.

... die unterstützenden Studierenden.

... die wunderbaren ICBF-Kollegen.

... die pingeligen Adleraugen (Mama, Herr Woestmann, Nele Scharffenstein, Steffi Brimmers & Katharina Warscheid).

... den fabelhaften Zeichner (Frank Pingel).

... den Wald-vor-lauter-Bäumen-Sichter (Dr. David Rott).

... die Grundsteinleger, Möglichmacher und Unterstützer (Mama & Papa).

... die Kritiker und Träumer (meine Geschwister).

... die Händchenhalter (Ela Metzger, Mechtild Höbsch, Nele Scharffenstein & Tante Tina).

... all die anderen geduldigen Mut-Macher!

Ohne euch hätte diese Arbeit nicht entstehen können. Danke.

Anhang

A1   Zusammenfassender Überblick über bestehende Motivationstrainings

Tabelle A1: *Zusammenfassender Überblick über bestehende Motivationstrainings*

Quelle	Name	Ziel	Ziel-gruppe	Schwerpunkt	Evalua-tion
Leutner, Barthel & Schreiber (2001)	Selbstmotivierungs-training	Entwicklung von Lernabsichten durch Verdeutlichung des zu erwerbenden Wissens	Studierende	Selbstmotivierung	Drei-Gruppen-Versuchsplan
Lund, Rheinberg & Gladasch (2001)	Elterntraining	Zeigen von motivational günstigem Erziehungsverhalten in Leistungssituationen	Drittklässler und ihre Eltern	Stärkung des Leistungsmotivs über das Einbinden der Eltern	Kontrollgruppendesign mit Messwiederholung
Schmitz (2001)		Self-Monitoring zur Unterstützung des Transfers einer Schulung in Selbregulation für Studierende	Studierende	Förderung der Selbstbeobachtung und Selbstreflexion durch Lerntagebücher	Kontrollgruppendesign
Schreblowski & Hasselhorn (2001)	Anreicherung eines Textverarbeitungstrainings mit Motivförderungskomponenten	Verbesserung eines metakognitiven Textverarbeitungstrainings	Fünftklässler	Textverarbeitung	Prätest-Posttest-Kontrollgruppenplan
Gürtler, Perels, Schmitz & Bruder (2002)	Training zur Förderung selbstregulativer Fähigkeiten in Kombination mit Problemlösen in Mathematik	Förderung der Selbstregulation bei mathematischen Problemlöseaufgaben	8. Klasse, Gymnasium	Anregen der Reflexion durch Lerntagebücher	Dreifaktorieller Versuchsplan

Schober (2002)	Münchner Motivationstraining (MMT)	Verbesserung der Motivation zum selbstregulierten Lernen	5. Klasse, Gymnasium	Bedürfnis-, Ziel- und Handlungsebene, Fachbezug: Mathematik	Vortest-Nachtest-Follow-Up-Vergleichsgruppen-Versuchsplan
Storch & Krause (2007)	Züricher Ressourcen Modell	Entwicklung von Selbstmanagementkompetenzen	Jugendliche & Erwachsene	Gezielte Entwicklung von Handlungspotenzialen	Prozessanalyse mittels Zeitreihe
Kehr (2008)	Authentisches Selbstmanagement	Steigerung von Motivation und Willensstärke	Erwachsene	Motivation, Ziele, Motive, Willensstärke	Habilitation von Kehr
Aschermann & Armbrüster (2011)	Serge – Selbstregulation gemeinsam entwickeln	Implementierung eines Programms zur Förderung von selbstgesteuertem Lernen	Jugendliche und junge Erwachsene	Handlungskreismodell	Prä-Post-Untersuchung von Potenzialanalysen und Schulleistungen
Hürdenläufer e.V. (2016)	Hürdenläufer	Förderung der Motivations- und Selbststeuerungsfähigkeiten	Jugendliche	Meisterung schulischer Schwierigkeiten	Nein

A2 Vorbefragung Schüler

*Wir freuen uns, dich beim Motivations- und Selbststeuerungstraining zu begrü-
ßen! Vor dem Training wollen wir dich noch besser kennenlernen. Darum bitten
wir dich, den Fragebogen auszufüllen und ihn zur Vortestung mitzubringen. Vielen Dank.*

Name:	
Geburtsdatum:	
Schulform:	
Klasse:	
Hast du eine Klasse übersprungen? Wenn ja, welche?	
Hast du jemals eine Klasse wiederholt? Wenn ja, welche?	
Welche Fremdsprachen lernst du?	
Was sind deine Lieblingsfächer?	
Welche Fächer magst du nicht so gerne?	
Was gelingt dir in der Schule schon gut?	
Was möchtest du mit Blick auf die Schule noch verbessern?	
Was interessiert dich in der Schule besonders?	
Gibt es Besonderheiten zur Familiensituation, die du uns mitteilen möchtest?	

Welche Mitglieder gehören zu deiner Familie?

Name	Alter	Kindergarten/Schule/Beruf

Dein letztes Zeugnis:

Uns interessiert dein letztes Zeugnis:

Dein Zeugnisdurchschnitt:	
Deine Note im Fach Mathematik:	
Deine Note im Fach Deutsch:	
Deine Note im Fach Englisch:	
Deine Note im Fach der 2. Fremdsprache:	

Der zweite Teil des Fragebogens besteht aus einer Mischung von Skalenfragen und offenen Fragen. Bei den Skalen sollst du deine Fähigkeiten einschätzen, wobei gilt: 1= sehr gut und 5= mangelhaft!

Bitte beurteile…

	1	2	3	4	5
… deine schulischen Leistungen:	☐	☐	☐	☐	☐
… deine Beziehung zu deinen Lehrern:	☐	☐	☐	☐	☐
… deine Beziehung zu deinen Mitschülern:	☐	☐	☐	☐	☐
… dein Arbeitsverhalten:	☐	☐	☐	☐	☐
… deinen Arbeitsplatz:	☐	☐	☐	☐	☐
… deine Hausaufgabendurchführung:	☐	☐	☐	☐	☐
… deine Vorbereitung auf Klassenarbeiten:	☐	☐	☐	☐	☐
… deine Zeitplanung:	☐	☐	☐	☐	☐
… deine Lerndisziplin:	☐	☐	☐	☐	☐
… deine Arbeitsausdauer:	☐	☐	☐	☐	☐
… deine Konzentration:	☐	☐	☐	☐	☐
… deine Ablenkbarkeit:	☐	☐	☐	☐	☐
… deine Selbstständigkeit:	☐	☐	☐	☐	☐
… deine Lernstrategien:	☐	☐	☐	☐	☐

Leistungsmotivation

	1	2	3	4	5
… deine Schullust:	☐	☐	☐	☐	☐
… dein Interesse am Unterrichtsstoff:	☐	☐	☐	☐	☐
… deine Anstrengungsbereitschaft:	☐	☐	☐	☐	☐
… deine Beteiligung am Unterricht:	☐	☐	☐	☐	☐

Selbststeuerung

	1	2	3	4	5
… deine Fähigkeit, Pläne zu schmieden:	☐	☐	☐	☐	☐
… deine Fähigkeit, dir Ziele zu setzen:	☐	☐	☐	☐	☐
… deine Anstrengungsbereitschaft:	☐	☐	☐	☐	☐
… deine Fähigkeit, dir Ziele zu setzen:	☐	☐	☐	☐	☐
… deine Fähigkeit, dich selbst zu kontrollieren:	☐	☐	☐	☐	☐
… deine Fähigkeit, dich selbst einzuschätzen:	☐	☐	☐	☐	☐
… deine Fähigkeit, dich selbst zu motivieren:	☐	☐	☐	☐	☐
… deine Fähigkeit, dich selbst zu beruhigen:	☐	☐	☐	☐	☐
… deine Fähigkeit, Stress zu bewältigen:	☐	☐	☐	☐	☐
… deine Fähigkeit, dich zu entspannen:	☐	☐	☐	☐	☐
… dein Selbstvertrauen:	☐	☐	☐	☐	☐
… deine Willensstärke:	☐	☐	☐	☐	☐
… dein Durchhaltevermögen:	☐	☐	☐	☐	☐

Sonstiges

Was machst du gerne in deiner Freizeit?	
Welche Themen interessieren oder faszinieren dich besonders?	
Welche Erwartungen/Wünsche/Hoffnungen hast du, wenn du über das Motivations- und Selbststeuerungstraining nachdenkst?	

A3 Vorbefragung Eltern

*Wir freuen uns, dass Ihre Tochter/Ihr Sohn am Motivations- und Selbststeue-
rungstraining teilnehmen wird! Wir möchten Sie bitten, diesen Fragebogen auszufüllen und ihn Ihrer Tochter/Ihrem Sohn zur Vortestung mitzugeben. Vielen
Dank.*

Name des Kindes:	
Geburtsdatum:	
Schule:	
Klasse:	

*Bitte schätzen Sie auf den Skalen die jeweilige Fähigkeit Ihrer Tochter/Ihres Sohnes ein,
wobei gilt: 1= sehr gut und 5= mangelhaft!*

Bitte beurteilen Sie…

	1	2	3	4	5
… die schulischen Leistungen:	☐	☐	☐	☐	☐
… die Beziehung zu den Lehrern:	☐	☐	☐	☐	☐
… die Beziehung zu den Mitschülern:	☐	☐	☐	☐	☐
… das Arbeitsverhalten:	☐	☐	☐	☐	☐
… den Arbeitsplatz:	☐	☐	☐	☐	☐
… die Hausaufgabendurchführung:	☐	☐	☐	☐	☐
… die Vorbereitung auf Klassenarbeiten:	☐	☐	☐	☐	☐
… die Zeitplanung:	☐	☐	☐	☐	☐
… die Lerndisziplin:	☐	☐	☐	☐	☐
… die Arbeitsausdauer:	☐	☐	☐	☐	☐
… die Konzentrationsfähigkeit:	☐	☐	☐	☐	☐
… die Ablenkbarkeit:	☐	☐	☐	☐	☐
… die Selbstständigkeit:	☐	☐	☐	☐	☐
… die vorhandenen Lernstrategien (z. B. Vokabeln lernen):	☐	☐	☐	☐	☐

Leistungsmotivation

	1	2	3	4	5
… die Schullust:	☐	☐	☐	☐	☐
… das Interesse am Unterrichtsstoff:	☐	☐	☐	☐	☐
… die Anstrengungsbereitschaft:	☐	☐	☐	☐	☐
… die Beteiligung am Unterricht:	☐	☐	☐	☐	☐

Selbststeuerung

	1	2	3	4	5
… die Planungsfähigkeit:	☐	☐	☐	☐	☐
… die Fähigkeit zur Zielsetzung:	☐	☐	☐	☐	☐
… die Fähigkeit zur Selbstkontrolle:	☐	☐	☐	☐	☐
… die Fähigkeit zur Selbsteinschätzung:	☐	☐	☐	☐	☐
… die Fähigkeit zur Selbstmotivierung:	☐	☐	☐	☐	☐
… die Fähigkeit zur Selbstberuhigung:	☐	☐	☐	☐	☐
… die Fähigkeit zur Stressbewältigung:	☐	☐	☐	☐	☐
… die Entspannungsfähigkeit:	☐	☐	☐	☐	☐
… das Selbstvertrauen:	☐	☐	☐	☐	☐
… die Willensstärke:	☐	☐	☐	☐	☐
… das Durchhaltevermögen:	☐	☐	☐	☐	☐

Welche Erwartungen/Wünsche/Hoffnungen haben Sie bezüglich der Teilnahme Ihrer Tochter/Ihres Sohnes am Motivations- und Selbststeuerungstraining?	
Platz für Anmerkungen.	

A4 Rückmeldebogen MoSt

Feedback-Bogen MoSt

Deine Bewertung der _____ Trainingseinheit

Name: _____

Bitte beurteile folgende Fragen mit den Noten „sehr gut" bis „mangelhaft".

	Sehr gut	gut	befriedigend	ausreichend	mangelhaft
1 Wie hat dir die Trainingseinheit insgesamt gefallen?	☐	☐	☐	☐	☐
2 Wie interessant waren die Aktivitäten gestaltet?	☐	☐	☐	☐	☐
3 Wie hat dir die Lerngruppe gefallen?	☐	☐	☐	☐	☐
4 Wie haben dir die Betreuer gefallen?	☐	☐	☐	☐	☐

5   Hat sich die Trainingseinheit aus deiner Sicht gelohnt?

☐ ja   ☐ teilweise   ☐ nein   ☐ ich weiß nicht

6   Was hat dir gut gefallen?

_____

_____

_____

7   Was sollen wir verändern?

_____

_____

_____

A5   Evaluationsstandards: Deutsche Gesellschaft für Evaluation (DeGEval, 2002)

Nützlichkeit

Tabelle A2: *Evaluationsstandards: Nützlichkeit*

	Anwendbar	Eingeschränkt anwendbar	Nicht anwendbar
N1 Identifizierung der Beteiligten und Betroffenen	Zielgruppe des MoSt sind besonders begabte Underachiever und ihr Umfeld.		
N2 Klärung der Evaluationszwecke	Ziel der Evaluation ist die Überprüfung von Wirkungen der Teilnahme am MoSt (Forschungsfragen und Hypothesen siehe Kapitel 5.2).		
N3 Glaubwürdigkeit und Kompetenz des Evaluators	Die Evaluationsstudie ist das Dissertationsvorhaben der Autorin. Aus diesem Grund wird sie sowohl dem Erstbetreuer, der Zweitbetreuerin, der Forschungseinheit am Institut sowie in Forschungskolloquien supervisiert. Dies sollte zu Glaubwürdigkeit und Kompetenz führen.		
N4 Auswahl und Umfang der Informationen	Ist anwendbar (siehe Methoden Kapitel 5).		
N5 Transparenz von Werten	Siehe Resultate Kapitel 6.		
N6 Vollständigkeit und Klarheit der Berichterstattung			Die Berichterstattung wird vollständig und nachvollziehbar sein. Allerdings wird bei dem N6 Standard gefordert, dass alle Informationen leicht zu verstehen sind. Da aber die Evaluation das Dissertationsvorhaben der Autorin darstellt und ent-

	sprechend wissenschaftliche Standards eingehalten werden müssen, ist die Nachvollziehbarkeit der Berichterstattung für fachfremde Personen nicht unbedingt uneingeschränkt gegeben.
N7 Rechtzeitigkeit der Evaluation	Dieser Studie liegt ein klarer Zeitplan zugrunde, so dass der Standard erfüllt werden kann.
N8 Nutzung und Nutzen der Evaluation	Die Evaluation wurde zwar nicht extern in Auftrag geben, die Ergebnisse sollen aber dazu anregen, die Erkenntnisse in der Schulpraxis umzusetzen.

Durchführbarkeit

Tabelle A3: *Evaluationsstandards: Durchführbarkeit*

	Anwendbar:	*Eingeschränkt anwendbar:*	*Nicht anwendbar:*
D1 Angemessene Verfahren	Mit Rückbezug auf dieses Kriterium wird weder eine reine Kontroll- noch eine Vergleichsgruppe, sondern als Kompromiss eine Wartegruppe, eingerichtet werden (siehe Untersuchungsplanung Kapitel 5.1).		
D2 Diplomatisches Vorgehen	Den beteiligten Schülern, Eltern und Schulen soll völlige Transparenz hinsichtlich des Forschungsvorhabens und der Ergebnisse gewährt werden.		
D3 Effizienz von Evaluation	Siehe D1.		

Fairness

Tabelle A4: *Evaluationsstandards: Fairness*

	Anwendbar:	*Eingeschränkt anwendbar:*	*Nicht anwendbar:*
F1 Formale Vereinbarungen			Da die Evaluation nicht extern in Auftrag gegeben wurde, sind formale Vereinbarungen nicht notwendig.
F2 Schutz individueller Rechte	Die individuellen Rechte müssen geschützt werden. So ist die Anonymisierung und Diskretion hinsichtlich personenbezogener Werte von großer Wichtigkeit.		
F3 Vollständige und faire Überprüfung	Auch dieser Standard soll in der Evaluation eingehalten werden.		
F4 Unparteiische Durchführung und Berichterstattung		Die Durchführung und Berichterstattung sollen unparteiisch und fair erfolgen.	
F5 Offenlegung der Ergebnisse	Die Evaluation wird im Rahmen der Dissertation der Autorin veröffentlicht.		

Genauigkeit

Tabelle A5: *Evaluationsstandards: Genauigkeit*

	Anwendbar:	Eingeschränkt anwendbar:	Nicht anwend- bar:
G1 Be- schreibung des Evalua- tionsgegen- standes	Siehe Kapitel 4 zur MoSt-Adaption.		
G2 Kon- textanalyse	Siehe Kapitel 1–3.		
G3 Be- schreibung von Zwe- cken und Vorgehen	Siehe Kapitel 5		
G4 Angabe von Infor- mations- quellen	Siehe Instrumentenbeschreibung in Kapi- tel 5.5.		
G5 Valide und reliable Informatio- nen	Siehe Untersuchungsplanung, Kapitel 5.1.		
G6 Syste- matische Fehlerprü- fung	Siehe Datenaufbereitung, Kapitel 5.7.		
G7 Analyse qualitativer und quanti- tativer In- formationen	Zum Vorgehen siehe Kapitel 5.9.		
G8 Begrün- dete Schlussfol- gerungen	Siehe Diskussion, Kapitel 7.		
G9 Meta- evaluation	Zu allen signifikanten Ergebnissen wer- den Effektgrößen berechnet, was die Ein- beziehung der Ergebnisse in Metaanaly- sen ermöglicht.		

A6 Überprüfung von Anfangsunterschieden (EG1 vs. EG2)

Alter

Normalverteilung erfüllt, Varianzhomogenität erfüllt ($F(1,58) = 0.36, p = .55$).

Tabelle A6: *Überprüfung von Anfangsunterschieden (EG1 vs. EG2): Alter in Jahren (Einfaktorielle Varianzanalyse)*

	EG1			EG2			F	p (2-seitig)
	n	M	SD	n	M	SD		
Alter in Jahren	41	12.46	1.34	19	12.37	1.21	0.07	.794

Anmerkungen. EG1 = Ursprüngliche Experimentalgruppe, EG2 = Schüler der Wartegruppe.

Schulleistung (t1)

Normalverteilung und Varianzhomogenität erfüllt ($F(1,50) = 1.15, p = .289$).

Tabelle A7: *Überprüfung von Anfangsunterschieden (EG1 vs. EG2): Schulleistung (Einfaktorielle Varianzanalyse)*

	EG1			EG2			F	p (2-seitig)
	n	M	SD	n	M	SD		
Schulleistung	36	3.08	0.73	16	3.14	0.58	0.09	.770

Anmerkungen. EG1 = Ursprüngliche Experimentalgruppe, EG2 = Schüler der Wartegruppe.

Intelligenz

Normalverteilung und Varianzhomogenität erfüllt (CFT Teil 1: $F(1,55) = 1.67$, $p = .198$; CFT Teil 2: $F(1,55) = 1.38, p = .246$; CFT Gesamt: $F(1,55) = 2.70$, $p = .106$; Wortschatztest: $F(1,56) = 1.78, p = .188$; Zahlenfolgentest: $F(1,56) = 0.02, p = .902$; Höchster Intelligenzwert: $F(1,56) = 1.73, p = .193$).

Tabelle A8: *Überprüfung von Anfangsunterschieden (EG1 vs. EG2): Intelligenz (Einfaktorielle Varianzanalyse)*

	EG1			EG2			F	p (2-seitig)
	n	M	SD	n	M	SD		
CFT Teil 1 (IQ-Wert)	39	107.28	14.36	18	108.22	11.24	0.60	.807
CFT Teil 2 (IQ-Wert)	39	109.92	16.75	18	111.56	13.55	0.13	.719
CFT Gesamt	39	110.03	16.44	18	111.11	12.78	0.06	.806
Wortschatztest (IQ-Wert)	40	109.90	12.80	18	112.11	9.29	0.43	.514
Zahlenfolgetest (IQ-Wert)	40	108.22	14.56	17	112.28	15.22	0.94	.338
Höchster Intelligenzwert (IQ-Wert)	40	119.95	12.61	17	121.83	9.70	0.32	.576

Anmerkungen. EG1 = Ursprüngliche Experimentalgruppe, EG2 = Schüler der Wartegruppe.

Selbststeuerungsinventar

Normalverteilung und Varianzhomogenität erfüllt (*Bedrohung*: $F(1,56) = 0.17$, $p = .683$; *Belastung*: t1: $F(1,56) = 1.39$, $p = .243$; *Selbstberuhigung*: t1: $F(1,56) = 0.26$, $p = .616$; *Selbstbestimmung:* t1: $F(1,56) = 0.47$, $p = .495$; *Selbstmotivierung:* t1: $F(1,56) = 0.78$, $p = .380$).

Tabelle A9: *Überprüfung von Anfangsunterschieden (EG1 vs. EG2): Skalen des LKSSI (einfaktorielle Varianzanalyse)*

	EG1			EG2			F	p (2-seitig)
	n	M	SD	n	M	SD		
Bedrohung	39	4.82	3.23	19	4.42	3.32	0.19	.663
Belastung	39	5.46	2.78	19	5.00	3.42	0.30	.584
Selbstberuhigung	39	4.82	2.86	19	5.26	3.18	0.28	.596
Selbstbestimmung	39	5.80	2.03	19	5.32	2.26	0.66	.420
Selbstmotivierung	39	4.26	2.30	19	3.95	1.99	0.25	.618

Anmerkungen. EG1 = Ursprüngliche Experimentalgruppe, EG2 = Schüler der Wartegruppe.

Fragebogen zur Handlungs- und Lageorientierung

Normalverteilung und Varianzhomogenität erfüllt (*Handlungsorientierung nach Misserfolg:* t1: $F(1,56) = 0.69$, $p = .409$; *prospektive Handlungsorientierung:* t1: $F(1,56) = 0.31$, $p = .583$).

Tabelle A10: *Überprüfung von Anfangsunterschieden (EG1 vs. EG2): HAKLK (Einfaktorielle Varianzanalyse)*

	EG1			EG2			F	p (2-seitig)
	n	M	SD	n	M	SD		
Handlungsorientierung nach Misserfolg	39	6.18	2.79	19	6.42	3.25	0.09	.771
prospektive Handlungsorientierung	39	5.15	2.83	19	5.58	2.91	0.28	.597

Anmerkungen. EG1 = Ursprüngliche Experimentalgruppe, EG2 = Schüler der Wartegruppe.

Operanter-Motiv-Test

Normalverteilung in der Skala *Unbewusstes Machtmotiv* in beiden Gruppen erfüllt, in den Skalen *Unbewusstes Anschlussmotiv* (EG1: $W(39) = .91$, $p = .004$, EG2: $W(19) = .84$, $p = .005$), *Unbewusstes Leistungsmotiv* (EG1: $W(39) = .92$, $p = .009$, EG2: $W(19) = .88$, $p = .019$) und *Unbewusstes Freiheitsmotiv* (EG1: $W(39) = .92$, $p = .000$, EG2: $W(19) = .58$, $p = .000$) verletzt. Varianzhomogenität erfüllt (*Unbewusstes Anschlussmotiv*: $F(1,56) = 1.18$, $p = .283$; *Unbewusstes Leistungsmotiv*: $F(1,56) = 0.28$, $p = .602$; *Unbewusstes Machtmotiv*: $F(1,56) = 0.04$, $p = .843$, *Unbewusstes Freiheitsmotivmotiv*: $F(1,56) = 0.73$, $p = .397$).

Tabelle A11: *Überprüfung von Anfangsunterschieden (EG1 vs. EG2): Unbewusste Motiv-*
lagen (Einfaktorielle Varianzanalyse)

	EG1			EG2			F	p
	n	M	SD	n	M	SD		(2-seitig)
Unbewusstes Machtmotiv	39	47.04	9.61	19	7.29	10.28	0.01	.930

Anmerkungen. EG1 = Ursprüngliche Experimentalgruppe, EG2 = Schüler der Wartegruppe.

Tabelle A12: *Überprüfung von Anfangsunterschieden (EG1 vs. EG2): Unbewusste Motiv-*
lagen (Mann-Whitney-U-Test)

	EG1			EG2			U	p
	n	M	SD	n	M	SD		(2-sei-tig)
Unbewusstes An-schlussmotiv	39	44.19	7.75	19	40.74	9.19	283.50	.140
Unbewusstes Leis-tungsmotiv	39	47.65	10.79	19	49.15	11.21	340.50	.615
Unbewusstes Frei-heitsmotiv	39	43.30	6.79	19	42.43	10.38	302.50	.238

Anmerkungen. EG1 = Ursprüngliche Experimentalgruppe, EG2 = Schüler der Wartegruppe.

A7 Tabellenverzeichnis Anhang